Mary Gilliatt

CURSO DE INTERIORISMO

Mary
Gilliatt

CURSO DE
INTERIORISMO

BLUME

Contenido

BLUME

Título original:
Mary Gilliatt's Interior Design Course

Traducción:
Ursel Fischer
Remedios Diéguez Diéguez

**Revisión técnica de la
edición en lengua española:**
Judit Sala Gamero
Interiorista

**Coordinación de la edición
en lengua española:**
Cristina Rodríguez Fischer

Primera edición en lengua española 2002

© 2002 Naturart, S.A. Editado por BLUME
Av. Mare de Déu de Lorda, 20
08034 Barcelona
Tel. 93 205 40 00 Fax 93 205 14 41
E-mail: info@blume.net
© 2001 Conran Octopus Limited, Londres
© 2001 del texto Mary Gilliatt

I.S.B.N.: 84-8076-411-2

Impreso en China

*Para mis tres hijos especiales:
Sophia Gilliatt, Annie Constantine y Tom Gilliatt,
sin omitir a mi querida Sophie, a David y a Phoebe.
Y también para mis cuatro (hasta la fecha) nietos
especiales: Olivia, Georgia y Iona Constantine
y Freddie Gilliatt.*

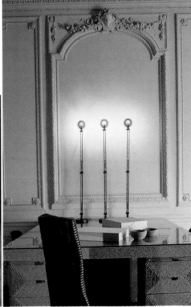

INTRODUCCIÓN

Casi todo el mundo, en un momento u otro, tiene que crear un hogar, cualesquiera que sean las circunstancias o el espacio...

Curiosamente, los conceptos básicos del diseño de interiores y del arte de crear un hogar rara vez se enseñan a nadie, a excepción de los aspirantes a decoradores profesionales. Por alguna razón, parece ser tácitamente aceptado que la decoración o la renovación de una casa o de un apartamento tenga que realizarse por intuición. Sin embargo, aunque parezca que algunas personas instintivamente posean estas habilidades tan útiles, además de un sentido natural del estilo, el hecho es que incluso el mayor talento o don tiene que estar respaldado por un conocimiento práctico refinado con la experiencia.

Las pruebas y los errores son el mejor camino para adquirir experiencia en casi todos los campos, pero éste puede ser un proceso caro y deprimente cuando se trata de renovaciones, decorados, mobiliarios, cortinas o alfombras. De modo que, si desea poseer conocimientos suficientes para diseñar su propio hogar, cualquiera que sea su dimensión, de un modo agradable y práctico y con un mínimo de estrés, tiene que conocer y comprender plenamente los principios fundamentales de esta materia.

Es un tópico que su hogar, hasta donde sea posible, debería ser una extensión de su propia personalidad, o por lo menos una expresión sólida de sus gustos y preferencias. No obstante, por encima de esto, creo que el hogar también tiene que ser un refugio reconfortante, un lugar para relajarse. No obstante, si

la casa, por muy elegante, muy impresionante y muy moderna que sea no es realmente acogedora y confortable y no se ajusta a su estilo de vida, puede debilitar toda su actitud ante la vida. En otras palabras, aprender cómo crear un hogar bonito y práctico es importante para su propio bienestar.

Para conseguirlo se necesitan buenos conocimientos de todos los aspectos prácticos involucrados en la decoración. De otro modo, ¿cómo podría conocer el camino más eficiente para la planificación? y ¿cómo sabría elegir entre los millares de opciones para comprar con sensibilidad y decidirse por un diseño u otro, y qué normas de decoración emplear? Incluso si puede permitirse contratar a un arquitecto o a un diseñador (o a ambos), siempre será necesario orientarles sucintamente sobre lo que desea, sobre cómo debe ser su hogar ideal y sobre el modo cómo espera vivir en él.

En muchos casos, las habitaciones o las casas que hay que diseñar o rediseñar ya tienen ciertos ingredientes como enmoquetados, alfombras, algunos muebles y otros decorados y accesorios. Algunos de ellos tendrán que incorporarse en el nuevo diseño o, por lo menos, replantearse, renovarse o volver a tapizarse. En efecto, así se dispone de un punto de partida que facilita todo el proceso. Por otro lado, siempre es emocionante poder diseñar una habitación, o toda una casa, desde cero.

CÓMO UTILIZAR ESTE LIBRO

Cualquiera que sea su caso, evidentemente siempre es muy útil informarse sobre las diversas formas para usar un espacio determinado; sobre los modelos efectivos de iluminación, los estilos potenciales (y practicables) de decoración, los posibles tratamientos para paredes, techos, suelos y ventanas; sobre opciones de muebles, de cortinas y de alfombras y también sobre cómo usar colores y texturas con sensibilidad teniendo en cuenta la escala y el equilibrio, los contrastes y la armonía.

Éstos son los objetivos de la presente obra, la cual, si se sigue paso a paso, ofrece una base completa para toda la temática del diseño de interiores. En ella se refleja la esencia de mis años de estudio y de trabajo. Además comprende varios tratados interesantes sobre diferentes temas de la decoración.

Realmente espero que el lector siga este curso desde la primera página hasta la última, y que después le siga siendo útil como libro de referencia. Mi meta es acompañarle a lo largo de todo el proceso de la planificación de una habitación, o de toda una casa, en un orden simple y lógico, el mismo que seguiría cualquier buen diseñador o decorador, y, así, a lo largo de todo el proceso, facilitarle los conocimientos más completos posibles sobre cada una de las materias. Sin embargo, por encima de todo, desearía que esta obra sirviera de fuente de inspiración para concebir ideas nuevas e innovadoras. Si fuera así, habría logrado mucho.

El buen interiorismo es el arte de hacer funcionar algo que al mismo tiempo resulte decorativo. Ya que uno de los logros más creativos y gratificantes de la vida es el diseño satisfactorio del hogar, realmente es importante obtener los mejores resultados posibles. Por este motivo, el presente curso se ha estructurado de tal modo que, después de haber asimilado y comprendido todo su contenido, el lector se sienta suficientemente capacitado para tratar de resolver o para planificar y decorar cualquier tipo de habitación, de apartamento o de casa.

La obra está compuesta de dos partes principales: **Los elementos básicos** y **Elementos específicos**. Ambas se han subdividido en secciones separadas, y cada una de ellas desemboca lógicamente en la siguiente.

De este modo, **Los elementos básicos** se inician con *La planificación general* (que ayuda a determinar las necesidades, calcular el presupuesto, elaborar el esquema correcto para el trabajo, y preparar los planos y las especificaciones). Le siguen *Los elementos del diseño* (que incluyen la iluminación, los espacios para guardar y almacenar, los colores, las texturas y los dibujos, las escalas y los equilibrios). *Estilo*, la tercera sección, cuestiona lo que realmente significa «estilo», e informa sobre las características de los estilos de época más populares. Además, hay un gráfico cronológico que clasifica cada uno de los estilos de acuerdo con su contexto histórico, con fechas, con los regentes durante aquel período así como los estilos de otros países.

La segunda parte, **Elementos específicos**, es precisamente esto: comienza con *Paredes y techos*, donde se describen los puntos más específicos de la decoración con el empleo de pinturas, papeles, tejidos y otros revestimientos alternativos. En *Suelos* se describen todas las gamas de pavimentos duros, flexibles y suaves, incluso alfombras antiguas. La siguiente sección, *Ventanas*, ofrece una selección muy extensa de estilos de cortinas, estores y persianas, y también ofrece soluciones para formas de ventanas complicadas. *Muebles* se dedica tanto a muebles modernos como a antiguos, estos últimos relacionados con los estilos de época descritos en *Estilo*. Para acabar, *Toques finales* descubre cómo adquirir conocimientos útiles para el detalle y para los complementos.

Las páginas del vocabulario específico con los términos técnicos de iluminación, color, estilos, pinturas, alfombras, tejidos y muebles de época se encuentran al final de cada uno de los capítulos correspondientes.

Conforme lea este libro, tenga en cuenta los tres acápites:

- función
- ambiente
- estilo.

El primero es para recordarle la función de la habitación (para qué va a servir; cómo se usará y por quién). El segundo se refiere al ambiente que desea crear (tranquilo, relajante, estimulante, cálido, fresco, etc.) de acuerdo con la función de la habitación y con el clima de su lugar de residencia. El tercero se refiere al estilo de la habitación o de la casa (tradicional, ecléctico, contemporáneo, rústico provenzal, gustavino, etc.)

Realmente confío en que esta obra le ofrezca una base sólida y útil para el diseño. Sin embargo, recuerde que, aunque lo estudie y lo aprenda todo, se enfrentará a un arduo trabajo, que le ofrecerá mucha satisfacción, en especial confianza en su propio gusto, y la certeza de haber hecho las elecciones acertadas.

PRIMERA PARTE

LOS ELEMENTOS BÁSICOS

Hay personas que necesitan años para
planificar el interior de su hogar ideal
y diseñar con precisión el aspecto y el
ambiente que debe tener cada uno de los
espacios. La mayoría de nosotros, en cambio,
aparte de tener algunas preferencias
o aversiones personales, se aventura sin
mayores preparativos a la realización del
proyecto para aprender sobre la marcha,
y lamentablemente muy a menudo a través
de costosos errores.

Por esta razón, me he acostumbrado a
planificar una casa como si fuera a realizar
una campaña: reflexionar sobre todas
las necesidades posibles desde el inicio,
averiguar los costes de antemano, hacer
interminables listas y diseños de planos.
Todo esto puede resultar muy tedioso
cuando en realidad se está impaciente por
iniciar el trabajo auténtico, pero vale la pena
hacerlo a cambio de un respetable beneficio
a largo plazo. Rara vez se llegan a ejecutar
los trabajos voluminosos de redecoración sin
causar los correspondientes trastornos a los
encargados, pero de este modo por lo menos
usted no perderá el control. Y además, en
general, gran parte de la planificación y de
las labores preparatorias suele resultar
creativamente satisfactoria y divertida.
Y, lo mejor de todo, no se sentirá defraudado
cuando contemple el resultado final.

La planificación general

Los factores básicos para el diseño

Para asegurar que el diseño del interior de una habitación permita su función óptima, primero tiene que volver a lo elemental. Esto incluye la decisión sobre la posibilidad de dividir el espacio en varias zonas; qué es lo que se tiene que hacer con respecto a las conexiones eléctricas, a la iluminación, al techo, al suelo, a las paredes y a las ventanas; qué es lo que se puede mejorar y cómo. Los resultados de este análisis servirán de base para establecer el esquema, al cual se le puede añadir cualquier ambiente y estilo que elija.

Un buen diseño interior comprende tanto la practicidad, el confort y el detalle como el ambiente y el estilo. Por muy bonito que sea el decorado de las ventanas, por muy original que sea el esquema de colores y por muy espléndido que sean el mobiliario y las alfombras, nadie lo apreciará si el conjunto de la habitación no resulta acogedor para vivir en ella o si no ofrece la funcionalidad necesaria.

PREGUNTAS A FORMULAR

Cualquier diseñador competente con el encargo de mejorar el interior de una casa o de preparar un proyecto desde cero, primero se informará de los gustos de su cliente y de los factores que le hacen sentirse cómodo, de cómo se desarrolla su vida cotidiana, de cómo le gustaría que se desarrollara su vida en un mundo ideal y de cuánto está dispuesto a gastar. La elección de los requisitos óptimos y la reducción paulatina en función del dinero disponible son una forma válida como cualquier otra para establecer las prioridades.

En caso de que usted mismo realice el diseño, también debe enfocar la cuestión bajo este aspecto y conocer su presupuesto. Las preguntas que figuran a la derecha son las que le haría el diseñador, aunque puede haber variaciones si se trata de redecorar una habitación, un apartamento o una casa, o se tiene que empezar desde cero. Las preguntas se refieren a los cuatro aspectos principales de la obra: función, practicidad, estética y presupuesto.

1 Una pequeña mesa en la entrada a la cocina tiene la dimensión adecuada para tomar un café o un pequeño tentempié, para una charla con un amigo o simplemente para hacer unas anotaciones, y le da al espacio un aspecto más acogedor.

2 Estos viejos moldes resultan muy decorativos en la pared del comedor, que se ha diseñado para cumplir dos funciones: comer y trabajar.

3 En esta pequeña casa se ha incorporado una oficina para trabajar en casa. Las escaleras de caracol son simples pero esculturales.

Función

1 ¿Cuánto tiempo prevé vivir en esta casa?

2 ¿Hay o habrá niños en la casa? En caso afirmativo: ¿cuántos y de qué edades? (Esto afecta a la planificación de las habitaciones.)

3 ¿Tiene animales de compañía? Y, en caso afirmativo, ¿de qué clase? (Esto afecta a los acabados y a las superficies empleadas.)

4 ¿Hay algún familiar mayor que vive o posiblemente vivirá con usted en un próximo futuro? (En caso afirmativo, debe tenerlo en cuenta para una buena iluminación en las escaleras, en los pasillos y en los corredores, para los suelos antideslizantes en los cuartos de baño, para las barras agarraderas en las bañeras y duchas, etc.)

5 ¿Cuántas personas se quedan en la casa durante todo el día? (Esto puede afectar a los colores y a la iluminación.)

6 ¿Cuáles son las necesidades respectivas de cada uno de los miembros de la casa? ¿Es probable de que éstas vayan a cambiar?

7 ¿Dónde se reunirá la familia y se sentirá más a gusto a la hora de comer?

8 ¿Quién estará más tiempo en el salón o en la sala de estar?

9 ¿Cuántas veces se reunirá con amigos y cómo?

10 ¿Cuántas personas suele invitar a las reuniones?

11 ¿En qué habitaciones suele reunirse con más frecuencia?

12 Si sus hijos invitan a amigos, ¿dónde suelen reunirse? (Esto afecta al espacio y a las superficies.)

13 ¿Cree que, en general, el espacio total de su casa es poco adecuado o que se le puede dar mejor uso, si tan sólo supiera cómo?

14 ¿Cuál es el número mínimo de habitaciones que va a necesitar? ¿Existe la posibilidad de acomodar alguna de ellas en el espacio existente (como en el altillo, el sótano o el garaje)?

15 Esta habitación necesaria ¿tiene que remodelarse y redecorarse por completo? Han cambiado las circunstancias o intereses familiares desde que se decoró la primera vez? ¿Se pueden mejorar las instalaciones actuales? (Teniendo en cuenta los adelantos tecnológicos, trabaje con mucha flexibilidad en cuanto a las conexiones eléctricas y a la iluminación.)

16 ¿Cuál es su lugar preferido para sentarse con su pareja y qué tipo de asiento prefieren? ¿Necesita respaldos distintos o una altura diferente para los asientos? ¿Dónde les gusta más sentarse a la hora de escribir cartas o para atender la correspondencia, etc.?

17 Si quieren remodelar el dormitorio, ¿qué tipo de cama y colchón prefieren? La iluminación del dormitorio, ¿es la óptima?

Aspectos prácticos

1 ¿Cuál es el estado de las paredes, de las ventanas, de la madera, del techo y de los suelos?

2 ¿Es moderna la instalación eléctrica? Si necesita instalar nuevos enchufes o tomas de corriente, ¿habrá sobrecarga en el sistema eléctrico o se presentará alguna otra dificultad? Su instalación actual, ¿cumple las normas de seguridad y es la adecuada para sus necesidades actuales y futuras (también teniendo en cuenta los avances tecnológicos)?

3 ¿Hay enchufes suficientes en los puntos necesarios?

4 ¿Significaría una mejora si se instalaran ventanas o puertas cristaleras en alguna parte? (Evidentemente tendrían que adaptarse al exterior de la fachada.)

5 ¿Existen algunos aparatos de aire acondicionado poco vistosos? Y, si fuera así, ¿se pueden mejorar, cubrir o incluso retirar de la ventana para colocarse en la pared?

6 ¿Quiere instalar alguna alarma antirrobo, de incendio o de humo?

7 ¿Necesita reemplazar o renovar algunas piezas metálicas existentes, picaportes o pomos de puertas, interruptores de luz, chapas protectoras, grifos o pestillos de ventanas?

8 ¿Existe la posibilidad de integrar un cuarto de baño adicional, una ducha o un baño? ¿Tiene que reemplazar la grifería o renovarla? ¿Está todo en buenas condiciones para durar unos cuantos años sin necesidad de reparaciones o sustituciones inmediatas?

9 Las baldosas del suelo, debajo del revestimiento del suelo existente, ¿están en buenas condiciones? ¿Se pueden raspar o pulir? ¿Hay alguna que necesita repararse o sustituirse? ¿Preferiría otro tipo de suelo, como por ejemplo de mármol o de piedra?

Si cualquiera de sus respuestas a las preguntas anteriores implica tener que realizar una obra de cierta envergadura (como, por ejemplo, una nueva instalación eléctrica o de tuberías, la colocación de un nuevo revestimiento del suelo, o el decapado y pulido; la reparación de paredes, de techos o de baldosas del suelo; el cambio de aparatos de aire acondicionado o su colocación en una ventana distinta), ésta evidentemente se tiene que realizar antes de iniciar cualquier trabajo de decoración y se tiene que tener en cuenta en el presupuesto general.

Aspectos estéticos

1 ¿Prefiere un decorado de estilo ecléctico, conservador o clásico, moderno, romántico, minimalista o algún otro?

2 ¿Tiene usted el mismo gusto que su pareja o tienen ustedes gustos muy distintos? ¿Han acordado que cada uno tenga su propia habitación a su gusto particular o tienen que llegar a un compromiso?

3 ¿Ya ha decidido la combinación de colores? ¿Aceptaría sugerencias?

4 ¿Con qué colores se siente más feliz? ¿Y su pareja? ¿Hay algún color que detestan?

5 ¿Qué estilos admira más? ¿Qué estilo le gustaría para esta habitación o para esta casa?

6 ¿Existe la posibilidad de incluir algún mueble que ya posee, si lo hubiera?

1 *Las puertas y picaportes de acero, que constituyen un contraste elegante con el suelo de madera pulida, conducen la vista hacia el piano, y el busto en la habitación al final del pasillo.*

2 *Hay un ambiente deliberadamente fresco y tranquilo en este vestíbulo. Las dos alfombras y las pocas piezas elegidas con mucho esmero se encuentran en una perfecta armonía y están bien iluminadas por la noche.*

3 *Esta habitación a dos niveles se ha aprovechado al máximo. El sofá se ha colocado contra la pared, mientras que el archivador de acero actúa de mesita lateral auxiliar, además de establecer el equilibrio visual con los escalones en la zona de la biblioteca.*

Presupuesto

1 ¿Qué importe máximo puede gastar en su proyecto teniendo en cuenta que siempre debe poder disponer de una determinada suma para imprevistos?

2 ¿Está realmente a gusto con este presupuesto?

3 Si pudiera enumerar diez arreglos de lujo para tener una casa más atractiva y de mejor funcionalidad, ¿cuáles serían?

4 ¿Cuánto tenemos que gastar? ¿Dónde podemos ahorrar? ¿Podría hacer un planteamiento a largo plazo de modo que los arreglos urgentes se puedan hacer ahora y los otros más adelante?

5 ¿Aceptaría hacer compromisos razonables para algunos objetos que podrían reciclarse para habitaciones menos importantes, si en el futuro tiene previsto poder permitirse objetos de mejor calidad?

Después de haber estudiado y repasado todas estas preguntas un par de veces debería tener una idea más clara de su hogar ideal, de las obras que hay que realizar con prioridad y de lo que pueden costar. Tal vez algunas de estas preguntas parezcan elementales, pero con el entusiasmo o con la confusión del momento y con tantas cosas en las que pensar, es muy fácil olvidarse de los elementos más importantes de una casa. No obstante, no puedo dejar de enfatizar la importancia de tomarse el tiempo necesario para determinar todas las cosas esenciales necesarias para que su habitación o su casa sea lo más acogedora y funcional posible.

primera parte: los elementos básicos

Plano en planta de iluminación

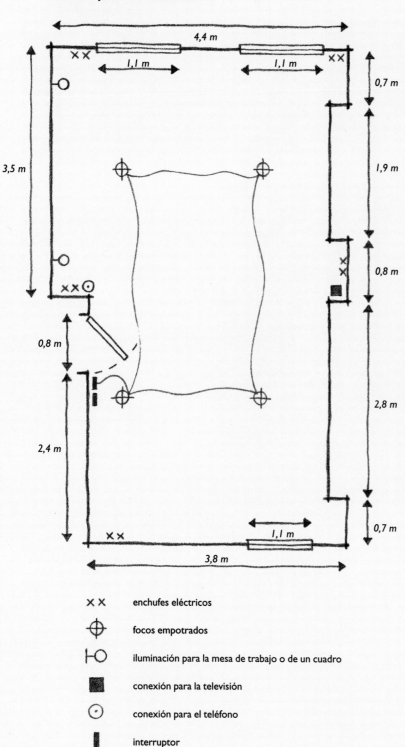

Este plano en planta de iluminación, aunque dibujado en forma de borrador, está confeccionado a escala, lo cual facilita la distribución del espacio y el trabajo del electricista para conocer exactamente los tipos de enchufes y de conexiones que debe instalar y en qué lugar, así como qué iluminación (como los focos empotrados en el centro) quiere conectar a qué interruptor. Este plano le puede ahorrar algunos gastos posteriores; a veces las personas sólo se dan cuenta de que no hay nada previsto para la iluminación general o para las lámparas, para los enchufes eléctricos o para la conexión del teléfono cuando todos los trabajos de instalación y decoración ya están terminados.

× × enchufes eléctricos

⊕ focos empotrados

⊶ iluminación para la mesa de trabajo o de un cuadro

◼ conexión para la televisión

⊙ conexión para el teléfono

▮ interruptor

PLANOS EN PLANTA

La confección de planos exactos en planta es una parte importante del trabajo del diseñador, tanto si es profesional como aficionado. Independientemente de la utilidad para determinar posibles cambios, estos planos suelen ser muy útiles para decidir la ubicación de los nuevos enchufes eléctricos, de la iluminación y de los muebles.

Para dibujar un plano en planta o un esbozo, primero tiene que hacer un dibujo preliminar de la habitación. Con un lápiz bien afilado dibuje la forma sobre una hoja de papel, para después, utilizando una buena cinta métrica replegable, marcar las dimensiones de los elementos estructurales principales en el esbozo. Éstas deben comprender la longitud de las paredes, la anchura de las puertas y demás aperturas, las medidas de las ventanas y de otros elementos de la instalación, el espesor de los tabiques y la distancia entre los accesorios. También

Planta de distribución

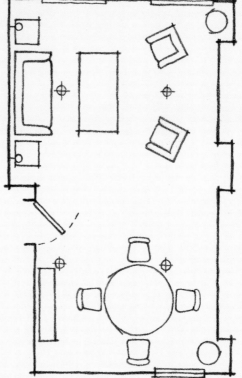

El mismo plano de escala exacta también le ayuda a prevenir errores en la distribución de los muebles, como ocurre a veces cuando impulsivamente se compran muebles que después resultan demasiado voluminosos para el espacio previsto o que no pasan por la puerta. Nuevamente se ha incluido la distribución de las luces para poder ver, por ejemplo, cómo una obra de arte colgada en la pared puede iluminarse a través de focos empotrados en el techo, o cómo las pequeñas mesitas auxiliares al lado del sofá, gracias a las lámparas de brazo extensible adheridas a la pared, no se llenan de incómodas lámparas de mesa.

se tiene que marcar la posición de cualquier enchufe eléctrico existente, de la conexión del teléfono y de la televisión, de los radiadores, de las rejillas y de los aparatos fijos de calefacción y de aire acondicionado.

Para dibujar el plano con exactitud, es aconsejable trabajar con papel milimetrado; a ser posible cómprelo con perforaciones invisibles, lo que le facilitará trazar líneas rectas. Si trabaja con medidas métricas, compre papel milimetrado con cuadrados de 2 cm divididos en décimos, donde cada uno de estos cuadrados de 2 mm corresponda a 10 cm; un cuadrado de 2 cm será igual a 1 m. Esta escala se puede usar para todas las habitaciones, a excepción de cocinas, cuartos de baño y cuartos de lavandería, para los cuales es aconsejable trabajar con una escala del doble de estas medidas.

Con un lápiz afilado y con una regla, si el papel gráfico no tiene perforaciones invisibles, trace el perímetro de la habitación, en la escala elegida, sobre el papel milimetrado. Es muy importante que lo haga con la máxima precisión.

Borre todas las aberturas de puertas y márquelas (describiendo el arco de la abertura a escala), después introduzca los elementos fijos u otras singularidades (ventanas, radiadores, enchufes eléctricos, conexiones de la televisión y del teléfono, aparatos de aire acondicionado) incorporando los símbolos correspondientes y utilizando el plano de muestra (*véase* página anterior) de guía.

Cerciórese de que todas las anotaciones sean exactas, ya que la menor desviación puede tener consecuencias desastrosas. Si prevé la entrega de grandes piezas de muebles, anote las dimensiones de las ventanas, de las puertas y de las escaleras, y especialmente de los rellanos de vuelta, así como del ancho, de la altura y de la profundidad de los ascensores, para asegurarse de que puedan caber.

PROGRAMA PARA LA DECORACIÓN

Otra ayuda esencial para el proceso es el programa de decoración para cada habitación, que sirve de recordatorio de exactamente todo lo que se tiene que hacer. Si intervienen

varios contratistas, haga copias para cada uno de ellos, de modo que no pueda haber errores ni malentendidos. Los programas de decoración también se pueden considerar como paneles de referencia y usarse para las referencias diarias.

Indique el nombre de la habitación en el encabezamiento de la hoja del programa de decoración, para después continuar con los siguientes títulos, siempre dejando suficiente espacio intermedio para las descripciones aclaratorias:

• Paredes
• Suelo
• Techo
• Trabajos en madera
• Molduras
• Iluminación e instalación de cables (conexiones telefónicas, conexión de la televisión, timbre de la puerta, interfono, cadena de música, etc.)
• Tratamientos de las ventanas

• Accesorios de ferretería (interruptores, atenuadores, manetas y pomos, grifería, accesorios para la ducha, etc.)
• Tratamientos de la cama (si fuera aplicable)

Un ejemplo de un programa similar de decoración, para una parte de la casa y no solamente para una sola habitación, se puede ver en la parte inferior de esta página. (Solamente incluye cinco de los aspectos antes mencionados, ya que los demás no se verán afectados por el proceso de remodelación.)

Si elabora un programa de decoración de práctica o de prueba para cada habitación de su casa, pronto será lo más natural para usted hasta el punto de que tan pronto examine una habitación para su redecoración, su mente automáticamente pensará en todos estos aspectos. De este modo, nunca olvidará preocuparse de las partes pequeñas pero esenciales de la habitación.

MUESTRA PARA EL PLAN DE DECORACIÓN

• Todas las superficies que haya que pintar deben prepararse adecuadamente con una capa de imprimación o con una pintura base y deben recibir dos capas de pintura o incluso tres, si fuera necesario.
• Si aplica papel pintado, las paredes deben prepararse y marcarse adecuadamente.

VESTÍBULO

Paredes	Pintura al agua, de color blanco hueso n.º 552
Suelo	Alfombra de un material de mezcla de lana/nailon de color azul
Techo	Pintura al agua de color blanco
Carpintería	Pintura blanca de acabado satinado
Molduras	Pintura blanca semimate

SALA DE ESTAR O SALÓN

Paredes	Color terracota pálido con acabado desgastado (*véase* muestra); capa de pintura base de óleo semimate de color gardenia
Suelo	Alfombra de tejido tipo Bruselas n.º 224
Techo	Pintura al agua de color blanco con un matiz terracota
Carpintería	Pintura blanca de acabado satinado
Molduras	Pintura blanca semimate

DORMITORIO PRINCIPAL

Paredes	Papel pintado n.º 9671 de color azul/blanco
Suelo	Alfombra Axminster n.º 66
Techo	Pintura al agua de color blanco
Carpintería	Pintura blanca de acabado satinado
Molduras	Pintura blanca satinada

HABITACIÓN INFANTIL

Paredes	Papel pintado n.º 5890 de color rosa/naranja/blanco
Suelo	Lamas de madera lavada y barnizada
Techo	Pintura al agua de color blanco
Carpintería	Pintura de esmalte de color blanco
Molduras	Pintura blanca semimate

PANELES DE MUESTRA

Otra ayuda esencial para la decoración es la confección de un panel de muestra para cada habitación. Éste, también conocido como panel de colores, le puede ser muy útil para determinar su esquema y, además, le sirve de recordatorio. Se necesitan varias hojas de cartulina gruesa, preferentemente de color gris, azul marino, verde, caqui o marrón, ya que el color crema o el blanco pueden distorsionar el efecto de los colores. Córtelas en cuadrados de una medida de 60 cm en cada lado. Un tamaño mayor, digamos de 75 cm o de 75 x 90 cm, sería más útil, pero el panel de dimensión más pequeña es más fácil de transportar.

Coleccione pequeñas muestras de los colores de la pintura, de los papeles de pared, de los tejidos y del material para el suelo. Si los recorta con tijeras dentadas evitará los hilos sueltos y los cantos desaliñados, pero también puede usar tijeras comunes. Las muestras deben tener la dimensión suficiente para poder distinguir el diseño, pero si fuera necesario guarde aparte algunas de diseños mayores o de dibujos repetidos. Recorte cada una de ellas más o menos a proporción de su aplicación en la habitación para tener una impresión lo más exacta posible de su efecto final, aunque esto no es indispensable.

Reparta las muestras encima del panel pegándolas con pegamento o con cinta adhesiva de doble cara e identifíquelas claramente con nombre y número, color, proveedor y precio, utilizando un rotulador negro. Como encabezamiento anote el nombre de la habitación en la parte superior.

Si lo prefiere, puede proteger el panel con un plástico transparente del mismo ancho del panel, pero ligeramente más largo. Cubra el panel y adhiera los extremos en la parte posterior. Otra presentación atractiva, si piensa guardar su muestrario por mucho tiempo, consiste en la confección del panel de muestra de dos cartulinas, adhiriendo una encima de la otra y recortando ventanillas en la cartulina superior para enmarcar las muestras.

primera parte: los elementos básicos

En el contexto de este curso, los elementos
de diseño son los factores que determinan
el ambiente de cualquier habitación, los
aspectos que marcan su carácter inicial
antes de aplicar los toques finales. Éstos
consisten en la iluminación, en los espacios
para guardar cosas, en el color, en
la textura y en los diseños, en la escala
y en el equilibrio. Todos estos elementos,
conjuntamente con los estilos y otros
detalles específicos como la pintura, el papel
pintado, los tejidos y la decoración de las
ventanas (que se describirán más adelante),
tienen que estudiarse en detalle antes de
iniciar el proceso de decoración.

Los elementos del diseño

Estudiar la luz

Una buena iluminación puede cambiar la dimensión aparente de un espacio, realzar las características atractivas o disminuir las desagradables. Puede añadir belleza, brillo y espectacularidad o un resplandor cálido y reconfortante, en función del giro del interruptor del potenciómetro correspondiente. La iluminación es tan esencial para el ambiente de una habitación como lo es en el teatro o en las películas, aunque muchas veces es el elemento menos planificado de todos los involucrados en la decoración. A menudo la gente ni se preocupa de la iluminación hasta mucho después, cuando ya está en pleno proceso de decoración, cuando ya es casi demasiado tarde. Y ojalá lo hubieran considerado antes: se hubiera podido instalar un sistema útil y flexible a un precio comparativamente moderado.

Mucha gente considera la luz artificial como la falsificación de la luz natural y trata a las dos como conceptos completamente distintos. No obstante, para disponer de un sistema efectivo de iluminación y de una luz adecuada a todas horas del día, se debe establecer un equilibrio entre ambos tipos de iluminación, la natural y la artificial: una debe complementar a la otra discretamente.

APROVECHAMIENTO MÁXIMO DE LA LUZ NATURAL

Evidentemente, la luz natural tiene todas las ventajas de la variedad. Su intensidad varía a lo largo de las estaciones del año, e incluso de hora en hora. También cambia de color, de un azul intenso de los cielos claros a un tono gris opaco en los días oscuros; de la brillante luz de las primeras horas de la mañana al resplandor azul lavanda del atardecer, y de la luminosidad dorada a mediados del verano al brillo blanco destacado por la nieve en invierno.

Durante cada una de estas fases, el interior de una casa aparece sutilmente distinto (por lo cual es especialmente útil estudiar una habitación durante distintas fases de luz natural antes de tomar una decisión definitiva del esquema cromático y de los decorados). Las ventanas pequeñas deben estar despejadas para aprovechar toda la luz

que entra por ellas, mientras que los grandes ventanales tienen que proveerse de persianas o de estores plegables para filtrar el exceso de luz natural.

No obstante, la luz natural no tiene gran fuerza de penetración. En una habitación de dimensiones medianas, sólo un 1 % de la luz del día alcanza el rincón más distante de las ventanas, comparado con un 10 % que penetra en la zona más próxima. Éste es el motivo por el cual durante largos períodos del año los trabajos que implican un gran esfuerzo visual, como fijar la vista en la pantalla de un ordenador a lo largo de todo el día, leer, escribir, dibujar, pintar o coser solamente se pueden realizar cerca de una ventana.

Muchas habitaciones en edificios con un frente estrecho, o con otros edificios enfrente y a los lados, suelen tener poca luz durante la mayor parte del día. Por lo tanto, por una razón u otra, siempre necesitan complementarla con la ilumi-

nación artificial, y las zonas interiores más oscuras que suelen utilizarse como cocinas, baños y cuartos de lavar y planchar, así como para pasillos y corredores, siempre se tienen que iluminar con luz artificial.

EL USO DE LA ILUMINACIÓN ARTIFICIAL

La iluminación indirecta con luz artificial que debe ponerse durante el día resulta menos deprimente cuando no se puede ver su fuente, de modo que es aconsejable ocultar la iluminación complementaria detrás de galerías o de los bastidores de las cortinas, encima de las ventanas, alrededor de todo

el perímetro de la habitación o detrás de algún mueble voluminoso. En otras palabras, haga lo posible por ocultarla al fondo.

La iluminación indirecta es sólo una de las variantes de iluminación artificial, que se puede dividir en tres tipos diferentes:
• general o de fondo
• local o para trabajar
• decorativa o de realce
Lo ideal sería que en cada espacio hubiera una combinación de por lo menos dos de estos tres tipos, en mayor o menor grado, y que éstos se fusionaran en un ambiente armonioso y agradable.

1 *En este dormitorio, toda la pared de la ventana se ha decorado con una elegante persiana veneciana o de lamas de listones finos para filtrar y suavizar la luz natural, que de otro modo inundaría todo el espacio.*

2 *Los vidrios en forma de rombo de esta vieja ventana arqueada entrecruzan y moldean los haces de los rayos de sol que atraviesan el cristal. El papel de la luz artificial consistiría en ofrecer un espectáculo igualmente suave.*

primera parte: los elementos básicos

TIPOS DE BOMBILLAS ELÉCTRICAS

La bombilla de luz (o lámpara, como a veces se denomina erróneamente) tiene tanta importancia como el tipo y la posición de la instalación eléctrica. Los tres tipos principales de bombillas para las viviendas, las de tungsteno, las halógenas y los fluorescentes, tienen una eficiencia energética diferente; también su duración media y la calidad del color de su luz son distintas.

Bombillas de tungsteno

La bombilla de filamento de tungsteno (también conocido como incandescente) es la fuente de luz más común para el uso doméstico. En comparación con la luz natural, el tungsteno proyecta una luz cálida de tono amarillento, muy indicada para el uso en interiores, ya que casi no altera las relaciones de los colores y permite diferenciar los contrastes entre los diferentes tonos. También hay bombillas de tungsteno en una gama de colores; la más popular es la de color melocotón.

Las bombillas de tungsteno se venden en diferentes tamaños y diseños y con distinta potencia, para adaptarse a los diferentes tipos de instalación. Aparte de la bombilla común, existen tubos sofitos, focos, globos, velas, y bombillas con corona o parcialmente plateadas para alterar la forma de la luz proyectada. Sin embargo, las bombillas de tungsteno tienen una duración relativamente corta, y no aprovechan bien el consumo de electricidad, ya que pierden mucha energía en forma de calor.

Bombillas halógenas

Este tipo de bombilla se emplea cada vez más para el uso doméstico. Su luz es fría y más blanca y clara que la del tungsteno. Al igual que este último, el halógeno también es muy indicado para reflejar colores y revelar contrastes; además, su luz tiene una calidad brillante especialmente atractiva, que lo ha-

1 La iluminación de color instalada en estos espacios arqueados proyecta un brillo rosáceo sobre el techo, y origina un cálido contraste con el esquema de color predominantemente verde pálido.

2 Las luces descendentes empotradas, instaladas en la parte inferior de una pared de separación, iluminan la estantería inferior. Los pequeños focos de bajo voltaje como éstos también se pueden empotrar en la pared, entre el techo y el suelo, para obtener una iluminación adicional.

3 La lámpara de pie, de luz halógena elegante y escultural, proyecta una luz curva espectacular para iluminar esta sala de estar minimalista.

ce muy indicado para puntos de iluminación descendente o ascendente, para focos y para todo tipo de iluminación que desee acentuar detalles. Por ejemplo en una lámpara de pie escultural y de grandes dimensiones, proyectaría un gran haz de luz. Preferentemente, la bombilla de halógeno, que nunca se debe tocar con las manos desnudas para no estropearla, siempre se tendría que usar con un potenciómetro.

Fluorescente

La luz fluorescente es eficiente y de larga duración, por lo que resulta más económica que la del tungsteno y se instala con frecuencia en edificios comerciales e industriales. Su luz es clara y uniforme, y en el pasado no era muy popular para el uso doméstico. No obstante, los fluorescentes modernos y actuales mejoran constantemente. Algunos proyectan una luz muy similar a la natural; además, hay unos difusores especiales para que la calidad de su luz resulte más agradable.

LA ILUMINACIÓN HABITACIÓN POR HABITACIÓN

Cada habitación necesita una iluminación distinta. A continuación se indica una breve guía sobre el mejor tipo de iluminación para cada una de ellas.

Salas de estar, bibliotecas y estudios

La iluminación general o de fondo resulta más sutil cuando se irradia desde

puntos de luz descendente estratégicamente distribuidos (o desde bañadores de pared, o luces sobre guías, o cualquier tipo de lámpara de pared, si los techos fueran de hormigón o tuvieran demasiado poco espacio para la colocación). Instálelos como iluminación única o combínelos con lámparas de pie con luz ascendente; se pueden ocultar perfectamente detrás de cualquier planta, de algún mueble o de cualquier otro objeto decorativo como una escultura o una urna. Este tipo de iluminación crea un suave baño de luz mucho más agradable que la algunas veces anodina u otras veces cruda y fuerte luz proyectada por los artefactos, aún omnipresentes, colgados en el centro del techo.

Si tiene previsto renovar toda la instalación eléctrica de la sala, es aconsejable conectar todas las luces portátiles con enchufe a un circuito separado, de modo que se puedan conectar todas desde la puerta, con lo que se ahorran muchas molestias al encenderlas y apagarlas, sin mencionar el tener que agacharse

consejo

LAS LUCES ASCENDENTES CONSTITUYEN LA MEJOR FORMA PARA CONSEGUIR UN CAMBIO ESPECTACULAR EN LA SALA, CUANDO LE RESULTE IMPOSIBLE PODER RENOVAR TODA LA INSTALACIÓN ELÉCTRICA O INCORPORAR MÁS ENCHUFES. TODO LO QUE TIENE QUE HACER ES CONECTARLA.

primera parte: los elementos básicos

cuando los interruptores están en el suelo. Sin embargo, si esto no fuera posible, por lo menos haga lo posible por instalar unos interruptores que se accionen con el pie, tanto para la luz como para el potenciómetro, aunque éstos le obliguen a tener que atravesar toda la sala.

Las lámparas de sobremesa o de pie sirven para la iluminación en un determinado lugar o para trabajar y se colocan al lado del sofá, de la silla o del sillón para leer con comodidad, o, si no hubiera espacio suficiente, se puede instalar una lámpara de pared ajustable o de brazo giratorio, justo encima del grupo de asientos. Las lámparas de sobremesa se necesitan para escribir y para los trabajos generales. Y las luces descendentes estratégicamente empotradas en el techo son muy indicadas para los trabajos minuciosos.

La iluminación decorativa muchas veces se consigue con focos o reflectores empotrados en el techo, instalados en la superficie o montados sobre guías o «cables desnudos» desde donde, con el ángulo correctamente ajustado, enfocan una pintura o cualquier otro objeto decorativo. No obstante, también puede proceder de un baño de luz proyectado por una simple lámpara de mesa, de una luz indirecta u oculta entre las estanterías de libros o vitrinas, o de reflectores instalados en el suelo o encima, y naturalmente de unas buenas velas decorativas tradicionales.

Comedores y zonas para comer

Éstos resultan más románticos a la luz de las velas, apoyadas por alguna discreta luz indirecta de fondo fácilmente manipulable. Sin embargo, hay que tener en cuenta que las velas siempre deben encontrarse por encima o por debajo del nivel de la vista para que su parpadeo no moleste a los comensales.

La luz de las velas se puede complementar con una suave luz descendente, o dos, ajustables por un potenciómetro. Una lámpara colgante de sube y baja con una cálida sombra opaca también puede proyectar una luz agradable sobre la mesa,

pero también ésta se tiene que conectar a un potenciómetro con interruptor para evitar el deslumbramiento.

El área de servicio se ha de proveer de una iluminación separada, tal vez mediante un foco o reflector dispuesto en ángulo, de luz descendente o bien mediante una linestra incandescente (no fluorescente) discretamente oculta detrás de una galería de la pared en esta misma zona.

Vestíbulos y escaleras

Hay demasiados vestíbulos y escaleras iluminadas inadecuadamente, y es realmente indispensable que tengan una buena luz a todas horas, con una buena iluminación para distinguir cualquier cambio en la superficie del suelo, y también de las paredes para poder encon-

trar los interruptores y picaportes sin dificultad. Lo ideal sería instalar un circuito separado de iluminación ininterrumpida a bajo nivel, aunque esto resulte difícil de conseguir, a excepción de que se empiece desde cero. No obstante, en su lugar se pueden instalar pequeños puntos de luz nocturnos para evitar la oscuridad total.

Dormitorios

Las lámparas de la mesita de noche tienen que estar a la altura necesaria para que su luz se proyecte directamente sobre un libro. La mitad inferior de la luz debe estar a la misma altura del hombro del lector cuando éste se encuentre en posición semireclinada, con la línea inferior de la sombra a nivel de sus ojos. Las lámparas de pared de brazo oscilatorio son una solución excelente: no solamente proyectan la luz en la posición correcta; además ahorran espacio. También resultan útiles para camas con cortinas laterales. Las lámparas de la mesita de noche deberían llevar un potenciómetro para atenuar la intensidad de la luz y no molestar a la pareja, que tal vez desee descansar.

1 Dos luces, una en cada lado del espejo del cuarto de baño, como aquí, crean una mejor iluminación para el maquillaje. No obstante, si el espejo sólo se usa para afeitarse, tal vez sea preferible instalar una sola luz en la parte superior o dos pequeñas empotradas en el espejo mismo.

2 Las luces del techo que iluminan los escalones de la escalera complementan aquellas que resaltan los nichos a lo largo de esta escultural escalera.

3 En esta cocina bien diseñada, las luces aplicadas sobre los armarios y los de la parte inferior iluminan tanto el techo como la superficie de trabajo; las plantas trepadoras suavizan las líneas de las superficies rectas.

La luz encima de un espejo que se utiliza para el maquillaje, contrariamente a lo acostumbrado, es menos efectiva que una luz a la izquierda y otra a la derecha. Además, las lámparas con proyección de luz hacia fuera son más apropiadas y efectivas que aquellas que iluminen el espejo. Lo mismo se puede decir de los espejos de cuerpo entero, en los que la luz siempre tiene que proyectarse sobre la persona que se está mirando, y no sobre el espejo.

Habitaciones infantiles

En las habitaciones de niños pequeños, todos los enchufes tienen que estar bien protegidos (a prueba de niños) y todos los accesorios de la instalación eléctrica deben estar fuera de su alcance, lo cual significa que no se pueden usar ni lámparas de sobremesa ni de pie. En cambio, las lámparas de pared son muy recomendables, ya que proyectan una luz más suave que las de techo. Para los niños con miedo a la oscuridad, la instalación de un potenciómetro puede ser muy aconsejable puesto que la intensidad de la luz se puede reducir a un nivel muy bajo; otra alternativa es la instalación de elementos luminosos de bajo voltaje en el rodapié para romper la oscuridad. Los niños mayores necesitan una buena iluminación para hacer sus deberes de la escuela, para

estudiar o para jugar con el ordenador, para sus pasatiempos y para la lectura en la cama, de modo que es esencial instalar una iluminación adecuada en las mesas de trabajo y encima de las camas.

Cuartos de baño

Los cuartos de baño de dimensiones reducidas precisan únicamente una luz en el techo, que preferentemente debe ser empotrada. En los baños más grandes, en cambio, es recomendable instalar dos focos con haz de luz descendente, uno de ellos encima de la bañera o de la ducha, con accesorios eléctricos impermeables. Si el espejo se usa tanto para el maquillaje como para el afeitado, es aconsejable instalar dos puntos de luz, uno en cada lado; pero si sólo se necesita para afeitarse, es suficiente instalar sólo uno en la parte superior. Otra alternativa consiste en empotrar pequeñas luces, hechas por encargo, directamente en el espejo.

Cocinas

Todas las cocinas deben tener una buena iluminación general, además de otros puntos de luz para determinadas actividades como la lectura de libros de cocina, para cortar y mezclar ingredientes así como para fregar y aclarar los platos. Los difusores de luz estratégicamente distribuidos y empotrados en el techo, los focos o una combinación de luces descendentes y focos dirigidos crean una buena iluminación general,

primera parte: los elementos básicos

una guía, o bien adaptados individualmente al techo o a una viga.

Las instalaciones de halógenos de bajo voltaje ofrecen una luz excelente. Si la instalación de una iluminación indirecta o de puntos de luz empotrados en la superficie resultara difícil, y desea iluminar una pintura encima de la chimenea, instale una luz ascendente utilizando focos halógenos de bajo voltaje, pequeños y portátiles. También puede ocultar una luz halógena en un florero o en un pequeño recipiente sobre la chimenea, o aplicar un foco direccional para enfocarla desde abajo. La iluminación de la pintura en cualquiera de estas variantes previene el reflejo de luz sobre el vidrio del cuadro o sobre la superficie brillante del óleo.

Si desea instalar una luz convencional en un marco para iluminar el cua-dro desde arriba, ésta debe estar provista de un reflector giratorio. Si el marco es muy grueso, la luz tiene que ser ajustable desde la pared.

Para iluminar tapices cerca del nivel del suelo, o esculturas o plantas, instale siempre luces ascendentes, que se puedan ocultar detrás de alguna maceta o cerca de los objetos que desea iluminar. Éstas proyectan el haz de luz hacia arriba o bañan el objeto con su luminosidad.Y nuevamente para mayor comodidad, instale estos interruptores cerca de la puerta o use interruptores de suelo, que se accionan con el pie.

LÁMPARAS DE PIE Y DE SOBREMESA

A veces uno se entusiasma por la belleza de una lámpara de pie o de sobremesa, y la compra sin pensar en el efecto de su luminosidad. Una lámpara siem-

que se puede complementar con tubos fluorescentes ocultos en la parte inferior de los armarios altos para iluminar las superficies de trabajo. Si prefiere instalar tubos fluorescentes, éstos deberían ser de Philips Nature, o cualquier otra variedad reciente, puesto que le dan un aspecto más apetitoso a los alimentos (y también un cutis más atractivo) que los modelos fluorescentes anteriores. También podría iluminar el interior de las despensas donde se guardan los alimentos.

LA ILUMINACIÓN DE OBRAS DE ARTE

Para iluminar toda una pared de cuadros, de grabados, de gobelinos o de otras obras de arte, la iluminación ideal consistiría en unos reflectores empotrados en el techo a unos 60 cm de distancia de la pared, que literalmente inundan la superficie con su luz. Si esto

resultara demasiado difícil, adquiera rieles para instalación en el techo, que se pueden comprar en distintas longitudes con una serie de portalámparas para los focos, o tensores de acero. De este modo, cada cuadro se ilumina individualmente o bien se baña toda la pared, en función del efecto deseado.

Los mejores focos de iluminación individual de pinturas o de otros objetos de arte son los proyectores de encuadre. Son extremadamente costosos, pero realmente vale la pena hacer este gasto para iluminar cuadros valiosos. Después de ajustarse con precisión el objetivo, la pintura o la escultura queda directamente enfocada, sin que se derrame ni un solo rayo de luz. Estos proyectores de encuadre tienen que empotrarse en el techo a una distancia de 90 a 105 cm de la pared. Como alternativa, también se pueden usar otros accesorios instalados en un riel o en

1 *En estas estanterías se ha incluido un foco ajustable que enfoca el rincón para iluminar la fotografía. En las mismas estanterías también se pueden empotrar pequeñas luces descendentes para enfocar los pequeños objetos decorativos, o bien luces ascendentes para iluminar la parte superior.*

2 *Una lámpara instalada con mucho acierto ilumina los objetos en esta mesa y, al mismo tiempo, hace resaltar la magnífica superficie de mármol.*

3 *Esta lámpara de pie ajustable, dispuesta entre un sofá y un par de sillas, se puede cambiar fácilmente tanto para alumbrar como para leer en cualquiera de los dos asientos. Naturalmente, también ofrece la alternativa de ajuste para iluminar el cuadro de la pared. Este tipo de lámpara de pie es decorativo y versátil.*

pre debe ser tan funcional como decorativa, debe proyectar la luz necesaria tanto para trabajar como para leer así como darle un aspecto confortable a la habitación.

Otra cuestión donde mucha gente se suele equivocar es en la altura y en la posición de las lámparas. Una buena regla general para la posición de una lámpara de sobremesa es que el borde inferior de la sombra debe estar al nivel de la vista cuando esté sentado en una butaca (lo cual equivale a unos 97-107 cm del suelo).

Para las lámparas de pie se calcula una altura 102-123 cm del borde inferior de la sombra hasta el suelo. Para leer, la lámpara debe estar detrás del hombro del lector. Evidentemente esto no es posible cuando el sofá o el sillón están puestos contra la pared, de modo que en estos casos hay que usar lámparas de pie de brazo giratorio. Las lámparas de pared de brazo giratorio también son muy prácticas para leer en habitaciones pequeñas, donde el asiento se encuentra cerca de la pared, o en habitaciones donde se quiere instalar

dos lámparas y las mesitas tienen una altura distinta.

En las lámparas de sobremesa que predominantemente se usen para leer, es conveniente instalar una bombilla de

un suave color blanco rosado, de un mínimo de 150 vatios, mientras que en una lámpara de pie es recomendable instalar una bombilla de un suave color blanco de 150-200 vatios (cerciórese de

que no exceda el máximo de vatios recomendado para las sombras). También se puede instalar un potenciómetro de mesa para poder variar el nivel de la luz.

primera parte: los elementos básicos

Vocabulario de términos de iluminación

Estos tres floreros que decoran el estante de un nicho, así como la pintura superior, están tan bien iluminados que destacan por su bello efecto tridimensional.

Accesorio eléctrico: *véase* LUMINARIA.

Agudeza visual: capacidad de distinción de toda clase de detalles durante un determinado trabajo.

Amp: abreviatura de amperio, la unidad básica de la corriente eléctrica, que mide la velocidad del flujo de la misma.

Bajo voltaje: una bombilla de bajo voltaje es una elección excelente para iluminar obras de arte y para acentuar objetos decorativos, pero es indispensable usarla en combinación con un transformador. En el mercado se ofrecen BOMBILLAS de TUNGSTENO O HALÓGENAS.

Bañador de pared: sistema de iluminación de luz descendente, generalmente instalado en el techo (sobre guías, en la misma superficie o incluso empotrado), a una distancia de 45-90 cm de la pared que se pretende bañar con su luz, de acuerdo con el efecto deseado.

Bombilla: término común para un foco de luz.

Bombilla combinada: fuente de luz que consiste en un filamento incandescente y en un tubo de mercurio de descarga en una sola bombilla. Tiene una duración de vida superior a las BOMBILLAS INCANDESCENTES comunes, muchas veces de incluso 6.000 horas.

Bombilla de descarga de alta intensidad: una bombilla muy apropiada para alumbrar exteriores.

Bombilla de haz de luz fría: tipo de bombilla RPA (reflector parabólico aluminizado) que refleja la luz visible, pero que transmite una radiación infrarroja, de modo que el calor transmitido por el HAZ DE LUZ se reduce considerablemente.

Bombilla de neón: bombilla de neón o de algún tipo de gas inerte, de baja presión, que sometido a cierto voltaje emite un brillo rojo o rosado.

Bombilla de tungsteno: es la bombilla eléctrica doméstica común. Su denominación completa sería bombilla con filamento de tungsteno, ya que contiene un filamento de tungsteno, un elemento metálico con un punto de fusión muy elevado. Las bombillas de tungsteno proyectan una luz más cálida que la mayoría de las bombillas fluorescentes.

Bombilla de vapor de sodio: bombilla cuya luz se obtiene mediante una descarga eléctrica producida por un gas, por un vapor metálico o por una combinación de gas y vapor.

Bombilla fluorescente: tipo de bombilla de descarga cuya luz se produce por la excitación de los fósforos fluorescentes a causa de la radiación ultravioleta. Aprovecha mejor la energía que una BOMBILLA DE TUNGSTENO O HALÓGENA, resulta más económica y tiene una duración de vida más larga. Ahora está disponible con un mejor efecto sobre los colores, ya que anteriormente su luz era demasiado blanca para el uso en el hogar.

Bombilla halógena: variante especial de la BOMBILLA DE TUNGSTENO con halógeno, que prolonga la duración de la bombilla. También conocida como bombilla de halógeno de cuarzo o de halógeno de tungsteno, proyecta una luz más brillante que la de tungsteno común de voltaje idéntico.

Bombilla halógena de cuarzo: denominación alternativa de la BOMBILLA HALÓGENA.

Bombilla halógena de tungsteno: – *véase* BOMBILLA HALÓGENA.

Bombilla incandescente: fuente de luz producida por el calentamiento de un FILAMENTO mediante una corriente eléctrica hasta el momento de iniciar la irradiación de luz. Ésta es la bombilla de luz original diseñada por Thomas Edison. Tanto las BOMBILLAS DE TUNGSTENO como las HALÓGENAS son incandescentes.

Bombilla ISL (*Internally Silvered Lamp*): bombilla cuyo interior está recubierto por una capa plateada; generalmente se conoce como bombilla reflectora.

Bombilla SON: bombilla de sodio de alta presión.

Cable: conjunto de filamentos aislados, recubierto y revestido para la distribución de los circuitos eléctricos en el hogar.

Cable pelado o desnudo: par de CABLES de tensión con pequeñas luces de BAJO VOLTAJE sobre guías que se pueden desplazar a lo largo los mismos.

Candela: la unidad SI de la intensidad de la luz.

Circuito: recorrido de la corriente eléctrica que pasa por los CABLES de suministro para llegar a los accesorios de iluminación o a los enchufes eléctricos.

Cono luminoso: diagrama especial para observar o estudiar el perfil exacto de la potencia de luz irradiada o de salida de luz de una bombilla o de cualquier instalación luminosa.

Contrapeso, lastre: pieza utilizada en el dispositivo de control de una bombilla para evitar el sobrecalentamiento.

Contraste: en términos de iluminación, la diferencia de claridad entre dos puntos en un determinado campo visual, es decir, el área que percibimos delante de nosotros sin mover la cabeza ni los ojos.

Deflector: dispositivo que se adhiere a una instalación de luz para reducir o para evitar el deslumbramiento. Generalmente, los deflectores en LUCES DESCENDENTES o en FOCOS se forman mediante hendiduras concéntricas negras en la parte interior de la capota (o sombrerete).

Difusor: pantalla translúcida instalada para amortiguar una fuente de luz, para suavizarla y difundirla de un modo uniforme.

Dispositivo de control de la corriente: forma de controlar la corriente que pasa a través de una luz fluorescente o de una bombilla de descarga.

Excedente *véase* luz derramada.

Fijación en el techo: rosetón en el techo con soporte incorporado para una BOMBILLA DE TUNGSTENO.

Filamento: hilo fino en el interior de una BOMBILLA DE TUNGSTENO que irradia una luz cuando la corriente eléctrica lo ha calentado hasta la incandescencia.

Flex: cable eléctrico aislado que establece la conexión entre el accesorio de iluminación o el aparato doméstico y el suministro eléctrico.

Foco: bombilla reflectora con haz de luz dirigido que se instala para hacer resaltar un determinado objeto o para crear una iluminación más decorativa. Se puede instalar directamente en cualquier superficie, o montar sobre guías en paredes, techos o suelos.

Foco globular o luz descendente: es un FOCO ajustable empotrado que tiene forma y aspecto semejantes al globo ocular.

Fósforo: sustancia que puede emitir una luz visible cuando se somete a una radiación eletromagnética. Se usa para el recubrimiento interior de BOMBILLAS Y FLUORESCENTES.

Haz de luz: luz que emite un FOCO, o una bombilla reflectora.

Iluminación ambiental: iluminación general indirecta o de fondo, que no enfoca nada en concreto; debe ser discreta.

Iluminación con focos/espots: espot o foco en forma de BOMBILLA REFLECTORA de tungsteno que produce un HAZ DE LUZ potente y amplio.

Iluminación difuminada: luz filtrada a través de un material translúcido como una pantalla de tela, por ejemplo.

Iluminación direccional o dirigida: luz instalada para iluminar una superficie de trabajo desde un punto determinado. Generalmente se consigue con FOCOS o lámparas de sobremesa, que suelen ser ajustables.

Iluminación directa: iluminación creada por una instalación de luz sin que rebote contra grandes superficies como techos o paredes.

Iluminación específica para una mesa de trabajo: iluminación especial para facilitar una tarea definida, como leer, escribir, pintar o coser.

Iluminación indirecta: iluminación mediante el reflejo en el techo o en una pared.

Iluminación lateral: técnica de iluminación desde un lado único, generalmente para hacer resaltar la forma o la textura de un objeto determinado.

Iluminación para realzar: se instala para acentuar el color, la forma y la textura de objetos y de obras de arte; es el elemento clave en todos los diseños de iluminación creativa. Puede ser tanto en forma de un fino rayo de luz como de un amplio FOCO o de un BAÑADOR DE PARED.

Instalación con guías: guías rectas o de forma redondeada instaladas en el techo o en las paredes para FOCOS, que se colocan en determinadas posiciones fijas (aunque se puedan girar o cambiar de ángulo) o móviles, para que se puedan desplazar a lo largo de las guías. Ambos tipos están disponibles en bajo voltaje o con el voltaje de la red de suministro.

Intensidad o apreciación del color: efecto de una fuente de luz sobre una superficie de color; normalmente se compara con su aspecto bajo condiciones de luz natural. En el mercado existen varias bombillas clasificadas por su índice de interpretación del color (IIC) con una escala de valores entre el 1 y el 100. Cuanto mayor sea el número, tanto más auténticos serán los colores.

Interruptor del circuito: interruptor especial dentro de una unidad consumidora de electricidad que realiza una función idéntica a la de un fusible. En otros términos, en caso de situaciones anormales o potencialmente peligrosas, este interruptor desconecta la corriente eléctrica del circuito.

Interruptor del potenciómetro: interruptor de control que permite subir y bajar el nivel de la luz irradiada por las bombillas. Es una instalación de control muy apropiada y conveniente para la mayor parte de los puntos de luz.

Lámpara colgante: dispositivo de iluminación diseñado para colgarse o instalarse en el techo.

Linestra: accesorio diseñado para la instalación de un TUBO FLUORESCENTE y su dispositivo de control. Tiene un canal cerrado.

Lumen: unidad de flujo luminoso SI, que supone la cantidad de luz irradiada por una fuente determinada o recibida por una cierta superficie.

Luminaria: término comercial de un accesorio de iluminación, es decir, la instalación diseñada para la bombilla y su soporte para proteger la fuente de luz, para crear un medio de conexión con el suministro eléctrico y para conducir y controlar el flujo de la luz.

Lux: lúmenes medidos por metro cuadrado; unidad SI de iluminación, que es una cantidad determinada de luz irradiada por un cierto punto y que fluye en una dirección determinada.

Luz ascendente: instalación de iluminación que proyecta la luz hacia arriba para ser reflejada por el techo o por las paredes. Las luces ascendentes instaladas en el suelo son especialmente útiles e indicadas para la iluminación reflejada sobre determinados objetos o para plantas interiores, así como para crear una iluminación indirecta cuando no hay ninguna posibilidad de instalar puntos de luz empotrados. La luz ascendente también puede crearse mediante accesorios de iluminación instalados en el suelo o en las paredes, así como mediante lámparas de sobremesa orientables.

Luz derramada: luz que sobresale del perfil principal de un HAZ DE LUZ, por ejemplo la luz que se derrama fuera del marco de la pintura iluminada por un espot o un REFLECTOR. Como alternativa, se puede instalar un proyector de encuadre para dirigir toda la luz sobre el objeto que se desea iluminar y evitar el derrame.

Luz descendente: accesorio de iluminación comúnmente empotrado o instalado en el techo, montado sobre guías o directamente en una pared, que emite un HAZ DE LUZ descendente o vertical. Puede ser HALÓGENA O DE TUNGSTENO.

Luz deslumbrante: esta incomodidad molesta o interferencia a la vista se produce cuando algunas partes del campo visual son mucho más luminosas y brillantes que su entorno.

Ópalo: recubrimiento interno de sílice sobre el vidrio exterior de una bombilla para darle un aspecto lechoso u opalescente.

Proyector de luz para obras de arte: este proyector, también conocido como espot de perfil o de agujero, es un foco diseñado para iluminar una pintura, una escultura u otros tipos de obras de arte. Sus accesorios permiten un control absolutamente preciso sobre la configuración y el enfoque del HAZ DE LUZ. Aunque costosa, ésta es la mejor opción para iluminar obras de arte.

Ramal: CABLE instalado para la extensión de un CIRCUITO, de modo que la electricidad pueda suministrarse también a otros accesorios de iluminación o aparatos eléctricos, o para instalar un interruptor adicional.

Reflector: bombilla con superficie interior plateada, que se usa como FOCO.

Reflector parabólico aluminizado: bombilla sellada cuya parte frontal es de un vidrio fuerte y resistente al calor, mientras que la parte posterior tiene forma parabólica en corte transversal. El interior está aluminizado para proyectar un HAZ DE LUZ muy potente. Está especialmente indicado para exteriores, ya que es resistente a la intemperie.

Rejilla de control: hojas ajustables con bisagras instaladas en algunos FOCOS para controlar la configuración del HAZ DE LUZ.

Rosetón de techo: por lo general, consiste en una especie de caja protectora redonda instalada en el techo para establecer la conexión entre el accesorio de iluminación colgante o un candelabro y el suministro de electricidad.

SI: Système Internationale d´Unités (Sistema Internacional de Unidades). Sistema internacional acordado para unidades científicas de medición.

Sofito: BOMBILLA DE TUNGSTENO con dos agarraderas para sujetarla en el soporte (contrariamente a una bombilla de rosca).

Tiro: distancia entre el reflector y el objeto más alejado que se quiere iluminar.

Toma de tierra: conexión indispensable entre el CIRCUITO eléctrico y la tierra. Su finalidad reside en desviar la electricidad fuera de cualquier situación de peligro en caso de que haya un defecto en algún cable, como por ejemplo una rotura del cable del circuito o del aislamiento; de otro modo, las lámparas o dispositivos de iluminación o el aparato doméstico se convertirían en objetos letales.

Transformador: dispositivo para transferir la corriente eléctrica de un

CIRCUITO a otro, generalmente incrementando o disminuyendo el VOLTAJE. Es indispensable usar un transformador en el caso de una instalación de bombillas de BAJO VOLTAJE (generalmente tiene la dimensión apropiada para ocultarse en el accesorio).

Vatios: unidad que mide la velocidad del consumo de electricidad así como la potencia de la fuente de luz. Todos los aparatos domésticos y todas las bombillas que se encuentran en el mercado especifican un máximo de vataje.

Voltaje: la tensión de la electricidad que atraviesa un CIRCUITO eléctrico; cuanto más alta sea la tensión, tanto mayor es el número de voltios. El voltaje de la red de suministro varía según el país; en el continente europeo es de 220, en Estados Unidos de 120, mientras que en Gran Bretaña es de 240. Para la iluminación de BAJO VOLTAJE se puede instalar un TRANSFORMADOR, que reduce la potencia, generalmente a 12 voltios.

Los cubículos fabricados con Lucite (un material de plástico grueso de color claro, similar al policarbonato) e iluminados desde el interior ofrecen un bello espacio decorativo y luminoso. Una luz descendente orientable destaca la pintura en la pared del fondo.

primera parte: los elementos básicos

Aprovechar el espacio para el almacenamiento

Hay tres argumentos irrefutables en cuanto al almacenamiento: jamás tendrá el espacio suficiente; tendría que reservar más espacio para este fin de lo que se pueda imaginar ahora; el tipo de almacenamiento previsto debe armonizar con el ambiente general del espacio, con su estilo y con sus proporciones.

PLANIFICAR CON VISTAS AL FUTURO

Casi todo el mundo se da cuenta de que sus pertenencias, por muy pocas que sean al principio, aumentan inevitablemente con el paso del tiempo. Por lo tanto, es muy importante que esta expansión se tenga en cuenta cuando se hagan los planes de distribución del espacio en casa.

Aunque por ahora no quiera gastar dinero para disponer de los espacios apropiados, al menos tiene que reflexionar sobre el lugar donde guardarlas más adelante, y también calcular más o menos lo que le puede costar. Si intenta cambiarse de casa en un futuro no demasiado lejano, también tendría que decidir si realmente querrá llevarse todo lo que compra ahora, y después tomar una decisión en un sentido o en otro.

Cualquiera que intente formar una familia y un hogar, al distribuir el espacio de la futura vivienda también debe reflexionar, por ejemplo, sobre el lugar donde guardar el cochecito del niño, la sillita, la cuna portátil, los juguetes (especialmente los más voluminosos con grandes ruedas) y todos los demás utensilios que va a necesitar. Es indispensable estudiar y tomar una decisión sobre cómo aprovechar mejor el espacio disponible y determinar con cuánto espacio para almacenar y guardar puede contar. Más adelante, la buena previsión y organización evitará momentos desagradables y, además, le ahorrará tiempo. Si ya tiene una joven familia, piense en los años venideros, en las bicicletas, en los esquís y en otros accesorios de deporte, en los CDs, en los vídeos, libros y archivos, en la ropa, en las maletas, en la ropa de cama con los edredones de los niños; también piense en el cuarto de baño adicional y en todo el espacio necesario para guardar lo que se utiliza en la cocina y en su despensa.

Si sus hijos ya son mayores y cree haber dejado atrás los desechos de una familia joven, no olvide a los posibles nietos. A lo mejor tiene que colocar algún mueble especial para cuando vengan a visitarle, especialmente si se ha mudado a una casa más pequeña. Tal vez tenga que guardar una tabla de madera especial para proteger su mesa del comedor para cuando vengan ellos, o quizá necesite unas sillas adicionales para cuando se reúna toda la familia.

1 *Este espacio provisional para el almacenaje hecho con grandes bolsas de lona suspendidas en un gran perchero tiene su propio encanto, y combina perfectamente con el futón de rayas del suelo.*

2 *Estas puertas correderas que parecen pantallas de papel japonés ocultan una gran variedad de pertenencias de un modo limpio y bien ventilado. Es una idea excelente para cualquier minimalista que quiera guardar sus pertenencias de la forma más estética posible.*

ESTUDIO DE SUS NECESIDADES

El mejor plan consiste en analizar todas las necesidades de almacenamiento, habitación por habitación, no tan sólo para poder atenderlos, sino también para crear un espacio lo más estético posible. Con la mente clara, responda a las siguientes preguntas:

1 Si vive en un pequeño apartamento que piensa abandonar dentro de poco, ¿tendría algo en contra de usar el mismo sistema de almacenaje, que se puede comprar hecho, en cada una de las habitaciones? Éste, ¿resultaría fácil de transportar y de volver a montar en su futuro hogar, aunque tal vez de una forma distinta?

2 Le gusta guardar o almacenar las cosas en armarios, cómodas o estanterías con puertas? Si ya tiene este tipo de muebles para guardar cosas, ¿se podrían mejorar los interiores o, por lo menos, organizarse mejor? Si no lo tiene, ¿se podrán fabricar fácilmente y a precios razonables? ¿Hay algún rincón, hogar o hueco que pueda adaptarse para el almacenamiento?

3 ¿Ha pensado en una amplia estantería compuesta para guardar cosas o para los aparatos electrónicos en su sala de estar, para sus libros, sus archivos, su correspondencia, su ordenador, televisión, radio, etc.? ¿Cuántas de estas unidades de estantería tendría que comprar y cuántas se podrían improvisar? (Para sugerencias de soluciones de almacenamiento improvisadas, *véanse* págs. 39-41.)

EL ALMACENAMIENTO ADECUADO

Es muy importante que el nuevo espacio para el almacenamiento se adapte al entorno y no parezca fuera de lugar. Antes de elegirlo, estudie toda la habitación, sus proporciones, y preste especial atención a los detalles arquitectónicos.

Dormitorios

En las construcciones más viejas, con dormitorios de techos altos y de buenas molduras, la mejor solución son los grandes armarios clásicos o roperos. Es posible que pueda encontrar una de estas grandes piezas, que suelen tener un interior bien trabajado y distribuido, fácilmente adaptable a sus necesidades, ya que en estos tiempos hay poca gente con espacio suficiente para uno de estos modelos voluminosos; además, la compra le puede resultar económica. Sin embargo, recuerde comprobar la profundidad, ya que muchas de estas piezas antiguas son demasiado poco profundas para colgar la ropa de la forma tradicional. Lo ideal sería una profundidad de 60 cm.

Si se decide por un armario empotrado con buenas proporciones y molduras, primero tiene que decidir su ubicación sin que afecte a la armonía del espacio. Cerciórese de que el mueble empotrado no ocupe toda una pared y que después la habitación parezca demasiado pequeña en relación con su altura. Si el dormitorio tuviera un hogar con sus respectivos espacios huecos naturales, uno en cada lado, tal vez el mueble se podría adaptar a ellos. Otra alternativa para instalar armarios sin que se pierda el sentido de la perspectiva consiste en ocupar los espacios alrededor de puertas o ventanas (para más detalles, *véase* pág. 35).

Seguramente tendrá que invertir una buena cantidad de dinero en los trabajos de carpintería, para que las molduras y los rodapiés que rodean las nuevas piezas sean lo más parecidas posible a las ya existentes. Es de gran im-

2

portancia que no queden espacios poco estéticos entre el nuevo ropero empotrado y el techo, a no ser que el carpintero los cubra con un frontón o que se decoren con algunos objetos de adorno.

En lugar de invertir su dinero en armarios y en roperos hechos a medida, también existe la alternativa de comprar unidades prefabricadas de madera sin barnizar. El carpintero sólo tendría que instalarlas y añadir las molduras, si fueran necesarias, para evitar diferencias con el entorno. Por otro lado, si prefiere no dejarlas a la vista, instale varias puertas lisas con cierre magnético y píntelas o tapícelas con papel de pared o con algún tejido decorativo (por

I *Esta plataforma de gran capacidad, que sirve de base para la cama en este espléndido y amplísimo dormitorio, ofrece un máximo de espacio para el almacenamiento. Los armarios superiores, con puertas correderas, encuentran su contrapeso en los cajones de gran profundidad, en la parte inferior. Ambos contrastan con las estanterías de libros y con los estantes empotrados, donde se exhibe una colección de objetos diversos.*
2 *Esta vieja cómoda de muchos cajones tiene una gran capacidad para guardar un sinfín de cosas, aparte del amplio lavabo empotrado en la parte superior.*

primera parte: los elementos básicos

1 *Las puertas decorativas en este dormitorio ocultan el espacio de un gran armario, así como un cuarto de baño. La parte superior de los armarios ofrece un buen lugar para una colección de cestas de mimbre, que a su vez también se aprovecha para guardar pequeños objetos.*

supuesto, cerciórese de que se pueden cerrar después). Para evitar que se rompa el papel o que se desgaste la tela, los cantos de las puertas se pueden proteger con una especie de «lengüeta» (una fina pieza de moldura). Si las puertas son de paneles, se pueden combinar con el resto de la habitación decorándolas con alguna pintura o con papeles pintados, tejidos o molduras. Para que los armarios parezcan más decorativos, cualquier buen pintor les puede aplicar un acabado que imite la veta. Es sorprendente cuán decorativo y auténtico pue-

de verse el veteado realizado por una mano experta.

Una buena forma para crear un máximo de espacio para el almacenamiento en un dormitorio sin restarle parte de su ambiente es mediante la construcción de un ropero en cada lado de la cama y de una serie de armarios a lo largo de la cabecera de la cama que establezca la unión entre los dos. Si no queda espacio para las mesitas de noche, agregue unas estanterías al lado de los roperos e instale la luz en la parte inferior de los armarios. De este modo,

además de cumplir una función práctica, se crea un espacio para descansar, al mismo tiempo que se le dota de un sentido de perspectiva y de profundidad.

Si tiene un dormitorio muy amplio, tal vez pueda aprovechar una parte del espacio para convertirlo en un armario-vestidor. O quizá prefiera para ello ocupar el espacio de otra habitación de menor uso o del pasillo contiguo al dormitorio. Otra posibilidad para crear más espacio para el almacenamiento es mediante la construcción de una separación hasta media altura en un extremo del dormitorio, y utilizar un lado para instalar un gran armario mientras que el otro pueda servir de cabecera de la cama. En caso de cualquiera de estas opciones, tanto el rodapié como la cornisa y demás detalles siempre deben adaptarse al resto de la habitación, de modo que probablemente tendrá que encargarlos a un carpintero para hacerlos a medida.

En cambio, en otras habitaciones, donde no se han de respetar ciertos detalles arquitectónicos, el espacio para el almacenamiento se puede crear sencillamente con la colocación de una cama encima de una plataforma dispuesta sobre una serie de armarios bajos. No obstante, si el dormitorio es pequeño o tiene una forma complicada, la mejor opción sería colocar los armarios en el pasillo o en el rellano, para tener más espacio en el dormitorio mismo. Otra alternativa para evitar el abarrotamiento de la habitación consiste en la incorporación de un tocador o de una mesa de trabajo, o una combinación de ambos, en una estantería de pared.

Salas de estar y bibliotecas

Un gran número de estas reglas para dormitorios también se puede aplicar a las salas de estar y a las bibliotecas, sobre todo cuando los espacios están decorativamente detallados; sin embargo, si prefiere los muebles empotrados para almacenamiento, es muy importante que éstos no afecten a las proporciones de la

2

3

estantes por todo el ancho de la pared, y, nuevamente, construir armarios de mayor profundidad para el almacenmiento, en la parte inferior. De acuerdo con las dimensiones de la pared y del estilo de la habitación, estos estantes podrían decorarse con una cornisa en la parte delantera idéntica a la del resto de la habitación, o con un frontón que oculte la instalación de una suave luz por la noche.

Si prefiere crear la apariencia de una gran estantería de pared a pared, construya los montantes verticales a cada lado de las respectivas puertas y ventanas, que de este modo aparentan ser empotradas, mientras que toda la estantería parece formar parte integral de las paredes.

En las estancias estrechas, las estanterías de vidrio con iluminación de luz ascendente o descendente o con una combinación de ambas incrementan el brillo y ocupan poco espacio visual. Las estanterías tanto de vidrio como de madera también pueden instalarse a lo ancho de la ventana, con lo cual se crea más espacio para la exposición de objetos decorativos y se ahorra el decorado de las ventanas.

Tal vez le interese ocupar toda una pared para el almacenamiento, o instalar los diversos aparatos de entretenimiento alrededor del aparato de televisión. En este caso, si en esta pared desea incorporar la televisión, el ordenador, el vídeo y la cadena de música, o tal vez incluso una pequeña nevera y un minifregadero, tenga en cuenta que todos estos detalles deben armonizar con el resto de las unidades. De todas formas, los modelos más caros del mercado ya incorporan este tipo de aparatos, o por lo menos especifican los modelos adaptables. Recuerde también la conexión de cables y enchufes antes de realizar toda la instalación.

Si el espacio de una estancia es realmente muy reducido, fíjese en las ventanas: es posible crear más espacio para asientos y para el almacenamiento y, al mismo tiempo, mejorar la decoración de las ventanas. Instale dos montantes de 45-60 cm de profundidad en cada lado de la ventana. Si hay dos o más ventanas, tanto mejor. Instale una tabla de asientos entre cada pareja de montan-

tes, con ayuda de bisagras, aprovechando el espacio inferior para un armario. Decore el banco de asientos con cojines, unos para los asientos y otros para la decoración. El otro lado de los montantes es ideal para la construcción de armarios altos y poco profundos.

Habitaciones infantiles

Las necesidades de almacenamiento de los niños, tanto de ropa como de juguetes y demás utensilios, parecen crecer con ellos. Así pues, es un error considerar el almacenamiento con dimensiones infantiles. Inicialmente pueden usarse barras para colgar más bajas, que se subirán conforme crezca el niño.

También los cajones debajo de camas o literas son muy útiles, y tal vez el dormitorio tenga incluso espacio sufi-

2 Los cajones con frente de vidrio ofrecen un aspecto elegantemente espacioso, pero requieren mucha disciplina para el orden y la limpieza. El marco vacío entre las pinturas en la parte superior repite el diseño de las hojas de vidrio en la parte inferior.
3 Las hileras de bolsas provistas de números adheridas sobre este práctico cortinaje ofrecen un buen lugar para guardar juguetes y objetos especiales de los niños; además, son decorativas y educativas. Estas soluciones económicas son enormemente prácticas para las habitaciones infantiles; también pueden colgarse arreglos similares en la parte interior de los roperos e incluso en la cocina, en el lavadero o en el cuarto de baño.

habitación y que encajen con los detalles del espacio restante. En los recesos en ambos lados del hogar tal vez desea introducir estanterías de libros, que encajarían perfectamente. Además, estos recesos también son ideales para la instalación de una combinación de estanterías de libros en la parte superior y de armarios cerrados en la inferior. Y si tiene profundidad y altura suficientes, también se puede instalar una plataforma giratoria con el aparato de televisión, con el equipo de vídeo y de música. En la parte superior de la estantería se puede instalar un frontón o bien aplicar un remate con la misma moldura o cornisa del resto de la habitación.

Otra alternativa sería la colocación de una gran estantería de libros para cubrir toda una pared, o bien instalar

primera parte: los elementos básicos

ciente para una cómoda. Mi solución para un almacenamiento económico en las habitaciones para niños de todas las edades, e incluso también para el dormitorio matrimonial o para una oficina en el hogar, consiste en la compra de dos o tres cómodas de madera sin barnizar, o de una combinación de una cómoda y armarios bajos. Colóquelos a una distancia de la medida de una rodilla, y cúbralos con una larga tabla laminada, que al principio sirve de zona de juego y más adelante como escritorio. Las unidades de madera se pueden barnizar o pintar de colores.

Es aconsejable guardar los juguetes frágiles en estanterías profundas con puertas, o bien en cajones profundos, de modo que un niño pequeño no los alcance fácilmente para sacarlos y tirarlos al suelo. Los juguetes más resistentes, en cambio, se pueden guardar en cajas grandes o en cajones de fácil acceso. Las repisas de la ventana y los estantes bajos son un buen lugar para los libros más resistentes o baratos, mientras que es mejor colocar los más caros en una estantería más alta, fuera del alcance de las pequeñas manos.

Cocinas
Los buenos cocineros siempre necesitan tener a mano todo lo imprescindible. Cucharas y tenedores de madera, espátulas

I *Aquí, en estos estantes de esquinas redondeadas que muestran una miscelánea de frascos y balanzas, equilibrada por una caja para hierbas en la parte inferior, se combinan el almacenamiento y la decoración. Obsérvese cómo los cucharones de servir, las palas y las espátulas e incluso una antigua máquina picadora se han sujetado o colgado en las estanterías con ganchos de madera. Las tres hueveras rayadas y el termo en la superficie inferior son un buen contrapeso para las piezas rayadas en la parte superior.*

2

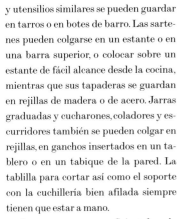

2 *Simples clavijas sujetan las copas de vidrio desde su base; el conjunto ofrece un friso decorativo y alegre en la pared.*

3 *En esta cocina bien planificada, la rejilla de madera para la loza instalada encima del fregadero se ha empotrado en un nicho decorado de azulejos.*

4 *En una serie de barras dispuestas a lo largo de la ventana detrás del fregadero se ha colgado la batería de cocina así como varias ramas de hierbas aromáticas.*

3

4

y utensilios similares se pueden guardar en tarros o en botes de barro. Las sartenes pueden colgarse en un estante o en una barra superior, o colocar sobre un estante de fácil alcance desde la cocina, mientras que sus tapaderas se guardan en rejillas de madera o de acero. Jarras graduadas y cucharones, coladores y escurridores también se pueden colgar en rejillas, en ganchos insertados en un tablero o un tabique de la pared. La tablilla para cortar así como el soporte con la cuchillería bien afilada siempre tienen que estar a mano.

Las personas menos aficionadas a la cocina, en cambio, normalmente prefieren guardar todos los utensilios para cocinar en los armarios o en los cajones. Hay un sinfín de posibilidades de almacenamiento que se adaptan a todos los espacios disponibles y a todos los presupuestos. Nuevamente, los armarios de madera sin barnizar son una buena opción, ya que resultan económicos y se pueden barnizar o pintar para adaptarse al decorado restante.

El almacenamiento tanto para el comedor como para la cocina depende del estilo predominante, si es rústico o si tiene una tendencia a lo sofisticado. Para un decorado rústico se pueden encontrar toda clase de aparadores viejos fácilmente restaurables, con mucho espacio para guardar y para dejar a la vista. Para un estilo más sofisticado, toda la zona se puede cubrir con armarios, de modo que se ocupe toda una pared, desde el techo hasta el suelo.

Comedores

Si dispone de un espacio que exclusivamente se usa como comedor, éste debe incorporar los muebles atractivos y necesarios para guardar la vajilla, la cristalería, la ropa de mesa, la cuchillería y posiblemente también las botellas de vino, los licores o las bebidas para después de comer y tal vez algún aparador,

que puede ser el modelo tradicional, o quizá algunas estanterías con armarios o cómodas en la parte inferior, dependiendo del estilo del comedor.

No obstante, si el comedor también se utiliza como sala de estar, biblioteca, estudio u oficina, salón de juego o habitación para invitados, entonces se necesita otro tipo de muebles para el almacenamiento. Los muebles empotrados pueden ser una buena solución, ya que no solamente crean ambiente, sino que son lo suficientemente resistentes para la instalación de ganchos y colgadores, en caso de que la habitación se use ocasionalmente pa

primera parte: los elementos básicos

ra invitados. También los aparatos de ejercicios, las maletas, los cestos con juguetes y toda clase de objetos pueden ocultarse detrás de ellos.

Estudios y oficinas en casa

Ya que muchas veces las oficinas de casa suelen formar parte de otra habitación y no se dedican exclusivamente al trabajo en el hogar, una gran parte de su indumentaria tiene que guardarse. El problema principal son los muebles archivadores, que se podrían pintar para adaptarse al entorno general (incluso hay una pintura de imitación del cobre) o decorar con dibujos y diseños. Sin embargo, existe una serie de posibilidades para no dejarlos a la vista:

1 El escritorio, el mueble archivador, el ordenador y un cesto para documentos o papeles, todo está nítidamente instalado en el hueco de debajo de la escalera, con lo que el espacio no aprovechado de la sala de estar se convierte en una agradable oficina doméstica. El espacio que queda en la parte inferior de una escalera siempre es de gran utilidad, tanto para el almacenamiento, tal vez incluso con una o dos puertas para ocultar su contenido, como para un viejo escritorio o una mesa.

- Ocultar el mueble detrás de un rodapié.
- Si tiene previsto construir una estantería con armarios en la parte inferior, cerciórese de que estos últimos estén lo suficientemente altos y profundos para el mueble sobre rieles o ruedas.
- Contrate a un buen carpintero para que le adapte las unidades prefabricadas que haya comprado para incorporar los muebles archivadores.
- El escritorio se puede construir con una puerta sin paneles con dos, tres o incluso cuatro armarios archivadores, dejando un espacio de unos 15 a 30 cm.

- Si no necesita armarios archivadores, utilice los accesorios para ponerlos en los asientos empotrados bajo las ventanas o encima de viejos baúles o arcones para colocar unos archivadores de hamaca.
- Los archivadores de bastidores de madera caben debajo de mesas y escritorios, e incluso en cualquier armario; las cajas de ratán o cestas enrejadas de plástico con archivadores de hamaca incluso se pueden ocultar en cualquier armario, debajo de una mesa e incluso bajo la cama.

Si prefiere instalar su pequeña oficina en su dormitorio, el escritorio puede ser de gran utilidad, ya que los cajones se pueden usar parte para los documentos y parte para la ropa, y después de cerrar la parte desplegable superior todo el papeleo quedará perfectamente oculto. También existe una amplia serie de escritorios de sobremesa y de superficies de trabajo desplegables que se instalan en la pared, así como puertas plegables para ocultar el ordenador con todo su equipo correspondiente: cuando se cierra, solamente se ve una pared de paneles. De este modo se puede pasar de lo funcional a lo más sereno en unos pocos minutos.

Cuartos de baño

El espacio inferior de los lavamanos es un lugar muy útil para el almacenamiento, a veces incluso se pueden instalar cajones laterales. Éstos también se pueden construir de acuerdo con sus propias especificaciones.

En el mercado hay disponibles armarios de baño en toda clase de modelos y dimensiones. Una alternativa sería instalar varios estantes en un nicho, y cubrirlo con una puerta con espejo en la parte exterior.

Las estanterías de vidrio delante de la ventana también proporcionan un espacio decorativo adicional, así como también cierto grado de intimidad.

IMPROVISAR ESPACIO PARA EL ALMACENAMIENTO

Con un poco de imaginación se pueden encontrar las más diversas soluciones para disponer de más espacio.

Cestas

Las cestas en toda su gran diversidad de forma y tamaño son muy útiles para toda clase de cosas pequeñas, y no tan pequeñas. A un cliente mío, con problemas de espacio en su sala de estar, le pude ayudar con la instalación de varias estanterías de vidrio, iluminadas por luces ascendentes; mientras que aquéllas se utilizaban para guardar sus libros, debajo de las mismas se colgaban unas cestas de asas largas para las diferentes botellas de su bar.

- Las cestas redondas, rectangulares o cuadradas son excelentes para guardar revistas y catálogos.
- Las planas y rectangulares son recomendables para grandes escritorios o mesas de trabajo, o debajo de mesas laterales para papeles y documentos de trabajo; en la mesa del vestíbulo, para guardar sombreros, bufandas, guantes, gafas de sol o cartas, y en la mesa de trabajo de la cocina para una colección de frascos de especias y hierbas.
- Las cestas de ropa se pueden usar para guardar toda clase de ropa de cama y mantas, ropa de invierno, juguetes de los niños o artículos de limpieza.
- Las cestas altas y redondas colgadas sobre ganchos o clavijas en un cuarto de baño de estilo rústico son un buen lugar para guardar las toallas perfectamente enrolladas.

2 El elegante armario de zapatos en esta combinación de vestidor y cuarto de baño con su lavamanos de vidrio contrasta decorativamente con una serie de cestas que contienen toda clase de objetos, como secadores del cabello, cepillos, pequeños aparatos eléctricos y otros objetos para el arreglo personal.

primera parte: los elementos básicos

Ganchos y percheros

Mucha gente olvida que la parte posterior de las puertas se puede aprovechar para guardar cosas. Siempre se pueden colocar uno o dos ganchos dobles en el reverso de la puerta del dormitorio o del cuarto de baño, para colgar la bata, el camisón o pijama, así como la ropa que acaba de recoger de la tintorería y las bolsas protectoras de la ropa al hacer o deshacer la maleta.

• En cualquier habitación muy pequeña unas filas de ganchos sólidos con refuerzo de madera o de plástico, instaladas en una de las paredes, pueden resultar sorprendentemente prácticas para colgar la ropa, cuando no hay espacio suficiente para un armario.

• También los percheros de guardarropa resultan muy útiles para guardar la ropa, en especial en las casas de veraneo y en los vestíbulos y pasillos.

• Se pueden instalar pequeños ganchos redondos en los cantos de las estanterías y en la parte inferior de armarios de pared para colgar tazas y tazones, para así disponer de más espacio en los armarios.

• Los ganchos clavados en un tablero no son únicamente útiles para las cocinas (*véase* pág. 37), sino también para toda la parafernalia de la oficina doméstica.

• Las sillas plegables se pueden colgar en ganchos muy grandes y resistentes.

Mesas camilla o mesas con faldones

Siempre se crea más espacio en el hogar cuando se introducen una o dos mesas con faldones, debajo de los cuales se puede ocultar un sinfín de objetos. Naturalmente estas mesas no tienen que ser necesariamente redondas. Las mesas rectangulares cubiertas de cualquier tipo de tela o tejido vistoso son tan decorativas como las mesitas auxiliares, y debajo de ellas se puede guardar aún más.

• Instálelas en su dormitorio para ocultar el ventilador eléctrico, las cestas de objetos varios, e incluso los pequeños aparatos del equipo para hacer ejercicios, como por ejemplo las pesas.

• Adapte un faldón con abertura a la mesa, con una plataforma debajo de la misma, para ocultar el aparato de televisión. Para poder ver la pantalla, simplemente separe las dos partes del faldón y sujételas arriba.

• Debajo de la mesa con faldón de la sala de estar se puede ocultar la leña para el hogar.

• También el archivador puede guardarse debajo de una mesa. Si prefiere que ésta tenga una forma redonda, coloque una pieza redonda de madera contrachapada de densidad media debajo del faldón.

• Esconda maletas y bolsas de viaje debajo de una gran mesa con faldones.

Estanterías

Evidentemente, las estanterías en sus formas más diversas son los lugares de almacenamiento primordiales para casi todas las cosas; pero hay muchos lugares para instalar estanterías en los que nadie ha pensado hasta ahora.

• El espacio encima de las puertas es una buena zona. De acuerdo con la habitación, la estantería se puede usar para libros, para piezas de decoración o para guardar cestas.

• Instale la estantería a unos 15-30 cm debajo del techo, cubriendo todo el perímetro de la habitación. Es una costumbre que data del siglo XIX y de principios del siglo XX, para exhibir platos, trofeos y toda clase de colecciones.

• Instale varios estantes en la parte posterior de las puertas de la despensa y del guardarropa para almacenar toda clase de cosas. Es aconsejable instalar unos labios protectores en el borde delantero para evitar que los objetos se caigan

al abrir o cerrar la puerta; o instale estantes de cestas de alambre. Lo mismo se puede hacer en el dorso de las puertas del armario de artículos de limpieza, para guardar los abrillantadores, los trapos del polvo y todo el equipo de la limpieza.

- En los interiores de las puertas de guardarropa se pueden instalar estantes de alambre para guardar las bolsas de mano, las bufandas y demás objetos pequeños y ligeros.
- Instale estanterías miniatura en la parte interior de las puertas del armario de la cocina para guardar los tarros de especias, de hierbas y condimentos, y también para paquetes pequeños.
- Construya su propio armario rinconero instalando estanterías en un rincón, con o sin un pequeño armario en la parte inferior.

Debajo de la cama

No subestime el espacio queda bajo una cama y lo que pueda caber allí. En realidad, si está dispuesto a aumentar la altura de la cama un poco más de lo normal, este espacio le servirá para guardar muchas cosas, como maletas, esquís y otros equipos de deporte, cestas, cajas de archivo, mantas y ropa.

También se venden camas con cajones en la parte inferior; si aún no los tiene, los puede encargar. Como alternativa, compre unas cuantas cajas planas y grandes de plástico.

Debajo de las escaleras

El espacio en el hueco de las escaleras siempre ha sido muy práctico y, si se organiza bien, se puede aprovechar para una multitud de finalidades.

- Coloque la tabla de un escritorio encima de varios archivadores, una silla con ruedas para poderla empujar debajo, y cubra las paredes de alrededor con estanterías.
- Si la temperatura ambiente suele ser relativamente constante,

aproveche este espacio como bodega de vinos. En el mercado se venden botelleros especialmente diseñados para estos espacios, pero también se puede adaptar cualquier otro modelo.

- Compre o confeccione un «panal» utilizando grandes cajas para el almacenamiento y adáptelo a este espacio.
- También los libreros son muy apropiados para este espacio, con o sin armarios en la parte inferior.
- Convierta todo el espacio en un útil armario con espacios para estanterías y colgadores, o simplemente con estantes. Construyalo con puertas para poder mantenerlo cerrado.

Si en su casa hay una escalera amplia para subir al ático o para bajar al sótano, puede utilizar un lado de la misma para cestas o grandes cajas de plástico, claramente etiquetadas para indicar su contenido, de modo que no tenga que revolverlas cuando quiera encontrar algo. Éste es un excelente lugar para guardar artículos de oficina, de papelería, de limpieza y de higiene (toallas, pañuelos, servilletas, platos para fiestas, etc.), cajas de herramientas y otros artículos que compre en grandes cantidades.

Cortinajes y estores

Ya que los cortinajes y los estores ocupan menos espacio que las puertas, y evidentemente también parecen menos sólidos, se pueden instalar delante de grandes espacios y hornacinas para crear un excelente espacio para guardar ropa. Son muy útiles para ocultar percheros de ropa móviles, barras para colgar prendas, o bien estantes de zapatos.

Las esquinas o los grandes huecos se pueden aprovechar para improvisar un ropero de tela, muy parecido a un antiguo vestidor de baño, que además de práctico resulta muy decorativo.

Una vez vi una cama para invitados que se había instalado sobre una plata-

2

forma de un rellano debajo de la ventana, donde el huésped podía disfrutar de una intimidad total creada mediante las cortinas en las ventanas así como por las del otro lado de la cama; ambas

se podían dejar abiertas, atadas en un poste o dejar sueltas. Debajo de la cama se habían instalado unos cajones, y las paredes de ambos extremos de la cama se habían cubierto de estantes.

I *Estos estantes triangulares de plancha de vidrio, instalados en un rincón, ofrecen un bonito y amplio lugar para objetos decorativos sin que la habitación pierda espacio útil. Tales estantes siempre deben iluminarse con luces descendentes empotradas en el techo y con una luz ascendente en la parte inferior para lograr un máximo de efecto y de brillo, que siempre resulta muy favorable en cualquier espacio.*

2 *Los cortinajes colgados en una galería convierten este nicho que se ha aprovechado para instalar una serie de estantes en una atractiva zona para almacenar objetos. Los cortinajes hacen juego con los de la ventana de este pequeño dormitorio. Un espacio igualmente eficiente para almacenar también se podría crear instalando una barra de cortina a través de un rincón*

primera parte: los elementos básicos

El uso del color

Para las viviendas, el color, el elemento más destacable y también el más maleable de la decoración, tiene el mismo significado que la luz para el día. Las diferentes combinaciones de color pueden hacer que un mismo espacio y un mismo decorado creen ambientes distintos, cálidos o fríos, calmantes o estimulantes, armoniosos o inquietos, acogedores o impersonales. Incluso llegan a afectar a las proporciones aparentes del espacio. En esencia, la elección del color constituye una parte fundamental del decorado. Por esta misma razón, ésta podría ser la causa de que provoca cierta inquietud en muchas personas, que en parte se debe a la enorme gama de combinaciones factibles, ya que los resultados, cuando están equivocados, resultan muy notorios.

INSPIRACIÓN

Hay algunas personas privilegiadas que tienen un determinado color en su mente y logran plasmarlo con exactitud. Cuando contemplan una habitación, perciben y saben inmediatamente cuál se adaptará mejor, y cómo se quedará con una combinación de colores u otra. No obstante, la mayoría de la gente tiene que aprender a desarrollar su sentido del color. La forma más fácil y efectiva es adquirir la costumbre de estudiar detenidamente cualquier combinación atractiva de colores y de analizar la composición cromática de la misma.

Muchos pintores desarrollan el hábito de observar los colores detenidamente, registrando todos sus matices. Es un experimento interesante contemplar un determinado objeto, como por ejemplo una alfombra, una pintura, una pieza de porcelana o de tejido, y fijarse en todos sus diferentes matices y tonos. Primero anote los predominantes y después los secundarios o auxiliares; la combinación de unos y otros integra el conjunto final y es responsable de su efecto.

Después de haber adquirido la costumbre de examinar y analizar los colores, es fácil inspirarse en casi cualquier cosa que le atraiga visualmente, desde luego primordialmente la naturaleza.

Imagine los colores de los campos, de los bosques, del mar o del cielo, o piense en los tonos de un pueblo mediterráneo o de un jardín de flores silvestres. La mayoría de los escenarios rurales contienen innumerables tonalidades de verdes, todos entremezclados armoniosamente con los brillantes toques de los destellos coloridos de flores, de frutos y de bayas.

De igual modo, un viejo jardín de rosas puede enseñarle cómo combinar tonos de color rosado, amarillo y anaranjado con otras tonalidades verdes o de terracota, que crean un esquema de tonos iguales contra un fondo con los tonos verdes de los árboles, o con las tonalidades de terracota rosada de un viejo muro de ladrillos, o con todos los matices grises de un viejo muro de piedra.

Otra sugerencia para inspirarse en un esquema cromático es a través de una reacción emocional. Las personas a veces tienen reacciones extraordinariamente violentas ante los distintos colores sin ninguna explicación lógica. «Detesto el verde», dicen, o, «no puedo soportar nada de color rosado». Para beneficiarse de esta reacción tan intensa de un modo positivo, elija su color favorito y concéntrese en él. Por ejemplo, piense en el color amarillo, y trate de recordar toda clase de flores amarillas,

1 *Las superficies de colores primarios, como la pared roja en el primer plano de esta habitación y el tono amarillo de los detalles cromados al lado de la ventana de una intensidad casi psicodélica, contrastan con la palidez del espacio restante.*

2 *El contraste de las superficies de colores vibrantes con los tonos pálidos también se puede apreciar en esta habitación. En este caso, los tonos amarillos de una pintura abstracta parecen conferirle un brillo cálido a este esquema cromático, por lo demás relativamente neutro.*

desde el tono más pálido del amarillo cremoso de la madreselva o de *Freesia* hasta el aterciopelado vivo de los pétalos de rosas, pasando por los narcisos, los azafranes de primavera, las caléndulas, las capuchinas y los centros de las margaritas. O imagine la paja y el heno secos, la arena de la playa, la crema de pastel, el tono dorado de los suelos de madera lavada y encerada, los limones, los melones o la miel espesa.

Si emplea el mismo sistema para considerar el color azul, tal vez piense en los nomeolvides y en la vincapervinca, en el azul fresco y dulce de los jacintos y de las campánulas, en la intensidad de las espuelas de caballero, de los lirios y de las lobelias, y en los tonos ligeramente palidecidos de las hortensias y de la lavanda disecada. Por otro lado, están todas las tonalidades del azul del cielo: el amanecer con su pálido azul grisáceo, el azul celeste de un claro día de verano, el azul violeta previo a la tormenta, el azul luminoso del atardecer y el azul profundo de color ciruela de una cálida noche de verano. Recuerde también el agua deslumbrantemente azul bajo los rayos del sol y las piedras preciosas y semipreciosas como las aguamarinas, los zafiros, las turquesas y el lapislázuli.

Si piensa en los demás colores con la misma profundidad, tendría que ser fácil plasmar todas estas sutilezas y variaciones de tonalidades en esquemas monocromáticos interesantes. Recuerde que todos los elementos integrantes que componen un espacio, la madera y la lana, el algodón, el terciopelo y el *tweed*, la pintura y el papel pintado, tienen una profundidad diferente de color.

Si tiene dudas con respecto a los colores, con los que quiere decorar su hogar (y, sin duda, mucha gente tiene serios problemas para solucionar esta cuestión), tal vez le ayude un viejo truco recomendable tanto para decidirse por el color como para el estilo. Compre todos los libros y revistas de decoración que pueda. Marque las ilustraciones en los libros y recorte las páginas de las revistas que más le ayuden para sentirse bien. Guárdelas aparte durante unos cuantos días y después vuelva a mirarlas todas juntas. Con casi toda certeza se dará cuenta de que las mismas combinaciones de color aparecen una y otra vez, y éstas le indican precisamente los colores con los que se siente más a gusto.

ADAPTAR LOS COLORES A LOS ESTILOS

Naturalmente puede ocurrir que usted prefiera un determinado estilo de decoración, o que su casa sólo se preste para

2

primera parte: los elementos básicos

un estilo específico, y que sus colores favoritos no sean los apropiados. Pero no se preocupe. Ciertamente, determinados colores están relacionados con ciertos períodos particulares (por ejemplo, el color ciruela oscuro, el rojo y el verde se usaban en la época victoriana; el verde claro se relaciona con el estilo imperio, y el color naranja, el verde y el crema con la tendencia de moda de la década de los años treinta). Algunos colores incluso llevan el nombre de la época de su auge, por ejemplo el color púrpura imperial, el rojo pompeyano y el verde Adán. Pero no hay ninguna necesidad de sentirse obligado a aplicarlos; después de todo, muchas fábricas textiles cambian los coloridos de sus diseños de archivo.

La gama de telas Liberty y de Sanderson, por ejemplo, comprende diseños de William Morris en colores totalmente nuevos, que son preciosos sin que se haya tenido que sacrificar el estilo de William Morris de finales del siglo XIX. Y muchos diseños antiguos de Colefax & Fowler, Bennison, Pierre Frey and Braquenié, Cowan & Tout, Scalamandré, Boussac, Sanderson, Beaumont & Fletcher y muchos otros se han modernizado para fabricar nuevos tejidos de organza extraordinariamente bellos. Todo es cuestión de proporción y de equilibrio, y, en lo que respecta a su hogar, el éxito depende de su forma personal de adaptar el estilo a su propio gusto.

ESQUEMAS CROMÁTICOS EQUILIBRADOS

Imaginarse la combinación de colores para un estilo de habitación determinado es una cosa, pero establecer el correcto equilibrio entre ellos es otra muy distinta, y preparar los esquemas para toda una casa o un apartamento puede ser el ejercicio más intrincado de todos. No obstante, hay varias formas para lograr un equilibrio interesante.

Una solución es decorar la mayor parte de una habitación en tonalida-

des y variaciones de un solo color, por ejemplo con la aplicación de un color crema cálido pero suave en las paredes y en las persianas de las ventanas así como en la moqueta o en las alfombras. Combínelo con otro color, por ejemplo un tono rosado para el tapizado y para las cortinas. Y después introduzca los colores para acentuar ciertos elementos, tal vez el blanco (para la madera de las sillas), el verde (con plantas y un diseño de estarcido en las paredes) y un ocre tostado (en un ramo de flores secas).

Otra propuesta sería decorar las paredes, las cortinas, el suelo y los muebles en un solo color, tal vez blanco, e introducir el contraste con distintas tonalidades y texturas. Otra alternativa consistiría en decorar esta habitación fundamentalmente de color blanco, con

cojines verdes y blancos y con muchas macetas de plantas verdes para un mayor efecto añadido.

La tercera solución sería usar el color azul, con un tono suave en las paredes y una tonalidad ligeramente más oscura para un arrimadero, con toda la carpintería pintada de color blanco, y varios toques de color lila pálido. Una posible variante consistiría en incluir una silla, o incluso una alfombra, de color verde oliva.

La variación de las distintas superficies y texturas de los colores elegidos es muy importante, ya que así se crea un juego de luz y de sombra y de dibujo. Imagine, por ejemplo, una habitación donde la parte superior al arrimadero está empapelada en colores azul y blanco, y aquél es de color azul oscuro sobre un tono azul más claro. Los deta-

lles de carpintería podrían ser blancos o de uno de los tonos azules del papel de pared, con una pintura de acabado semimate. El sofá tapizado de lona o de algodón grueso de color blanco se podría decorar con una colcha blanca o de color azul marino. Los sillones podrían forrarse de terciopelo o de pana o incluso de damasco azul.

PLANIFICAR LOS COLORES EN EL HOGAR

La planificación de la distribución de los colores en toda la casa o en todo el apartamento primordialmente depende de la dimensión del hogar. Si es una vivienda grande, se pueden incluso considerar dos esquemas para cada habitación, siempre que recuerde tener en cuenta los puntos de unión de dos espacios tanto para los acabados del suelo

1 *En un rincón de esta habitación amarilla, las variaciones entre los diferentes tonos son muy suaves pero interesantes. Las paredes de color amarillo limón contrastan con una serie de flores de color amarillo pálido que decoran la estantería, así como con las hojas de helechos enmarcados de color verde amarillento. También el metal de brillo plateado de la jarra y de los recipientes, e incluso la pálida madera de la silla, aumentan la sutileza del conjunto cromático.*

2 *La habitación de la página siguiente ilustra un conjunto de un tono amarillo mucho más cálido. El color de las paredes se repite en la alfombra y destaca nítidamente contra los anchos tablones del suelo pulido. La pantalla de la lámpara es de otro tono distinto de amarillo.*

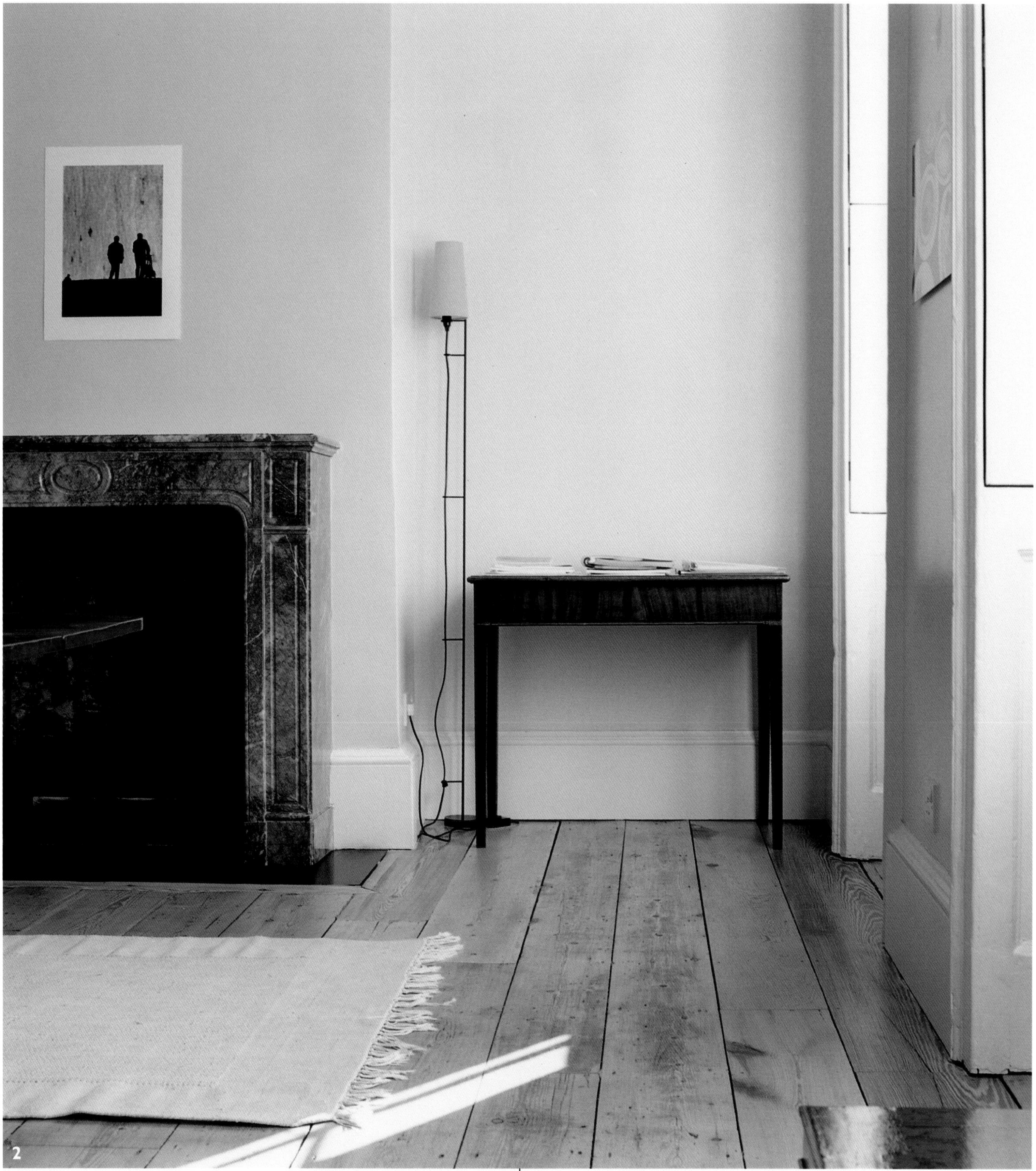

2

2

MANIPULAR EL ESPACIO CON EL COLOR

En el ejemplo expuesto anteriormente se puede observar que un pequeño apartamento o una casa puede parecer más amplio si se decoran en los mismos colores aplicados en distintas combinaciones o yuxtaposiciones por todos los espacios, y más aún, cuando todo el suelo se cubre con el mismo tipo de madera pulida o cualquier otro tipo de material. De igual modo, también la forma de aplicar el color puede alterar las proporciones aparentes de un espacio o de una habitación.

- Los colores fuertes o cálidos, como el rojo o el color naranja, provocan un acercamiento visual de las paredes, por lo que el espacio parecerá más reducido.

- Los colores fríos parecen agrandar el espacio, alargando la distancia entre las paredes, en especial si el suelo, las paredes y los techos están relacionados entre sí integrando un conjunto armonioso.

- El pasillo parece más corto y estrecho si las paredes en los extremos se pintan o decoran de algún color cálido.

- Un espacio reducido aparenta ser más amplio si todas las superficies se pintan de un mismo color claro y si las paredes se bañan con luz.

- Un techo alto parece ser más bajo si se pinta de un color más oscuro que las paredes.

- A la inversa, un techo aparenta ser de mayor altura si se pinta de un color más claro que las paredes, o si se aplica una cornisa pintada de un color más oscuro que el techo, por todo su perímetro.

- La altura excesiva de un techo puede reducirse ópticamente con una moldura aplicada a nivel de la cintura y alrededor de toda la habitación, pintando el espacio inferior con una pintura de un tono más oscuro que la del superior.

1 Los efectos de los conjuntos de color naranja rojizo, de amarillos y de ocre oscuro se combinan (o expresándolo con más precisión, se contrarrestan) con el color blanco y con los distintos tonos de la madera natural de los armarios, de la cama y del suelo de este amplio dormitorio. El ambiente general aquí exhala más una vivacidad interesante que la discordia que se hubiera podido asociar a un esquema tan deliberadamente inquieto.

2 La uniformidad de este espacio casi completamente blanco sólo se rompe por unos cuantos destellos de color (los cojines, la pintura y el soporte de la mesita), por el color negro del hogar y de la lámpara de pie y por el metal de color plateado del aparato de televisión.

como de las paredes. Además también se tiene que dedicar una atención especial a los pasillos y a las puertas abiertas entre dos habitaciones para asegurar una buena armonía entre los diferentes colores, texturas y diseños.

Si la vivienda es pequeña, lo más indicado sería la creación de un solo conjunto armonioso único con una gama de colores general aplicable en todas las habitaciones aunque en proporciones diferentes.

Por ejemplo, si sus colores favoritos son el color albaricoque, el azul oscuro, el ocre oscuro y el verde, podría aplicarlos en todos los espacios, simplemente variando el predominio de uno o de otro, para no caer en la monotonía.

En una de estas habitaciones, por ejemplo, las paredes de color melocotón harían juego con los postigos pintados de color blanco, con un suelo oscuro pulido, con una alfombra afgana de color dorado y con la tapicería en una combinación de color crema con un azul oscuro, y todo ello acentuado por el verde de las plantas de interior y los cojines con bordados en tonos amarillos, de color ocre y melocotón.

En la otra estancia, en cambio, a las paredes se les daría una capa básica de pintura de color azul para después aplicarles un barniz oscuro de color ocre amelocotonado. Los cortinajes de las ventanas y los asientos de las sillas se decorarían con un tejido estampado de cachemira azul.

Otra habitación podría decorarse con un papel de pared de color melocotón y blanco crudo; el tapizado sería liso de color azul oscuro.

La opción para la cuarta habitación consistiría en pintar las paredes de un color blanco crudo decorado con un estarcido o una cenefa de color melocotón y azul, en unas lamas del suelo pulidas y decoradas con un *dhurrie* o con una alfombra artesanal, en unos postigos pintados de color blanco crudo y con una cenefa doble de color melocotón y azul oscuro, y en un tapizado con una combinación de color melocotón, azul y blanco crudo, o como alternativa, en una colcha de cama azul o de color melocotón.

De este modo, cada una de las diferentes habitaciones luciría completamente distinta e individual, pero asimismo cada una de ellas se integraría perfectamente en el esquema global del hogar sin presentar la más mínima nota discordante.

primera parte: los elementos básicos

COLOR Y AMBIENTE

El color altera inmediatamente la sensación de una habitación, de modo que antes de elegir un determinado esquema cromático, piense en el ambiente que desea crear.

• Las habitaciones pintadas de colores cálidos y profundos como el rojo herrumbre siempre aparentan ser más acogedoras y confortables, y son perfectamente apropiadas tanto para las viviendas de ciudad como de campo, en cualquier región con una larga temporada invernal.

• La misma habitación pintada de color blanco, de amarillo pálido, de azul o verde claro parece mucho más aireada, espaciosa y fresca en un entorno de clima cálido, y más aún si se llena de plantas y muebles de mimbre pintados de color blanco, tal vez con una tapicería o cojines amarillos, azules, verdes o blancos.

• Una amplia habitación oscura puede alegrarse introduciendo notas de colores más intensos, y también puede hacerse más luminosa decorándola con muebles de madera blanca o darle aspecto de bombonera, pintando todos los muebles de madera del mismo color que las paredes.

• A un espacio de poca personalidad se le puede dar más carácter si se pintan las lamas de color marrón oscuro y si se decora con grandes plantas decorativas en cestas sobredimensionales o tiestos de terracota. Los muebles voluminosos parecerán más pequeños si los decora con un tejido del mismo color de las paredes; un mueble más pequeño en un color llamativo conseguirá equilibrarlo.

1 Un revestimiento de madera con un trompe l´oeil de color melocotón y crema puede conferirle más calidez e interés a una habitación pálida y etérea. Los mismos tonos aparecen en los cojines del sillón y en las flores.

2 Los cortinajes de rombos de distintos tonos verdosos y el cojín para hacer juego forman un contraste interesante con la ropa de cama de cuadros. Obsérvese cómo la jarra amarilla los convierte en el centro focal.

3 Las paredes de un cálido color rojo ladrillo en este cuarto de baño ubicado en un ático alegran este espacio poco elegante, como también lo hacen el gran espejo y la vieja lámpara colgada en el techo.

EFECTOS DEL COLOR

- Los colores oscuros y los cálidos no solamente le confieren cierto ambiente de comodidad a un espacio, sino también de distinción. Además, tienen la ventaja de darle una apariencia más decorada o acabada de lo que está en realidad.

- Utilice colores claros y pálidos para los espacios claros y muy luminosos. Si la habitación es pequeña, los colores claros parecen agrandarla ópticamente.

- Es una falacia que las paredes blancas o de colores claros tengan el efecto aparente de iluminar una habitación oscura. De hecho, generalmente ocurre lo contrario, el espacio parecerá más sombrío. Decórelo en colores cálidos y ricos, en un amarillo cremoso, albaricoque o en un suave color azul.

- Las cornisas blancas resaltan más si pinta el techo de un color mucho más pálido que las paredes.

- Si las paredes y el techo son de color claro, decore las molduras de un color contrastante. Como alternativa, en una habitación de colores sutiles, haga pasar la punta de una brocha seca, ligeramente humedecida con pintura de un color más claro, por encima de una capa de pintura de base blanca, justo para insinuar el color. Por ejemplo, si las paredes son de color amarillo madreselva y el techo es de color crema, las molduras se podrían decorar de color verde hierba.

primera parte: los elementos básicos

¿CUÁNTOS COLORES SE PUEDEN COMBINAR?

Muchas veces nos asalta la duda de si la variedad cromática empleada es escasa o demasiado rica. En mi opinión, en las zonas más extensas (paredes, suelos, persianas) no se deberían usar más de tres colores, como máximo; sin embargo, no es necesario establecer un límite para el número de colores de acentuación (para cojines, molduras, accesorios, flores, tapicerías, etc.)

Por ejemplo, la alfombra de una habitación de paredes amarillas debería tener un fondo de color amarillo cremoso decorado con varios toques de azul y de rosa terracota. Los cortinajes podrían ser de una tela de rayas blancas y amarillas, y los visillos de un tono blanco cremoso. Un sofá y un sillón de color crema se podrían combinar con otro sofá amarillo y un segundo sillón azul que refleje el azul de la alfombra. La madera de otras dos sillas adiciona-

les se puede pintar en un suave tono terracota para contrastar con los asientos de un pálido verde azulado, que nuevamente reflejase algunos de los colores de la alfombra. Esparcidos entre los diversos sillones y sofás se podrían encontrar algunos cojines, combinados éstos con una tercera silla. Y, finalmente, las plantas serían las encargadas de aportar el último color, naturalmente los matices de verde.

MEZCLAR Y COMBINAR COLORES

Antes de tomar la decisión definitiva sobre el esquema cromático, es de gran utilidad coleccionar toda clase de muestras de los «ingredientes» previstos para la habitación (como, por ejemplo, el suelo, el recubrimiento de pared, la pintura, los cortinajes, las persianas, los alzapaños, los tapizados, los manteles, las colchas de cama y las galerías). Póngalos todos encima de una mesa, a ser posible en la misma habitación donde los piensa usar, y examínelos críticamente. Al analizar todos estos colores y las texturas, verá qué colores combinan mejor y en qué proporción, cuáles son menos apropiados y qué diseños y texturas son los más indicados para la armonía del conjunto.

En ocasiones nos imaginamos un color para las paredes o para otros detalles que no podemos encontrar en ningún establecimiento. En ese caso, lo mejor es mantener los ojos abiertos y observar todos los detalles de revistas y anuncios, del papel de envolver, de tejidos y vestidos, etc. Tan pronto haya visto el color, recórtelo y vaya directamente a la droguería para que le preparen el tono deseado de pintura. Otra solución consiste en mostrárselo a un pintor profesional, que posiblemente logre exactamente el mismo tono coloreando un barniz y sobrepintando una pared, o bien aplicando varias capas de pintura y restregándolas después, hasta conseguir el efecto deseado.

De igual modo, tal vez también pueda encontrar exactamente el color preciso de la tela para los cortinajes en el departamento de telas para vestidos. Naturalmente el ancho es menor, y probablemente no tendrá la caída adecuada, ni el peso, pero sí exactamente el tono que se había imaginado. No olvide los comercios de tejidos antiguos y de telas viejas en general. A veces es posible encontrar hermosos cortinajes antiguos y telas excepcionales en comer-

1 Los tonos lilas purpúreos del armario pintado, la tapicería de cuadros, las pantallas de la lámpara y las piezas de cerámica forman un contraste armonioso con los diversos tonos amarillos de la habitación, todos realzados por los siempre llamativos toques de rojo.

2 El amarillo y el azul siempre han combinado a la perfección. En este caso, el suelo armoniza perfectamente con las paredes pintadas de azul y con la tapicería de los sillones de la sala de estar, así como con los armarios azules de la cocina y con las paredes amarillas en la zona intermedia. Obsérvese la alfombra y los cojines que, junto con el suelo, establecen la unión entre los tres espacios.

cios de segunda mano o de antigüedades.

Finalmente, no descarte la posibilidad de descubrir algo sin habérselo propuesto –como una casualidad afortunada– ni crea que tan pronto termine de decorar una habitación a su completa satisfacción ya estará acabada. Los espacios siguen desenvolviéndose y madurando, como las personas. Una prenda de ropa que casualmente se ha dejado encima de una silla puede inspirarle para una yuxtaposición de colores que nunca se le hubiera ocurrido, y que se puede crear con una simple tela o con algunas flores. También es posible que de pronto encuentre un nuevo tejido (o tal vez viejo) que combine perfectamente con una alfombra antigua. Todo lo que tiene que hacer es transformarlo en un cojín para el sillón o en un tapete para la mesa dándole así una nueva dimensión a este espacio.

consejo

NO SE COMPLIQUE DEMASIADO PARA ENCONTRAR LOS COLORES EXACTOS. DESPUÉS DE TODO, LA MISMA NATURALEZA NO LOS AJUSTA A LA PERFECCIÓN. LO ÚNICO QUE TIENE QUE HACER ES PENSAR EN TÉRMINOS DE GRUPOS DE COLORES Y, EVIDENTEMENTE, EN SU ARMONÍA. DE ESTE MODO SU CASA OFRECERÁ UN AMBIENTE TAN ACOGEDOR QUE TODOS SE SENTIRÁN A GUSTO.

1 Otra combinación de azul y amarillo, esta vez con el blanco como tercer color, para crear un ambiente aún más etéreo con la pantalla reticulada pintada de color blanco que divide el espacio al fondo.

2 Esta escalera, que de otro modo hubiera sido oscura e incómoda, se ha decorado con cálidos matices de color rosa; la pared de un lado se ha pintado de un tono más oscuro, por lo que contrasta con la otra más clara, mientras que la moqueta es de un color ciruela grisáceo.

Vocabulario de términos de color

Círculo cromático: en el siglo XVII, el físico Isaac Newton, cuando estudiaba los efectos de un rayo de luz atravesando un prisma, desarrolló el círculo cromático original. El prisma divide la luz en los colores del arco iris, y el círculo cromático es el espectro cromático expuesto en forma de una rueda. Ésta comprende doce colores, de los cuales se derivan todos los matices identificables restantes, pero se basa fundamentalmente en los tres COLORES PRIMARIOS (el rojo, el amarillo y el azul), dispuestos equitativamente alrededor de este círculo. Intercalados entre ellos se encuentran los COLORES SECUNDARIOS (el violeta, el verde y el naranja). Los seis colores restantes son los COLORES TERCIARIOS. Todos los demás colores se consideran variaciones de estos doce básicos, bien en forma de combinaciones entre ellos mismos o mezclados con negro o blanco.

Colores armoniosos: colores contiguos o próximos en el CÍRCULO CROMÁTICO, y, por tanto idénticamente cálidos o fríos. Por ejemplo, un ESQUEMA MONOCROMÁTICO armonioso puede estar compuesto por un tono claro, como un gris perla, seguir en tonos intermedios como el gris franela para terminar con otro más profundo como el gris marengo.

Colores cálidos: *véase* COLORES PROGRESIVOS.

Colores complementarios: cada uno de los COLORES PRIMARIOS tiene un color complementario o complemento, que se obtiene mediante la mezcla de cantidades idénticas de otros dos primarios. Los colores complementarios se ubican en posiciones opuestas entre sí, en el círculo cromático. El complemento del rojo es el verde (una mezcla de azul y amarillo), el del azul es el naranja (rojo y amarillo) y el del amarillo es el violeta (rojo y azul). Cuando se mezclan dos cantidades idénticas de dos colores complementarios se obtiene el gris. Sin embargo, hay que tener en cuenta que en términos del diseño, la expresión «colores complementarios» generalmente se refiere a colores que combinan bien.

Colores contrastantes: desde el punto de vista técnico, un contraste es lo que se consigue cuando se yuxtaponen un COLOR SECUNDARIO y uno PRIMARIO. No obstante, en términos de uso común esta expresión se refiere a colores distanciados entre sí en el CÍRCULO CROMÁTICO. Los esquemas de colores contrastantes comprenden esquemas complementarios (con el empleo de COLORES COMPLEMENTARIOS) y esquemas de tres (usando colores equidistantes entre sí en el círculo cromático). Generalmente se consigue un resultado mejor si predomina uno de ellos (comúnmente el COLOR RETROCEDENTE). Muchas veces pequeñas aplicaciones de colores contrastantes resultan muy útiles como COLORES PARA ACENTUAR en el esquema decorativo de un espacio.

Colores fríos: *véase* COLORES RETROCEDENTES.

Colores neutros: abarcan del blanco al negro, con el color gris en medio, que puede ser desde un tono plateado claro hasta un gris marengo. También incluyen los blancos crudos, así como todos los tonos del color marrón, desde los cremosos y el ante hasta los tostados y el color de la nuez moscada (sin embargo, en teoría, el blanco y el negro no se consideran colores; *véase* ESPECTRO).

Colores para acentuar: los colores para acentuar, que se introducen en un esquema cromático para crear variedad y vivacidad, se suelen escoger del lado opuesto del ESPECTRO del color dominante de la habitación. Se suelen aplicar solamente en superficies más pequeñas, por ejemplo para cojines, pantallas de lámparas, marcos de cuadros o en forma de flores.

Colores pastel: son colores suaves conseguidos con una cierta cantidad de pintura blanca añadida a cualquier otro color, para lograr una serie de tonalidades como por ejemplo el color de rosa (del rojo), lila (del púrpura) o del color albaricoque (del naranja).

Colores primarios: los tres colores primarios, el rojo, el amarillo y el azul, son colores puros y no se pueden obtener mediante la mezcla de otros colores. Todos los colores restantes son derivados de estos tres.

Colores progresivos: son los colores cálidos, como todos los rojos, los amarillos, los colores albaricoque y naranja; parecen provocar un acercamiento de las superficies. Los colores progresivos también tienen el efecto óptico de agrandar los objetos, por lo que resultan muy apropiados para habitaciones muy espaciosas, para reducir la distancia entre las paredes y para bajar techos. Los matices más oscuros de otros colores tienen un efecto similar.

Colores retrocedentes: el color azul, el violeta y el verde, o cualquier color obtenido con una mezcla de estos tres, integran el grupo de los colores retrocedentes. También se conocen como colores fríos, que ópticamente pueden agrandar un espacio, ya que las superficies decoradas con ellos parecen alejarse de la vista.

Colores secundarios: mezcla de dos COLORES PRIMARIOS, en idéntica cantidad, para crear un color secundario: el rojo y el amarillo forman el color naranja, con el azul y el rojo se obtiene el violeta, mientras que el amarillo y el azul crean el color verde. Todos los colores secundarios son COLORES COMPLEMENTARIOS del color primario no integrado en su composición.

Colores terciarios: colores compuestos por partes iguales de COLORES PRIMARIOS y SECUNDARIOS; por ejemplo, el verde limón se obtiene con la mezcla de amarillo (primario) y verde (secundario).

Espectro: rayo de luz que después de atravesar un prisma de cristales se divide en sus longitudes de onda constitutivas, representadas por bandas de color rojo, naranja, amarillo, verde, azul y violeta, como un arco iris. El estudio de este fenómeno indujo al físico Isaac Newton a desarrollar el CÍRCULO CROMÁTICO. El color blanco es la combinación equilibrada de todos los colores del espectro, mientras que el negro es la ausencia total de color.

Esquema monocromático: en este tipo de esquema sólo se usa un único color básico en una variedad de TONOS, aunque generalmente se agreguen uno o dos colores de acentuación. En estos casos, la textura es de gran importancia.

Gama cromática: surtido de colores usados por un artista o un diseñador para una determinada pintura o para un cierto esquema de una habitación.

Matices: TONOS de un color obtenidos con la adición de color blanco. Muchas veces los tintes se diferencian sólo mínimamente del color principal de un esquema.

Saturación: la intensidad, la brillantez o la pureza de un color. Lo contrario de un color saturado es un color apagado, que frecuentemente también se describe como «sucio» o «manchado». En ocasiones, crear un esquema «sucio» puede ser una buena solución para integrar un color puro, que dominará todo el conjunto. No obstante, no siempre es una buena idea combinar colores «sucios» con un esquema de colores saturados.

Sombreados: TONOS de color creados mediante la mezcla de un color puro con negro. Comúnmente, el término también puede describir los colores creados mediante la mezcla del gris o el blanco y pequeñas cantidades de otras tonalidades con un determinado color.

Este marco de ventana, pintado en un profundo color azul, convierte a la propia ventana en una especie de pintura que muestra el paisaje del exterior.

Tonalidades idénticas: los buenos esquemas decorativos muchas veces consisten en una combinación de varios colores de una misma tonalidad, o para expresarlo de otra manera, combinando colores igualmente vivos, profundos, suaves o sombríos. Por lo tanto, los tonos de rosa pastel, de amarillo y el color melocotón ofrecen una buena armonía, así como los rojos, los amarillos y los azules intensos. En la naturaleza, la calidad de la luz muchas veces tiene el efecto de rebajar diferentes colores a tonos idénticos, por ejemplo los colores pálidos al amanecer o los suaves tonos al atardecer; mientras que en la decoración, para lograr un efecto similar, los colores se tienen que mezclar con pintura blanca, gris o negra.

Tono, color: un tono de color puro sin adición de blanco ni de negro.

Tonos, tonalidades: gradaciones o matices de un color entre su mayor y menor intensidad, por ejemplo, la gama del rosa pálido al rojo oscuro.

primera parte: los elementos básicos

Jugar con texturas y con diseños

Las texturas y los diseños son mucho más importantes de lo que imaginamos. Los colores pueden cambiar tan radicalmente con las diferentes texturas y diseños que un espacio monocromático o de un solo color puede ser tan alegre e impresionante debido a su sutileza como otro decorado en varios colores.

CONTRASTES ENTRE LAS TEXTURAS

Las texturas tienen que considerarse y elegirse con el mismo cuidado que los colores. Tal vez no provoquen tantas reacciones emocionales como éstos, pero sin duda son igualmente evocadoras. El nombre de una textura conocida puede hacernos pensar en una superficie casi tangible. Del mismo modo que pensar en cierto color puede evocar muchas profundidades y variaciones, así también las distintas texturas engendran sus propias imágenes.

Acero
Ante
Arpillera
Bambú
Cachemir
Cerámica
Charol
Corcho
Cuerda
Cuero
Encaje
Esteras
Fieltro
Ladrillos
Lino
Mármol
Pana
Piedra
Seda
Sisal
Tablas de madera
Tela acolchada
Tela vaquera
Tweed
Vidrio
Yeso

Tómese un poco de tiempo para estudiar las texturas abajo indicadas. Concéntrese en cada una de ellas y se dará cuenta de que casi es posible «sentirlas» y verlas con la imaginación. Elija algunas de ellas e imagine cómo se verían en los diferentes lugares de las paredes, techos, suelos y muebles. Reflexione sobre sus características, evalúe su superficie, y compárelas mentalmente.

Evidentemente, algunas de estas texturas se pueden combinar entre sí mejor que otras. Una superficie áspera combina mejor con una suave, y una mate con una brillante; pero qué tipo de aspereza con cuál de suavidad, y qué mate con cuál de brillo: éstas son cuestiones de criterio y de ubicación. Las paredes de ladrillos, por ejemplo, combinan mejor con lino, con algodón o con el suave acabado blanco de los postigos que con seda, con terciopelo o con *moiré*. Si está muy seguro de sí mismo y de su gusto, también puede crear unos contrastes fuera de lo convencional. Como ocurre también con otros aspectos de la decoración, no hay reglas escritas para ello: sólo es cuestión de sensibilidad.

Para tener más confianza, coleccione todas las muestras posibles de diferentes texturas. Vaya a ver todos los comercios posibles. Recoja muestras de toda clase, de ladrillos, azulejos, pinturas, alfombras, esteras, sedas, terciopelos y otros tejidos, de vidrios, vinilos, etc. Examínelas, experimente con ellas y busque contrastes.

Incluso cuando una habitación ya parece estar acabada, la introducción

de otra textura contrastante, tal como ocurre con otra acentuación en un esquema cromático, puede incrementar la animación y el interés del espacio. Como ya se mencionó con respecto a los colores, a veces no nos damos cuenta del detalle hasta tropezar con él bajo alguna circunstancia extraordinaria, como por ejemplo un abrigo de terciopelo sobre una silla de mimbre, o una cesta o una maceta depositada en el suelo. Entonces, de repente, esta superficie que antes ni se había tenido en cuenta parece idónea, y delinea todos los demás colores y superficies de la habitación, de modo tal que no podemos imaginarnos cómo no lo habíamos pensado antes. En efecto, después de todo, esto es precisamente de lo que se trata en la decoración de interiores: el acrecentamiento gradual y relajado no solamente de las propiedades de los materiales y superficies, sino también de la experiencia.

1 *Obsérvese cómo el asiento de mimbre de la silla, la madera rústica de la misma y la alfombrilla de nudos que cubre el suelo de madera contrastan perfectamente y de la forma apropiada. Una silla idéntica encima de una alfombra de terciopelo se vería fuera de lugar, aunque también se adaptaría a un suelo de azulejos o de ladrillos.*

2 *Prácticamente en todas las superficies se ha empleado el mismo diseño, a excepción de los suelos de este dormitorio y del vestidor contiguo. Otra solución efectiva hubiera sido tapizar la silla, el sofá y la cama con un diseño de escala menor pero con el mismo colorido, o bien con una tela rayada, cuadriculada o lisa.*

COMBINAR DISEÑOS

Mucha gente se asusta cuando se trata de combinar diferentes diseños, mientras que otros se exceden mezclando escalas y colores de una forma completamente inadecuada. Y, nuevamente, es más una cuestión de entrenamiento de la vista y de la sensibilidad que del estudio de reglas.

Un modo de enfocar la cuestión es estudiar los diseños de todos los muebles y los detalles del espacio que se ha de decorar: Los libros con sus diferentes cubiertas y sobrecubiertas, la forma de los cuadros y grabados colgados en la pared, los objetos que se guardan en una estantería o encima de una mesa, los bordes irregulares de las hojas de una planta delante de una pared lisa, el juego de luces y sombras, la forma de los muebles, todo ello tiene ya su propio diseño. Y, como resultado, más o menos, un diseño de tejido más no puede desentonar, siempre y cuando – y esto es muy importante – su escala, su tono y sus proporciones sean apropiados.

Los grandes diseños que resultan muy interesantes en lugares públicos siempre son muy adecuados para ese tipo de entorno, a no ser que se tenga un sentido muy desarrollado de las proporciones. De igual modo, recuerde que los diseños muy pequeños, cuando se emplean en cortinajes y en papeles pintados para el revestimiento de paredes, muchas veces parecen ser de un único color.

Sin embargo, un juego de diseños siempre puede ser muy efectivo y enriquecedor para todo el esquema. Si se aplica adecuadamente, incluso puede incrementar la profundidad de una habitación.

Para ello, a continuación se indica una serie de consejos que debe recordar:
• Lo mejor es no usar más de un diseño a gran escala en una habitación (o máximo dos, si la escala, los colores y los motivos son similares).

primera parte: los elementos básicos

No obstante, siempre se puede combinar uno a gran escala con varios distintos a escala pequeña. Las repeticiones de diseños a escala pequeña, en los tapizados o en los tejidos decorativos y las alfombras, y de un diseño a gran escala en una pared o en los cortinajes pueden crear un buen sentido de perspectiva y de profundidad.

- Un mismo diseño en dos colores distintos puede resultar muy decorativo; ese mismo diseño puede invertirse (por ejemplo el predominio del color verde sobre un fondo blanco frente al predominio del color blanco sobre un fondo verde).

- Para crear un buen efecto, también pueden combinarse tejidos de diseños similares pero de colores idénticos, por ejemplo para cortinajes y alfombras donde las paredes tengan un color claro o papeles pintados con textura.

- También los diseños con sensaciones idénticas se pueden usar con mucha efectividad. Como ejemplo se pueden mencionar estampados de cachemir con el mismo colorido en motivos florales; tejidos étnicos o *batiks* con alfombras orientales de diseños complejos; diseños con influencia oriental de dibujos complejos con alfombras orientales; grabados en miniatura de toda clase con pequeñas formas geométricas.

- No olvide el sutil efecto de los visillos transparentes decorados con el mismo diseño de los cortinajes o con un diseño parecido, tanto si es una versión simplificada como si es monocromática (blanco sobre blanco) o idéntica pero con colores más suaves.

- Ahora hay muchas empresas que se dedican a la fabricación de colecciones coordinadas de papel pintado y de tejidos, con un gran diseño que predomina tanto en el

1 *El suelo de parqué, la bañera de hierro fundido pintada de color negro, las paredes de yeso, el grifo de acero, el revestimiento peludo de la silla y un gran espejo con un marco dorado ofrecen toda una gama de contrastes de texturas en lo que en realidad es un espacio decorado con mucha simplicidad.*

2 *La pared de ladrillos sin adornos, el sofá decorado con una gran lona, la mesa de madera sin pulir, el suelo liso de madera decapada y un par de esculturas curvadas de hierro son una combinación de la aspereza con la tersura, de la nitidez con la suavidad y del confort con los cantos duros.*

3 *El armario de madera suave instalado en un marco de juncos contrasta con el acero negro y el vidrio del escritorio, con el tapizado de tweed de las sillas, con el enrejado de la caja que está sobre la mesa y con las tablas del suelo pulido.*

4 *Las persianas de lamas son el único punto de interés en esta pared despejada, mientras que el suave tejido del sillón tapizado de color negro contrasta con el duro brillo de los azulejos del suelo. El esquema casi no podría ser más monótono, pero el severo contraste de los materiales crea un efecto visual fascinante.*

papel como en el tejido. Éstos se pueden combinar de varias maneras: en pequeñas formas geométricas, en forma de escamas de pez o como el tejido de cestas, con versiones del diseño principal a escala menor, con sólo un motivo del diseño principal sobre un fondo liso, o en una versión reducida y más sencilla del dibujo más grande. Después de estudiarlo cuidadosamente, podrá formar sus

propios conjuntos procedentes de varias fuentes, que resultarán más interesantes aún si los combina con uno o dos diseños más viejos, tal vez de algún cojín bordado o de encaje de aguja o de un tejido decorativo, de una tela acolchada antigua o de una alfombra tejida, siempre que tengan los mismos coloridos que los tejidos y el papel de pared.

Revise diferentes ilustraciones para encontrar ejemplos. Reúna toda clase de muestras de tejidos y de papeles pintados y confróntelas con sus propios muebles, paredes y demás objetos decorativos bajo diferentes condiciones de iluminación. Separe lo que crea que se podría combinar. Prepare varios conjuntos según su criterio. Pronto habrá adquirido más confianza para la selección de diseños.

Controlar las proporciones y el equilibrio

Muchas veces al elaborar el proyecto para decorar de un espacio se omiten dos elementos importantes, las proporciones y el equilibro. Es esencial ser consciente de estos aspectos tanto para la elección del mobiliario y los accesorios como para su distribución, de modo que la altura, el peso «visual», el color, la textura y el diseño de cada una de las piezas pueda contribuir a crear una armonía perfecta.

EL EQUILIBRIO ENTRE LOS MUEBLES

Al pensar en el equilibrio, automáticamente se tiene que pensar en las proporciones. Por ejemplo, resultaría poco elegante si en una habitación con muchos muebles pequeños y varias alfombras artesanales se colocara un mueble muy voluminoso, por ejemplo un gran sofá; lo mismo ocurriría con una sola pieza de gran altura en medio de una serie de otras muy bajas. Sin embargo, tampoco sería correcto si todos los muebles tuvieran la misma altura o el mismo volumen.

Por otro lado, si puede establecer un equilibrio visual con un mueble muy voluminoso, como el sofá antes mencionado, combinándolo con un gran escritorio, o con una mesa baja o de trabajo, esta pieza se integrará en el contexto del conjunto de la habitación, y se transformará en una de las piezas clave, alrededor de la cual giren todas las demás.

Del mismo modo, también tiene que crearse el equilibrio en el caso de un mueble muy alto, como una estantería de libros, un gran armario o un mueble archivador, con otro elemento muy alto, por ejemplo una gran pintura o un grabado, una serie de cuadros o un espejo voluminoso colgado en alguna de las paredes restantes. No obstante, no elija una pieza artística o un espejo de mayores dimensiones que la cómoda, la mesa lateral o cualquier otro objeto que vaya a instalar debajo, pues produciría un efecto de inestabilidad. De la misma manera, una pintura o un espejo pequeño colgados en una amplia pared se verían pobres y desoladores.

Siempre se puede compensar la altura de una gran escultura, de un pedestal o de un apantallado en un rincón de la habitación con una planta alta o con una maceta colocada encima de una columna o de un pedestal. Intente siempre decorar el espacio con muebles de distinta altura. En una habitación debe haber por lo menos uno o dos muebles de mayor altura, así como grandes obras de arte, colecciones decorativas o plantas. Y, naturalmente, un gran volumen de muebles o de obras de arte se tiene que compensar con diversas alfombras decorativas.

Ensaye estas yuxtaposiciones sobre los planos confeccionados con el papel

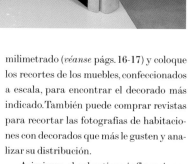

milimetrado (*véanse* págs. 16-17) y coloque los recortes de los muebles, confeccionados a escala, para encontrar el decorado más indicado. También puede comprar revistas para recortar las fotografías de habitaciones con decorados que más le gusten y analizar su distribución.

Asimismo, el color tiene influencia sobre el equilibrio visual, de modo que es aconsejable considerar los tonos claros y los oscuros de un espacio.

CONJUNTOS DE ACCESORIOS

El mismo principio se puede aplicar a los diversos accesorios. Reúna objetos similares más o menos del mismo tamaño; si esto no fuera posible, intente crear el equilibrio de un objeto de mayores dimensiones mediante otro de colores más llamativos. Por otro lado, el tamaño carece de importancia cuando se trata de conjuntos de obje-

1 *Esta fotografía ilustra un bonito ejemplo de un decorado equilibrado. La anchura del espejo encima del hogar es justo un poco menor, sin ser demasiado pequeña. Las macetas forman un contraste informal con el busto del centro, el cual, a su vez, es un buen contraste para la ornamenta del marco superior del espejo y para el decorado elaborado del centro de la repisa de la chimenea.*

2 *La línea recta del sencillo escritorio situado debajo de la ventana se repite en las persianas, mientras que la lámpara de mesa con su soporte de acero complementa la silla.*

3 *El espejo de amplias dimensiones encima del sofá es un buen elemento de contraste para la gran ventana, mientras que las patas curvas del sillón contrastan con las rectas del taburete.*

tos muy distintos, donde el objetivo principal reside precisamente en la fascinación del contraste. (Para más detalles, *véanse* págs. 208-215.)

ELEMENTOS COMUNES Y CONTRASTANTES

Trate siempre de repetir un mismo color en varias partes de la habitación. El color de una silla en un lado puede repetirse en una pintura, en un cojín o en una alfombra en el otro. Los colores de una lámpara de cerámica de mesa pueden repetirse en otra lámpara de cerámica colocada en cualquier rincón del mismo espacio. Y los tonos de una pintura pueden repetirse en la alfombra de color liso.

Examine los diseños de su hogar una y otra vez, e intente responder a las siguientes preguntas:

• ¿Dónde podría haber más variedad?

• ¿Para cuál de las formas aún se podría crear una yuxtaposición efectiva?

• ¿Qué puntos de color se podrían enfatizar más con alguna repetición en algún emplazamiento?

• ¿Se podrían crear más contrastes?

De este modo, el equilibrio visual siempre estará en su mente, cualquiera que sea el cambio que quiera introducir.

primera parte: los elementos básicos

Después de tomar una decisión sobre
los elementos básicos para la decoración
o para el redecorado, sólo falta concretar
el estilo. Si está seguro de su gusto
y de sus necesidades, el modo de
arreglar o transformar los espacios
puede ser tan instintivo como el arreglo
de su guardarropa, sin importar
los conocimientos mayores o menores
de los diferentes estilos posibles. En
ocasiones, se pueden crear espacios
indiscutiblemente encantadores y
acogedores sin gastar demasiado dinero
y con una combinación de elementos
básicos. Es lo que se denomina sentido
del estilo.

Estilo

Sentido del estilo

Para tener un sentido del estilo hay que tener un sentido de la idoneidad o de lo apropiado, la capacidad de sentir lo que es lo adecuado en una determinada situación (a no ser que se esté tan seguro de sí mismo como para poder prescindir de lo apropiado y desafiar todo lo convencional). Además, también comprende el entendimiento de toda clase de arreglos, de yuxtaposiciones, de colores y de proporciones que se han de agrupar, integrar y fundir. Asimismo es necesario tener una visión pragmática, más que esclavizada, de las tendencias de la moda. Es difícil ignorarlas, ya que siempre son atractivas, pero tratar de seguirlas ciegamente resultaría muy costoso y poco práctico, en especial debido a los constantes cambios con cada temporada.

CULTIVAR EL SENTIDO DEL ESTILO

Mucha gente consciente de no tener ningún sentido del estilo es capaz de reconocer el sentido natural del estilo de otras personas y su buen gusto instintivo, por muy amorfos que sean. Y, sin embargo, aunque reconozcan que los demás están capacitados para combinar de objetos y colores de un modo tan interesante, insisten en negar sus propias habilidades; ni siquiera son capaces de analizar la causa por la cual algunas combinaciones lucen más que otras.

A lo largo de los años he podido observar cómo mucha gente desarrollaba un sentido del estilo y un buen criterio para adquirir objetos decorativos e integrarlos en su hogar, así que puedo confirmar que la educación en este sentido es perfectamente factible. En muchas ocasiones, cuando contempla y analiza un objeto atractivo que le gusta y le conviene, el desarrollo de su propio sentido del estilo se realiza con rapidez. Y después, cuando tenga confianza en su propio gusto y en su criterio y cuando haya adquirido los conocimientos necesarios para diferenciar los diversos estilos de muebles, se le abrirán todas las posibilidades decorativas.

COMPROMISOS CREATIVOS

Del mismo modo que no es necesario haber nacido con un determinado talento natural, tampoco es un requisito obligatorio disponer de fondos ilimitados para satisfacer cualquier capricho de decoración interior. De hecho, cualquier pequeño detalle de un determinado estilo (como una cornisa gótica estarcida en un dormitorio o un frontón neoclásico encima de una estantería de libros) puede resultar más atractivo y divertido que el decorado serio con todas las piezas apropiadas.

1 *Este decorado, con sus colores pálidos y con su juego de texturas y de piezas antiguas combinadas con otras modernas, podría describirse como ecléctico moderno. Podría parecer un poco vacío, pero tiene un gran encanto.*
2 *Definitivamente, esto es estilo rústico, con sus viejos y maltrechos muros revocados, el suelo de ladrillos, la vitrina antigua, las sillas pintadas, las mesas lavadas y la abundancia de cazos y de artículos de barro.*

primera parte: los elementos básicos

El factor de lo adecuado

Evidentemente, hay ciertos factores de sentido común que se han de considerar en cualquier caso, antes de decidirse por un determinado estilo o por varios. Los factores como la ubicación, el clima, el entorno y la arquitectura no pueden ignorarse.

UBICACIÓN

Las casas de campo evidentemente resultan más funcionales cuando se decoran para una vida rural confortable. No obstante, incluso en este contexto hay varias distinciones, ya que los muebles, las superficies y los colores para una casa de campo se verían fuera de lugar si los aplicara en una casa más formal de estilo georgiano o de la época de la regencia del príncipe de Gales (1811-1820). Y, de igual modo, aunque el ambiente confortable y espacioso de una casa de campo, cualquiera que sea su grado de formalidad, puede ser recomendable para la ciudad, el sofisticado estilo urbano en pleno campo se vería tan fuera de lugar como alguien que pasea por el campo con zapatos de tacón de aguja.

Los factores más importantes de las casas en la playa, de los chalets en la

1 *Si la cocina de la página anterior reúne todos los elementos que evidencian una casa de campo, este dormitorio revela a primera vista que se trata de una casa de verano. Amplias cristaleras con vistas sobre el agua, la madera pintada de color azul para hacer juego con el cielo, muebles de mimbre pintados de color blanco, todo un ambiente para la relajación. ¿Hay algo más evocador para un perfecto lugar de veraneo?*

2 *Esta habitación es el arquetipo del frescor: el suelo blanco, las paredes, el techo y la base de piedra para la cama, todo parece fundirse en una sola unidad. Los suaves tonos grises y marfil ofrecen los contrastes más ligeros.*

montaña y de las demás viviendas para las vacaciones son la comodidad y su fácil mantenimiento. Por lo tanto, han de decorarse con muebles prácticos y confortables, con un suelo y una tapicería que se puedan limpiar fácilmente de toda clase de arena, lodo o nieve.

CLIMA Y TIEMPO

Para seguir la misma fórmula, las casas en regiones de clima cálido evidentemente tienen que ser frescas (pero también se ha de considerar la posibilidad de días más frescos y húmedos), mientras que aquellas que se encuentran en zonas de clima húmedo, fresco y gris, naturalmente tienen que ser cálidas y acogedoras (y nuevamente, también se ha de tener en cuenta la rara posibilidad de días calurosos).

Mucho se puede comentar sobre los hábitos de nuestros antepasados en las diferentes estaciones del año. Durante el verano la tapicería para el invierno de sillones y sofás se cubría con sábanas de lino o de algodón, y muchas veces se retiraban los pesados cortinajes

primera parte: los elementos básicos

UN SENTIDO DEL LUGAR

Si la casa o el edificio de apartamentos ya tiene su propio estilo arquitectónico, o si está muy adaptado a su entorno o al clima (como una casa al lado del mar u otro lugar muy espectacular, o incluso en el trópico), lo mejor es mostrarse sensible a estos factores. Incluso si no le gusta mucho el tipo de construcción, ni el paisaje, ni el lugar, ni el clima, estos factores son tan importantes y fundamentales para la casa que no se deben ignorar.

No obstante, esto no significa que una casa de época se tenga que decorar precisamente en ese estilo, o que una casita al lado del mar tenga que adornarse

1 *Los muebles sencillos y modernos y un esquema de blanco y negro son intencionadamente discretos para enfatizar los detalles intrincados de la arquitectura del siglo XIX.*

2 *La altura y la luz en este granero convertido en vivienda han dictaminado los colores (que intencionadamente se han mantenido pálidos y neutros) y los muebles (a gran escala, pero muy simples). No hay nada que desmerezca la sensación de este espléndido y amplio espacio.*

3 *Los colores perfectamente apropiados y también los muebles se han elegido con mucho acierto para decorar este amplio espacio parecido a una gran galería.*

y se guardaban las alfombras. Hoy en día, la carencia de una ayuda doméstica y la falta de espacio para el almacenamiento son las razones principales para no seguir haciéndolo. Sin embargo, si tuviera la oportunidad de realizar estos cambios estacionales, ciertamente valdría la pena hacerlos.

ARQUITECTURA Y EMPLAZAMIENTO

Aparte de lo que impongan la ubicación y el clima, generalmente hay un factor destacable en cada una de las

habitaciones de un nuevo hogar que ayuda a determinar su decorado. Puede ser la vista al exterior, o la carencia de la misma; puede ser un espacio bastante oscuro o con demasiada luz, o muy amplio o demasiado pequeño, con un techo notablemente alto o bajo. Las habitaciones pueden tener vigas expuestas en el techo o presentar una elaborada decoración con cornisas y molduras; pueden tener paneles o ventanas de vidrio emplomado. Tal vez haya paredes de cristal, o se tenga una vista sobre un grueso muro de ladrillo.

3

con redes de pesca o con otros artefactos marítimos. Estos intentos de mostrar la autenticidad pueden parecer rebuscados o de museo, o tal vez incluso banales, sin importar el conocimiento, el dinero o el afán que se dediquen a ellos. Sencillamente significa que es aconsejable identificarse con su entorno lo mejor que pueda, prestar atención a sus proporciones, a sus detalles arquitectónicos y a la región sin dejarse intimidar por estos parámetros.

Durante mi viaje por Europa he podido admirar casas muy antiguas espléndidamente decoradas con muebles y pinturas predominantemente modernos y con sólo una o dos piezas antiguas; también he podido admirar habitaciones modernas tanto en Estados Unidos como en las Antípodas, con muebles y alfombras antiguos en combinación con piezas contemporáneas.

Asimismo, he podido admirar varias casas de los siglos XVIII, XIX y de principios del XX con muchos detalles originales, que con los colores bien elegidos y con la combinación de muebles y accesorios son encantadoras.

El factor común de todas estas casas es que el armazón, cualquiera que sea, siempre se había conservado intacto, y que el decorado siempre se había adaptado a las proporciones de los interiores. Nunca se ha hecho un intento esclavizante de imitar los detalles del pasado. Todas las habitaciones son una síntesis del pasado y del presente, con excelentes detalles tanto para la comodidad como para el equilibrio.

LA HABITACIÓN SIN CARACTERÍSTICAS

Aunque la conveniencia, salpicada con imaginación, es especialmente importante cuando un edificio o una habitación tiene ciertos detalles arquitectónicos, o cuando el clima o el entorno dictaminan el tipo de decoración, también hay muchos ejemplos de casas donde ocurre exactamente lo contrario. Esto es particularmente aplicable a los múltiples edificios urbanos y suburbanos construidos entre 1940 y 1980, que son casi universalmente anónimos y que carecen de características arquitectónicas. En estas viviendas se puede imponer cualquier estilo, en función de sus inclinaciones, sus propiedades y su bolsillo, sin sentirse culpable por la falta de sensibilidad estética.

1 *Nada interrumpe la vista en esta cómoda habitación. Los muebles son tan bajos que los árboles del exterior se convierten en una parte importante de este decorado.*

2 *Este espacio se ha decorado al estilo del Medio Oriente, con sus arcos enrejados, sus distintos niveles y montones de cojines de suntuosos coloridos.*

3 *De igual modo, con unas pantallas de papel de arroz, se ha creado un espacio de influencia oriental, con cajones superpuestos en forma de pirámide, para un almacenamiento perfectamente organizado, y con una lámpara de pie para la iluminación.*

Uno de los trabajos más interesantes que he podido realizar como diseñadora ha sido la transformación, siguiendo las indicaciones de los propietarios que habían viajado por todo el mundo, de dos apartamentos contiguos de Manhattan, en algo parecido a una villa tunecina de lujo, con todos sus detalles de arcos y fuentes. El último detalle consistió en enmascarar la vista sobre Broadway, seis pisos más abajo, extendiendo una gran tela de chifón azul detrás de los postigos agujereados en la mayoría de las ventanas, de modo que uno podía creer que estaba con-

templando un cálido cielo azul. Este proyecto no costó nada de lo que uno podría suponer que costaría semejante transformación, y los apartamentos acabados ni parecían estar fuera de lugar ni eran *kitsch*, simplemente se habían convertido en el oasis de paz que los propietarios habían especificado.

primera parte: los elementos básicos

La influencia del estilo

Hay un gran número de estilos con nombres genéricos como el rústico, el contemporáneo, el colonial, el ecléctico, etc.; los más importantes se describen en las páginas 78-83. Además de éstos, están los que son sinónimos de un determinado período de la historia. Incluso si no quiere crear una casa de época, es muy útil tanto para sus conocimientos como para sus habilidades decorativas tener una idea clara sobre los principales estilos históricos. Los diseñadores de interiores siempre se han inspirado en épocas anteriores, y lo siguen haciendo. Los estilos de época más importantes se describen en las páginas 70 a 75, pero para poder estudiarlos en todo su contexto, consulte la tabla de las páginas 76-77.

Al estudiar los sucesivos períodos y sus estilos correspondientes se podrá dar cuenta de que hay una serie de «temáticas» principales o de tendencias fundamentales de la decoración (y de hecho, del arte en general) que han vuelto a reaparecer a lo largo de los siglos, aunque con aspectos diferentes o a veces en armoniosa coexistencia. Los períodos más destacables son el clásico, el gótico, el barroco y el rococó.

EL CLÁSICO

El clasicismo deriva de las antiguas Grecia y Roma, y se fundamenta en sus formas y reglas matemáticas de la proporción. El estilo clásico no solamente es aplicable a la arquitectura y al arte, sino también a la decoración de interiores. Durante los siglos XV y XVI, el gran auge de la creatividad y de la experimentación del Renacimiento marcó el final del apego medieval a todos los detalles del gótico y se volvió al clasicismo. A partir de entonces, los motivos romanos, como las coronas, las guirnaldas y los festones, las arabescas y las volutas, las hojas de parra y las vides, el acanto y la madreselva, los cupidos y las urnas empezaron a ocupar un lugar

dominante en el vocabulario del ornamento clásico.

Las inspiraciones clásicas, tal como las interpreta el arquitecto italiano del siglo XVI Andrea Palladio, se convirtieron en el tema dominante del concepto de la arquitectura palladiana, introducida por el arquitecto británico Iñigo Jones a principios del siglo XVII. No obstante, en realidad no llegó a imponerse en Inglaterra hasta un siglo después, y en Norteamérica tardó hasta 1750.

Después, en la segunda mitad del siglo XVIII, el casi obligatorio «Grand Tour» por Europa permitió a los descendientes de la aristocracia sumergirse entre las ruinas de las antiguas Grecia y Roma y entre las glorias del Renacimiento italiano. El «Grand Tour», en combinación con las últimas novedades de los grandes descubrimientos arqueológicos en Italia y en Grecia, en particular los de Pompeya y Herculano, llevó al primer estilo auténticamente internacional, el neoclasicismo. El neoclasicismo de finales del siglo XVIII y de principios del siglo XIX dominaba todos los interiores arquitectónicos de Europa y Norteamérica. La fría cir-

2

1 *La Chiswick House, en el oeste de Londres, es uno de los grandes ejemplos de la arquitectura y de la decoración clásicas de principios del siglo XVIII. Este bello edificio, construido por los arquitectos Lord Burlington y William Kent, entre 1725 y 1729 aproximadamente, plasma todas las características de las proporciones nobles, un decorado rico pero sobrio y el amplio uso de detalles de la antigua Roma, tan típicos de la arquitectura de mayor categoría en aquella época. En la galería, representada en la ilustración, la decoración de la cúpula, los tres arcos de la entrada y los dos nichos para estatuas de tamaño natural combinan la mayor parte de los elementos característicos del clasicismo.*

2 *Obsérvese cómo se repite el diseño del suelo y el techo en este vestíbulo de la entrada, maravillosamente proporcionado, de la Cairness House en Escocia, otro edificio soberbio de estilo clásico. Esta construcción, diseñada por el arquitecto James Playfair y construida en 1789, destaca por la noble simplicidad de sus líneas, su color y sus ornamentaciones.*

3 *Detalle de una cornisa con los clásicos motivos de la arquitectura de la antigua Roma.*

cunspección, la simetría, el equilibrio, la armonía y la proporción, combinados con motivos decorativos clásicos, fueron las características de la «época de la elegancia». A mediados del siglo XIX se produjo un segundo resurgir del clasicismo y de otros estilos inspirados en éste, combinado con otros del Renacimiento. En los edificios e interiores del período posmoderno, el estilo predominante durante el último tercio del siglo XX, se incorporaron elementos y proporciones clásicos.

EL GÓTICO

Inicialmente, entre los siglos XII y XV ó XVI, el estilo gótico predominaba en la arquitectura eclesiástica de toda la Europa occidental, hasta que quedó desplazado por el clasicismo renacentista.

Hay numerosos castillos, fortalezas, grandes mansiones e incluso universidades representativos del estilo gótico, aunque todos ellos fueron diseñados y construidos por aficionados a la arquitectura de aquella época.

primera parte: los elementos básicos

De este modo, el decorado gótico se inspiró en la decoración de las iglesias medievales, con sus motivos de tréboles de tres y cuatro hojas, sus arcos ojivales y su tracería perforada.

A principios del siglo XVIII, el estilo gótico sirvió de fuente de inspiración para una gran parte de la arquitectura doméstica, para detalles arquitectónicos y para muebles, aunque de una forma mucho más ligera y más delicada que la original (una gran parte de los diseños de esta época se denominaban «Gothick» para denotar su deliberada frivolidad).

Entre finales del siglo XVIII y principios del siglo XIX, el estilo gótico hizo una reaparición notable, inicialmente como contrapunto alegre y desenfadado del movimiento neoclásico, al ponerse de moda las logias y los pabellones en los parques de los caballeros. Desde mediados de la década de 1820 hasta mediados del siglo XIX, el estilo gótico renacentista fue el estilo predominante en Gran Bretaña, en Francia, en Irlanda, en Alemania, en Estados Unidos, en Sudáfrica, en Australia y en Nueva Zelanda. La pasión por todo lo relacionado con la Edad Media provocó una interpretación mucho más seria que la del siglo anterior. La versión francesa, conocida como «estilo Trovador», disfrutó de gran popularidad durante unas cuantas décadas. Los muebles en estilo gótico renacentista, así como toda clase de deta-

1 *La mansión de Horace Walpole, en Strawberry Hill, cerca de Londres, que él mismo transformó en un castillo de almenas durante la segunda mitad del siglo XVIII, es un sinónimo de la extravagancia exagerada del estilo «Gothick». La galería representada en la ilustración luce una enorme bóveda de abanico impresionante. Obsérvense también las molduras de los barrotes de las sillas sobre el arrimadero y los motivos recargados del decorado de las paredes. Toda la puesta en escena es la expresión máxima de lo opuesto al clasicismo.*

2 *En este pequeño comedor contemporáneo, todo el espíritu gótico está concentrado en las espléndidas sillas.*

3 *Después de haber conquistado Francia, el estilo barroco llegó a Inglaterra durante la segunda mitad del siglo XVII. Chatsworth, en Derbyshire, una propiedad del cuarto conde de Devonshire, se construyó entre 1687 y 1707 y es un ejemplo extraordinario de este estilo, como lo denota este magnífico dormitorio.*

lles decorativos, tejidos, papeles pintados y otros, se produjeron en grandes cantidades.

A finales del siglo XX se produjo otro pequeño renacimiento gótico, con una gran abundancia de interiores góticos, así como de telas y de papeles pintados.

EL BARROCO

A principios del siglo XVII, el clasicismo del Renacimiento sufrió una evolución para convertirse en el estilo barroco, que se inició en Italia y que a finales del siglo ya había conquistado todo el continente europeo.

El estilo barroco tuvo su mayor esplendor en Francia, primero durante el reinado de Luis XIII y más tarde, de mucha mayor magnificencia aún, bajo el reinado de Luis XIV, el Rey Sol. Durante la segunda mitad del siglo se extendió a Gran Bretaña, y a finales del siglo XVII había conquistado América.

Se trata de un estilo magníficamente ornamentado, teatral, incluso exuberante, de formas un tanto pesadas, con diseños a gran escala, con abundantes enlucidos elaborados y decorados metálicos, con tallas labradas en madera, con revestimientos y artesonados (que en aquella época se podían instalar y desmontar como un mueble), pilastras, repisas (de las chimeneas) y tapicerías.

A pesar de su grandeza, el barroco fue el primer estilo europeo que trataba el espacio como un lugar para vivir en él y no para pasar y admirarlo o celebrar grandes recepciones. Y también fue la primera vez que las diferentes piezas de mobiliario se combinaban para decorar una habitación, en lugar de ser un complemento de la arquitectura

primera parte: los elementos básicos

o una especie de monumento. Resulta interesante observar que, a pesar de ser un «descendiente» del estilo clásico, el barroco, rompiendo con todas las reglas del clasicismo, representa en realidad lo contrario de la armonía clásica.

El barroco se convirtió en el estilo preferido de los ricos de Europa y de América, que se podían permitir el lujo de sus extravagancias, hasta que finalmente quedó relegado por el rococó, o como ocurrió en Gran Bretaña y en los Países Bajos, por el clasicismo neopalla-

diano. A mediados del siglo XIX, entre una multitud de otros estilos de época, también tuvo lugar un breve renacimiento del barroco.

EL ROCOCÓ

El estilo rococó nació en París, a principios del siglo XVIII, como una reacción a la formalidad y a la opulencia del barroco. Llegó a alcanzar su expresión máxima durante la época de la regencia y durante la primera mitad del reinado de Luis XV. El rococó, ligero y frí-

1 *La Claydon House en Buckinghamshire es uno de los pocos ejemplos del rococó inglés. Sin embargo, realmente es un ejemplo lleno de vida, con finos trabajos de estucados detallados y colores pastel.*

2 *No obstante, la Claydon House es realmente sobria o sencilla si se compara con este extraordinario salón del Pabellón Amalienburg que pertenece al Castillo de Nymphenburg, un palacio de verano cerca de Múnich, construido por el arquitecto bávaro Cuvilliés, entre 1734 y 1739. Los alemanes adoraban el estilo rococó y lo mantenían incluso cuando casi toda Europa ya se había entregado a la tendencia neoclásica.*

3 *El decorado de seda de las paredes de esta habitación es un bello ejemplo de «chinoiserie», un gusto por todo lo oriental que se inspiraba en las mercancías importadas por la Compañía de las Indias Orientales. Como el «Gothick» del siglo XVIII, la «chinoiserie» fue una ramificación del rococó.*

volo, se caracteriza por su asimetría en los decorados tallados y pintados, en los estucados, en los paneles y en los muebles. Entre los motivos característicos del rococó figuraban las conchas de mar, los listones y los lazos. Y sus colores fueron una auténtica revolución para aquella época: pasteles en tonos de azul, de rosa y de verde pálido, que se aplicaban en combinación con grandes espejos, candelabros y apliques para mayor éxito de la brillantez y de la luminosidad.

El estilo disfrutó de mucha popularidad en Alemania, en Austria y también en Francia, y en menor grado en España, en Portugal, en Italia, en Rusia y en Polonia, y al otro lado del Atlántico, en Norteamérica. Nunca se llegó a imponer ni en Gran Bretaña ni en los Países Bajos (aparte de una variante suya, la «chinoiserie», que disfrutó de cierta popularidad en Gran Bretaña y en Europa durante el siglo XVIII).

En algunas ocasiones, la elegancia del rococó se volvió exageradamente

extravagante y, finalmente, en las últimas décadas del siglo XVIII, dio paso a la época del neoclasicismo.

No obstante, el rococó volvió a renacer a mediados del siglo XIX, para convertirse en el estilo preferido de los ricos, de los cuales había muchos. En cambio, en Francia, el renacimiento del rococó terminó con el desarrollo del estilo Art Nouveau.

primera parte: los elementos básicos

Año	Francia — PERÍODO/MONARQUÍA	Francia — ESTILO	Italia ESTILO	Alemania/Austria ESTILO	Bélgica/Países Bajos ESTILO	Escandinavia ESTILO
1500		Gótico	Renacimiento	Gótico	Gótico	Gótico
1525	Francisco I (1515–1547)	Renacimiento				
1550	Enrique II (1547–1559) Francisco II (1559–1560)			Renacimiento	Renacimiento	Renacimiento
1575	Carlos IX (1560–1574) Enrique III (1574–1589)					
1600	Enrique IV (1589–1610)					
	Luis XIII (1610–1643)		Barroco			
1625						
1650	LUIS CATORCE Luis XIV (1643–1715)	Barroco				Barroco
1675				Barroco	Barroco	
1700						Barroco tardío
	REGENCIA [regencia del duque de Orléans a Luis XV, 1715–1723] LUIS QUINCE Luis XV (1715–1774)	Rococó temprano Rococó	Barroco tardío			Rococó temprano
1725			Rococó	Rococó	Rococó	Rococó
1750						
1775	LUIS DIECISÉIS Luis XVI (1774–1793)	Neoclásico	Neoclásico			Neoclásico [Gustavino: Gustavo III, 1771–1792]
1800	DIRECTORIO Directorio (1795–1799)			Neoclásico	Neoclásico	
	IMPERIO Consulado (1799–1804) Napoleón I (1804–1815) RESTAURACIÓN Luis XVIII (1814–1824) Charles X (1824–1830)	Neoclásico tardío [Imperio]	Neoclásico tardío [Imperio]	Neoclásico tardío [Imperio]	Neoclásico tardío [Imperio]	Neoclásico tardío [Imperio]
1825	LUIS FELIPE Luis Felipe (1830–1848) Napoleón III (Presidente, 1848–1852)	Renacimiento del rococo / Neogótico		Biedermeier Neogótico	Biedermeier	Biedermeier
1850	SEGUNDO IMPERIO Napoleón III (Emperador, 1852–1870)	Ecléctico	Ecléctico	Renacimiento del estilo Luis XVI	Ecléctico	Ecléctico
1875	TERCERA REPÚBLICA (1870–1940)					
1900		Art Nouveau Belle Époque	Art Nouveau [estilo Liberty]	Art Nouveau [Jugendstil]	Art Nouveau	Art Nouveau [Jugendstil] + Arts and Crafts [Larsson]
1925		Art Déco Internacional	Internacional	Internacional	Internacional	Internacional

Gran Bretaña

Año	PERÍODO/MONARQUÍA	ESTILO		PERÍODO	ESTILO	Año
1500	TUDOR	Gótico				1500
	Enrique VII (1485–1509)					
	Enrique VIII (1509–1547)					
1525						1525
1550	Eduardo VI (1547–1553)	Renacimiento				1550
	María I (1553–1558)					
1575	ISABELINO					1575
	Isabel I (1558–11603)					
1600	JACOBINO			COLONIAL (1608–1720)	Renacimiento [Jacobino]	1600
	Jaime I (1603–1625)					
1625	CAROLINO	Barroco temprano				1625
	Carlos I (1625–1649)					
1650	CROMWELLIANO					1650
	Commonwealth (1649–1660)					
	RESTAURACIÓN	Barroco				
	Carlos II (1660–1685)					
1675	Jaime II (1685–1689)					1675
	GUILLERMO Y MARÍA					
	Guillermo y María (1689–1694)					
	Guillermo III (1694–1702)					
1700	REINA ANA	Neopalladiano temprano			Barroco [Guillermo y María]	1700
	Ana (1702–1714)	[Reina Ana]				
	GEORGIANO			GEORGIANO (1720–1780)		
1725	Jorge I (1714–1727)				Neopalladiano [Reina Ana]	1725
	Jorge II (1727–1760)	Neopalladiano	Ligero rococó incluyendo «Gothick» y «chinoiserie»			
1750					Neopalladiano / Rococó	1750
	Jorge III (1760–1820)	Neoclásico [estilo Adam]	Neogótico			
1775					Neoclásico	1775
		Renacimiento del griego		FEDERAL (1780–1810)		
1800						1800
	REGENCIA [regencia del príncipe de Gales a Jorge III, 1811–1820]	Neoclásico tardío [Regencia]	«Chinoiserie»	IMPERIO (1810–1820)	Neoclásico tardío [Imperio]	
	Jorge IV (1820–1830)			RENACIMIENTO DEL GRIEGO (1820–1840)		
1825	Guillermo IV (1830–1837)				Neogótico	1825
	VICTORIANO	Ecléctico		VICTORIANO (1837–1901)		
	Victoria (1837–1901)					
1850		Arts and Crafts			Ecléctico	1850
			Movimiento estético			
1875		Art Nouveau	Renacimiento del Reina Ana		Arts and Crafts [Mission] / Renacimiento del colonial / Movimiento estético	1875
1900	EDUARDIANO				Beaux Arts / Art Nouveau	1900
	Eduardo VII (1901–1910)			MODERNO (1901 en adelante)		
	MODERNO					
1925	Jorge V (1910–1936)	Art Déco	Neotudor		Art Déco	1925
	Eduardo VIII (1936)					
	Jorge VI (1936–1952)	Internacional			Internacional	

Estados Unidos

primera parte: los elementos básicos

Vocabulario de estilos decorativos

Adam, Robert: Robert Adam (1728 – 1792), que muchas veces colaboraba con su hermano menos conocido, James, fue el creador y constructor de algunos de los muebles e interiores más interesantes en la historia del arte decorativo británico. Adam opinaba que la decoración y los muebles del interior de un espacio tendrían que formar un conjunto armonioso. También pudo perfeccionar un método para el diseño que le permitía adaptar sus esquemas decorativos para interiores a casas y mansiones ya existentes. Aunque en la actualidad la gente relaciona a Adam con una gama de colores pastel, sus esquemas cromáticos siempre estuvieron llenos de colorido. Su obra no solamente tuvo mucha influencia sobre los arquitectos y los ebanistas del siglo XVIII a ambos lados del Atlántico, sino que la sigue teniendo en los estudiantes de diseño en la actualidad. Adam representa la personificación del gusto de finales de siglo XVIII.

Art Déco: estilo tanto de arquitectura como de decoración que floreció tanto en Europa como en América desde poco antes de la primera guerra mundial hasta la década de 1930. Se volvió más decorativo durante los años veinte, cuando incorporó toda clase de formas inspiradas en las culturas azteca, maya y africana; en los trajes y en el decorado del ballet ruso de Leon Bakst que en aquella época actuaba con gran éxito en París, y en los descubrimientos arqueológicos en Egipto. Art Déco, un término que sólo empezó a usarse mucho más tarde, es la abreviatura de «Arts Décoratifs».

Art Nouveau: este estilo, muy popular a ambos lados del Atlántico entre 1890 y 1914, cuando se inició la primera guerra mundial, se conoce por sus líneas sinuosas, que se inspiraban principalmente en las formas de toda clase de plantas. Victor Horta y Henry van de Velde en Bélgica, Hector Guimard y Émile Gallé en Francia, A. H. Mackmurdo y C. F. A. Voysey en Inglaterra, así como Louis Sullivan y Louis C. Tiffany en Estados Unidos fueron algunos de los diseñadores más renombrados. En Escocia, Rennie Mackintosh y la Escuela de Glasgow crearon una versión de líneas rectas inspirada en los ornamentos celtas.

Arts and Crafs: este movimiento de la segunda mitad del siglo XIX, encabezado por William Morris y C. R. Ashbee en Gran Bretaña, consistía en evitar toda clase de métodos para la producción en serie, para volver a la creación de muebles individuales como

en el pasado. Aunque se pretendía crear un movimiento de igualdad, sus productos resultaban demasiado caros para la gente común. Sin embargo, la empresa Sanderson and Liberty comenzó a reproducir los papeles pintados y los tejidos de Morris y los vende desde entonces. En Estados Unidos, el movimiento se centraba alrededor del estilo MISSION y también de la PRAIRIE SCHOOL.

Barroco: estilo opulento y ornamentado del siglo XVII que evolucionó a partir del clasicismo renacentista. Se aplicaba con resultados decorativos tanto en el continente europeo como en Centro y Sudamérica.

Bauhaus: esta escuela alemana de diseño del siglo XX, una extensión

de la Escuela de Artes y Artesanías de Weimar, fundada por Walter Gropius en 1919, ejerció la influencia más importante en el desarrollo y la aceptación del diseño moderno. En 1925, la Escuela de la Bauhaus se trasladó de Weimar a Dessau, y las nuevas instalaciones de oficinas diseñadas por Gropius se convirtieron en el modelo de la línea contemporánea «eterna» y el epítome del estilo INTERNACIONAL durante las décadas

posteriores. Con el inicio del gobierno nazi, muchos de los miembros más importantes de la escuela se trasladaron a Estados Unidos.

Beaux Arts: equivalente americano del RESURGIR DEL RENACIMIENTO de finales del siglo XIX y principios del siglo XX, popular asimismo en toda Europa durante la misma época. Su nombre se debe a la École des Beaux Arts de París, donde muchos de sus exponentes de arquitectura habían cursado sus estudios. Con el rápido aumento de sus riquezas financieras, muchos hombres norteamericanos se pudieron permitir el lujo de habitar en grandes mansiones, imitando a los *châteaux* franceses, a los *palazzi* italianos o a las casonas de estilo TUDOR,

ISABELINO y JACOBINO. Sus arquitectos combinaban la tecnología moderna y las comodidades lujosas con detalles históricos de otros estilos anteriores, como por ejemplo decorados de hoja de acanto alrededor de los interruptores de luz, o patas en forma de delfín para apoyar la bañera. Los colores y los detalles eran ricos y exóticos, con decorativos enlucidos, bellísimas piezas de carpintería, paneles

y dorados, y también con influencia japonesa.

Belle Époque: este término francés se refiere al período opulento, confortable y lleno de glamour de finales del siglo XIX y comienzos del siglo XX, cuando, a la gente muy rica y adinerada, todo le parecía «dulzura y felicidad», antes de que se iniciara la primera guerra mundial.

Biedermeier: este estilo decorativo, popular en Austria y en Alemania (y en Escandinavia) entre 1820 y 1840 aproximadamente, se conoce como el «estilo imperial del pobre». Sus muebles sencillos pero graciosos, hechos de madera de tonos dorados con ornamentaciones de ébano o con decorados de color negro, disfrutan de gran popularidad hoy en día.

«Chinoiserie»: imitaciones europeas de la decoración oriental, de los muebles de toda clase de objetos decorativos. La afición por todo lo oriental, por la seda china, las porcelanas, los trabajos laqueados, los papeles de pared pintados a mano y demás, así como otros artículos procedentes de Japón y de la India, invadió Europa y Estados Unidos durante el siglo XVIII, después de haberse iniciado el gran comercio con China. La demanda fue tan grande que muchas compañías europeas se dedicaron a fabricar imitaciones.

Clásico, estilo: se basa en las líneas disciplinadas, en las leyes matemáticas de las proporciones así como en la ornamentación del arte y de la arquitectura de las antiguas Grecia y Roma, que resurgieron durante la época del Renacimiento italiano. Desde entonces, se han repetido varias formas de clasicismo, que se caracteriza por su fría elegancia, por su equilibrio y simetría sobrios, por sus formas geométricas y por sus líneas puras así como por sus detalles de arquitectura clásica, como columnas y pilastras, y otros motivos como coronas de laurel u hojas de acanto y de madreselva. Véase también NEOCLÁSICO.

Clásico, orden: se refiere a los cinco estilos de la arquitectura CLÁSICA, el dórico, el jónico, el corintio, el toscano y el compuesto, que aparecieron en este orden. Se basan en las proporciones y en la decoración de distintos estilos de columnas; no obstante, en la arquitectura clásica incluso las proporciones de diferentes secciones de un muro podían basarse en las de una columna. Algunas veces todo el ciclo del diseño se compara con la secuencia del estilo dórico (de líneas sencillas), seguido por el jónico (con algunos detalles decorativos) y finalmente por el corintio (altamente decorado), y en muchos casos la evolución de los estilos de diseño sigue esta misma secuencia una y otra vez.

Colonial: aunque generalmente se considere un estilo americano (véase COLONIAL AMERICANO), el estilo colonial también evoca la experiencia colonial de los siglos XVIII y XIX en regiones con un clima muy caluroso, con sus terrazas, sus tablas pintadas de color blanco, sus tablones, sus pórticos y pilares, sus postigos y mosquiteras, sus muebles hechos de listones y de ratán, las telas de algodón o muselina y los tablones desnudos del suelo.

Colonial americano: surgió a principios del siglo XVII (cuando los primeros colonizadores tuvieron que arreglárselas con muebles primitivos o importados) y duró hasta finales del siglo XVIII, cuando se estableció el gobierno federal.

Contemporáneo: en términos del diseño de interiores se refiere a lo «actual», lo de «hoy», con todos los decorados, colores y combinaciones modernos.

Cromwelliano: período de la Commonwealth en Inglaterra entre 1649 y 1660, cuando Oliver Cromwell fue Lord Protector de Inglaterra, antes de que se restaurara la monarquía. Fue una época de pocos cambios en la arquitectura y en la decoración.

De Stijl: nombre de un grupo de diseñadores holandeses de vanguardia, de la década de 1920, que exclusivamente trabajaba con ángulos rectos y con colores primarios. Entre los miembros del grupo se contaba el pintor Piet Mondrian y el diseñador de muebles Gerrit Rietveld.

Directorio: estilo francés que predominó durante los últimos cinco años del siglo XVIII, desde el año del asesinato de Luis XVI, durante la Revolución Francesa, hasta el golpe de estado de Napoleón Bonaparte. Se caracterizaba por ser una versión simplificada del estilo LUIS XVI tardío, con diseños elegantes y sencillos, aunque con materiales de una calidad inferior a la de las décadas anteriores.

Ecléctico: combinación de varios estilos y épocas que, por esta misma razón, resulta más idiosincrásica e interesante que cualquier otro estilo. El siglo XIX, con el renacimiento simultáneo de una serie de diferentes estilos, fue un período de eclecticismo rampante.

Eduardo VII, época: época entre la década de 1890 y la primera guerra mundial, con diseños mucho más ligeros y etéreos que los de la decoración de la época victoriana que le había precedido. Este período incluye el MOVIMIENTO ESTÉTICO, el ARTS AND CRAFTS, el ART NOUVEAU y el RENACIMIENTO DEL ESTILO REINA ANA.

Etrusco, estilo: estilo decorativo basado en las antigüedades romanas y en los ornamentos etruscos. ROBERT ADAM solía usar un gran número de motivos y detalles etruscos en sus casas, y llegó a ejercer cierta influencia sobre la decoración en Francia, donde este estilo disfrutó de gran popularidad a finales del siglo XVIII.

Federal: este término describe la arquitectura y el diseño norteamericano desde la década de 1780 hasta principios del siglo XIX, con base en el neoclasicismo. Este nuevo estilo, muy apreciado en Estados Unidos, se inspiraba en los diseños de Sheraton y Hepplewhite, en los primeros inicios del estilo de la REGENCIA en Gran Bretaña y del estilo IMPERIO en Francia. También

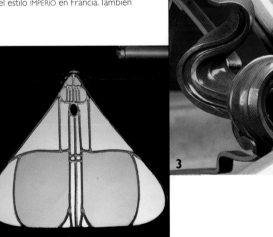

incorporaba un gran número de motivos NEOCLÁSICOS familiares, además del águila norteamericana como símbolo del nuevo gobierno federal. Los muebles eran de caoba o de madera pintada y las habitaciones reflejaban la gran abundancia de los nuevos tejidos y de los papeles pintados franceses que habían llegado al país.

Georgiano: término que se aplica a la arquitectura y el diseño británico de la época de los reinados de Jorge I, II, III y IV de Inglaterra, es decir, entre 1714 y 1830, una época relativamente larga que virtualmente abarca desde el ESTILO NEOPALLADIANO hasta la REGENCIA. Este período, también considerado como la «época de la elegancia», constituye la edad de oro del diseño británico en todos los ámbitos.

Gótico: estilo predominante de la arquitectura eclesiástica en Europa durante la Edad Media, y una de las grandes influencias sobre el diseño a lo largo del último milenio. El gótico volvió a resurgir durante el siglo XVIII como antídoto al CLASICISMO riguroso. Más tarde, durante el siglo XIX, volvió nuevamente a disfrutar de gran

1 La cama de William Morris en su casa de Kelmscott Manor, en Gloucestershire, Inglaterra. Morris encabezó el movimiento Arts and Crafts.

2 Diseño de Charles Rennie Mackintosh que se encuentra en la Escuela de Arte de Glasgow. Mackintosh fue un exponente famoso con influencia internacional de la versión británica del Art Nouveau.

3 Una barandilla Art Nouveau, creación del diseñador belga Victor Horta.

popularidad, bajo el nombre de NEOGÓTICO; era objeto de veneración por parte de los componentes del movimiento ARTS AND CRAFTS. Entre los detalles góticos se cuentan los arcos puntiagudos, la tracería, los canopios y los motivos góticos, como el trébol de tres y cuatro hojas.

Grand Tour: una parte casi obligatoria en la educación de los jóvenes ricos, en especial de los británicos, que en Italia se conocían como *milordi*, que viajaban a Italia, Grecia y también, aunque algo menos, a Francia, para sumergirse en la antigüedad clásica. Después de dos o tres años de viaje, volvían cargados de antigüedades, de muebles, de esculturas, de pinturas y también de conocimientos arquitectónicos; tuvieron una gran influencia sobre el gusto del público en general.

Guillermo y María: este estilo BARROCO, tan de moda en Gran Bretaña a finales del siglo XVII y un poco más tarde en América, recibió su nombre por la pareja regente de Inglaterra, Guillermo III (1689-1702), de origen holandés, y su esposa inglesa, María II (1689-1694). Se trataba de un estilo menos exuberante que el del período de la RESTAURACIÓN, que le había precedido, y fue un precursor del espléndido estilo REINA ANA. Guillermo llegó a Inglaterra acompañado de todo un equipo de artesanos holandeses, y también promulgaba su gran gusto por la porcelana azul y blanca, que hizo traer desde China con la Compañía Holandesa de las Indias Orientales. Este período también corresponde a la época en la que los artesanos hugonotes, entre ellos el famoso ebanista Daniel Marot, se vieron obligados a abandonar Francia para huir a Inglaterra después de que Luis XIV revocara el edicto de Nantes. Todos estos grandes maestros inyectaron un nuevo vigor a la artesanía británica.

Gustavino: encantador estilo de época sueco de finales del siglo XVIII, denominado así por Gustavo III, rey de Suecia de 1771 a 1792, que convirtió la corte sueca en un Versalles del norte. Las habitaciones estaban llenas de luz, que entraba por los grandes ventanales, y también iluminadas por enormes candelabros y decoradas con grandes espejos. Las paredes, muchas veces cubiertas de lienzos, se pintaban con paneles, guirnaldas, columnas y flores. El estilo se tipifica por los muebles pintados: diseños neoclásicos simplificados; simetría y disimulada elegancia; colores fríos como el gris azulado, el amarillo

primera parte: los elementos básicos

pajizo, los tonos rosados apagados o de gris perla; tejidos cuadriculados y grandes e impresionantes estufas decoradas con azulejos.

High-tech: este estilo de la década de 1970 se basa en los componentes industriales con influencia MINIMALISTA.

Imperial (americano): esta versión, ligeramente más supeditada al estilo IMPERIO de Francia y de REGENCIA de Inglaterra, surgió a principios del siglo XIX. Se inspiró en diversos estilos antiguos como el griego, el romano o el egipcio, e incorporaba una serie de motivos NEOCLÁSICOS en combinación con zarpas de león, esfinges y otros motivos egipcios, así como la gran águila americana. Las tallas en madera de color crema o blanco destacaban generalmente sobre el fondo de las paredes pintadas de color rojo, verde, azul o amarillo, o contra el papel de pared estampado a mano de origen europeo, profusamente diseñado o decorado con bellas escenas paisajísticas. Ambos ofrecían el fondo ideal para los muebles de madera de caoba y para los marcos dorados de los grandes espejos y otros detalles.

Imperio (francés): estilo francés de principios del siglo XIX, que lleva su nombre por la época en la cual surgió, que incluye los períodos del Consulado (1799-1804) y del reinado de Napoleón I (1804-1815). A veces también se incluyen los períodos de reinado tanto de Luis XVIII (1815-1824) como de Carlos X (1824-1830) –la época de la Restauración francesa–. Los motivos denotan una marcada influencia del descubrimiento de las ruinas de Herculano y de Pompeya, así como de las campañas napoleónicas en Egipto, que justifican la plétora de motivos egipcios y de la antigua Grecia y Roma. Entre los colores predominantes figuran el verde, el rojo, el amarillo limón, el azul celeste, el color amatista y el gris perla, todos combinados con dorado y blanco.

Internacional: también conocido como modernismo, este estilo se inició en la BAUHAUS a principios de la década de 1920. Abogaba por la simplicidad, por las líneas esbeltas, las texturas naturales y los colores pálidos y neutros. Gropius, Le Corbusier y Mies van der Rohe fueron los miembros fundadores de un estilo que ha ejercido y sigue ejerciendo una gran influencia tanto sobre los arquitectos de entonces y de ahora.

Isabelino: estilo predominante durante el gobierno de la reina Isabel I de Inglaterra, durante la segunda mitad del siglo XVI. Fue un período de gran prosperidad, y se produjo una mayor demanda de mansiones y muebles de lujo. El estilo se basaba primordialmente en los renacimientos francés y flamenco, de modo que fue relativamente idiosincrásico, con abundancia de tallas e incrustaciones en madera. La arquitectura se inspiraba en el estilo CLÁSICO, aunque rara vez se aplicaba en las proporciones adecuadas.

Se combinaban pequeños paneles de madera con pilastras y columnas. En las estancias con techos bajos, el artesonado generalmente se aplicaba entre el zócalo y una sencilla cornisa. En las grandes mansiones, el rodapié de madera de roble se coronaba con una moldura; a continuación, se aplicaba el artesonado y, finalmente, un entablamento. El suelo de la planta inferior se cubría de baldosas o de pizarra, mientras que el de la planta superior se decoraba con tablas de madera de roble en diferentes anchos.

Jacobino: estilo de época que surgió durante el reinado del rey británico Jacobo I, en el primer cuarto del siglo XVII (a veces se prolonga para incluir también el período carolino, bajo el reinado de Carlos I, durante el segundo cuarto del mismo siglo). El estilo jacobino es una versión mucho más elaborada del estilo ISABELINO, pero las nuevas ideas y las proporciones del CLASICISMO palladiano y del RENACIMIENTO italiano se entendieron mucho mejor y se interpretaron con mayor precisión.

Luis XIV: durante el largo reinado del Rey Sol, Luis XIV (1643-1715), Francia alcanzó un esplendor estético de dimensiones extraordinarias e impresionantes. Con el magnífico Palacio de Versalles como sede de la corte francesa, la grandeza opulenta del estilo BARROCO había alcanzado su punto culminante. Desde aquel momento hasta el primer cuarto del siglo XIX, Francia marcó la pauta del gusto europeo. Terciopelos de color verde botella o de rojo púrpura, gobelinos de sarga y de damasco de color tostado, cueros grabados en relieve, algunas veces decorados con hoja de oro o de plata, tapicerías, artesonados tallados y dorados (boiserie), suelos de mármol o de parqué decorados con alfombras de Savonnerie, candelabros dorados, consolas murales, relojes y otros objetos decorativos tipificaban los grandiosos interiores de Francia durante el siècle d'or (siglo de oro).

Luis XV: la versión francesa del ROCOCÓ alcanzó su momento culminante durante el reinado de Luis XV (1715-1774). Los colores dominantes eran el blanco, el crema y todos los tonos pastel. Había una gran abundancia de espejos, instalados encima de consolas, empotrados en artesonados tallados y dorados (boiserie) y enfrente de otros espejos sobre las repisas de las chimeneas (también se usaban para ocultar las chimeneas en verano) así como en los techos e incluso algunas veces encima de los postigos deslizables de las ventanas. Había paredes enteras decoradas con espejos. A todos ellos se les añadían incluso más espejos colgantes y candelabros de cristal con cientos de velas, con lo cual se lograba una iluminación auténticamente deslumbrante.

Luis XVI: el estilo NEOCLÁSICO que invadió Europa a mediados de la década de 1750 recibió el nombre francés de le goût grec. Sin embargo, también se conoce simplemente como Luis XVI, pues adopta el nombre del monarca regente, Luis XVI (1774-1993), quien presidió el renacimiento del CLASICISMO en Francia. Los motivos neoclásicos, como cariátides, acantos y coronas de laurel, aparecían en el decorado de todos los muebles. Los techos se decoraban de nubes de color azul cielo y, cuando el repertorio clásico empezó a ampliarse con detalles etruscos y egipcios, los colores dorados y blancos hasta entonces predominantes se complementaron con tonos de terracota y púrpura.

Manierismo: época de transición entre el RENACIMIENTO y el BARROCO, donde los diseños también incluían figuras humanas extrañamente atenuadas y otros ornamentos «grotescos» en forma de grifo, aves e insectos insertados en cartelas unidas mediante diseños extraños. El término «grotesco» surgió de los ornamentos de las piezas romanas excavadas durante el período del Renacimiento, y tiene sus raíces en la palabra gruta o cueva, más que en el significado actual. Fue una reacción deliberada contra la disciplina del CLASICISMO, y disfrutó de gran popularidad, especialmente en el norte del continente europeo, durante los siglos XVI y XVII.

Minimalismo: movimiento de la década de 1970, de 1990 y actual, que sigue la afirmación de Mies van der Rohe, de «menos es más». Se trata de omitir toda clase de ornamentación y del exceso de color, ya que equivalen a desorden y confusión. Sus líneas son admirablemente claras y definidas.

Mission: variante norteamericana del movimiento ARTS AND CRAFTS que surgió durante la década de 1890 y a principios de 1900. Sus exponentes, en especial la comunidad de Roycroft y Gustav Stickley, creían tener la misión de promulgar la utilidad del diseño. El nombre también se relaciona con los muebles sencillos de la primera misión española en California y en Nuevo México. Se dice que este estilo se inició cuando varios miembros de la congregación de una misión franciscana empezaron a construir sus propias sillas para reemplazar los bancos rotos.

Modernismo: véase estilo INTERNACIONAL.

Movimiento estético: más que un movimiento, se trataba de una filosofía que surgió a finales del siglo XIX y que se inspiraba en el nuevo culto a la estética japonesa y en el RENACIMIENTO DEL ESTILO REINA ANA, que solamente prevalecía en Inglaterra y en América, sin llegar al continente europeo. Sus características más destacadas fueron el énfasis en un máximo de luz, la comodidad y la informalidad, con colores pálidos y sosegados; se incluían símbolos de la cultura japonesa, así como girasoles, lirios y estilizados pavos reales.

Neoclásico: primer estilo realmente internacional de diseño, que duró de 1760 a 1830. Originalmente surgió como una reacción a la frivolidad y al exceso del ROCOCÓ, y fue el equivalente del diseño del racionalismo. Este estilo estuvo muy influido por los grandes descubrimientos arqueológicos de la antiguas Grecia y Roma, de Herculano y de Pompeya, en los años 1738 y 1748, así como también por las campañas egipcias. Entre sus motivos principales figuraban las hojas de acanto y las liras (aves) de Grecia, las cabezas y zarpas de leones, las coronas de laurel de Roma, así como las lanzas cruzadas, los cuellos de cisne, las esfinges y las palmeras del antiguo Egipto.

Neogótico: véase GÓTICO.

Norteamericano, estilo indígena: algunas veces también llamado «estilo de Santa Fe», es un estilo colonial americano con influencias de los indios norteamericanos. Entre sus características figuran las paredes de adobe, los muebles sencillos y toscos, las alfombras al estilo de los Navajos y telas con diseños en colores vivos típicos de los indígenas de Norteamérica.

Palladiano y neopalladiano: estilo arquitectónico derivado de los diseños de Andrea Palladio, el gran arquitecto del RENACIMIENTO, quien basaba sus edificios puros, exquisitamente bien proporcionados, en los conceptos de la antigua arquitectura CLÁSICA. Iñigo Jones los introdujo en Gran Bretaña en el siglo XVII, pero sólo en el siglo XVIII volvieron a ganar popularidad. Resulta interesante observar que, aunque la arquitectura neopalladiana (o el renacimiento Palladiano) se caracterice por sus formas estrictamente geométricas, los muebles tienen una tendencia barroca. Esto se debe, en gran medida, a William Kent, un gran promotor de la obra de Palladio del siglo XVIII, que, como no disponía de ninguna muestra auténtica para la fabricación de estos muebles clásicos antiguos, decidió adaptar los muebles barrocos que había visto en las villas palladianas del norte de Italia.

Prairie School: los diseños de los grandes maestros norteamericanos de la arquitectura, Frank Lloyd Wright y Louis Sullivan, así como de un grupo de otros arquitectos y diseñadores, se concentraron en los alrededores de Chicago entre finales de la década de 1880 y principios del siglo XX. Sus diversas influencias se concentraban en sencillas casas de campo, del estilo de las dehesas, tan típicas de las praderas, de ahí su nombre.

Provenzal: véase estilo RÚSTICO FRANCÉS.

Regencia (1): estilo británico NEOCLÁSICO, que lleva el nombre del príncipe regente, famoso por sus gustos caros. Esta tendencia estuvo de moda durante las cuatro primeras décadas del siglo XIX, y también incorporaba motivos griegos, romanos, egipcios, franceses, chinos e hindúes. Otro motivo muy característico fue el águila, que aparecía, por ejemplo, en cajas doradas de galerías, donde las águilas sujetaban las cortinas con su pico. También se incluían otros motivos inspirados en las campañas militares napoleónicas en Egipto, como

pirámides, esfinges, leones alados, motivos de lanzas cruzadas, y también tapices rayados y sillones de patas arqueadas. Muchas veces las paredes se decoraban de colores subidos, como el terracota, el marrón o el amarillo. Las paredes y los techos se forraban con tela. Las cortinas eran muy elaboradas y consistían en varias capas: las exteriores, muy decoradas; las inferiores, otras de muselina y las del apantallado, que se colgaban en barras o se decoraban con vistosas cenefas y galones; **(2):** estilo francés de principios del siglo XVIII, de interiores ricamente decorados con pan de oro, que prevaleció durante el período de transición entre el magnífico BARROCO de Luis XIV y el ROCOCÓ de Luis XV. Aproximadamente coincidió con el período en que Felipe de Orleans fue regente del joven Luis XV.

Reina Ana, en América, estilo: en América, el estilo Reina Ana inició su auge alrededor de 1720, cuando empezó a decrecer en Inglaterra. Allí disfrutó de

1 *Edificio de la década de 1920, diseñado por el arquitecto francés, nacido en Suiza, y también gran diseñador de muebles, Le Corbusier, quien ejerció una notable influencia en el estilo internacional.*

2 *Sillón sueco con un marco pintado en color gris, tan característico en los muebles del popular estilo gustavino.*

2

primera parte: los elementos básicos

cierta popularidad hasta mediados del siglo XVIII.

Reina Ana, estilo: esta adaptación británica ligeramente simplificada del BARROCO recibió el nombre de la reina regente durante aquella época, entre 1702 y 1714. No se produjeron grandes variaciones en la decoración con respecto al estilo precedente, el estilo GUILLERMO Y MARÍA, pero los muebles eran menos toscos y más bonitos, con cierta elegancia y con formas sutilmente redondeadas. También aumentó el interés por la «CHINOISERIE», por los detalles decorativos y por las porcelanas chinas, que muchas veces lucían en todas las estanterías y paredes disponibles. También los papeles pintados tuvieron mucho éxito entre la clase media, mientras que la aristocracia decoraba sus paredes con sedas chinas. Este estilo duró varios años, y después de la muerte de la reina Ana surgió el estilo NEOPALLADIANO.

Renacimiento: uno de los grandes cambios en el diseño se inició en Italia en el *quattrocento*, el equivalente italiano al glorioso siglo V a. C. de Grecia. El Renacimiento, tal como indica su nombre, fue el primer resurgir del estilo CLÁSICO, que prevaleció en Italia entre finales del siglo XIV y finales de XV, donde el estilo gótico del norte nunca llegó a imponerse, y donde siguió subsistiendo hasta el siglo XVII. Durante la primera mitad del siglo XVI se extendió a Francia, y más tarde a España, a los Países Bajos y a Alemania. En Inglaterra, a finales del siglo XVI y principios del XVII surgió una variante con ciertas similitudes, el estilo TUDOR.

Renacimiento colonial: el estilo colonial americano volvió a resurgir durante la década de 1880 (y también de 1930), con una combinación de paneles de madera pintada y de estarcidos propios del estilo RÚSTICO AMERICANO, con las pilastras acanaladas y sillas de estilo Windsor, etc., del estilo FEDERAL.

Renacimiento del estilo griego: movimiento arquitectónico que se desarrolló dentro del estilo NEOCLÁSICO, con mayor énfasis en el estilo griego que en el romano o el del Renacimiento. Alcanzó su momento de máximo auge en la Gran Bretaña de la década de 1790; entre 1820 y 1840 también se hizo muy popular en Estados Unidos, como lo demuestra la construcción de muchas mansiones durante aquella época, así como el gran número de muebles de la misma. También disfrutó de cierta

popularidad en Europa, en especial en Alemania. Las escaleras lucían más ligeras que antes, con espléndidas curvas y barandillas esbeltas. Las paredes pintadas, decoradas de papel pintado o revestidas de telas reemplazaban a los artesonados de madera, y se decoraban con atractivas cornisas de enlucido y bellas repisas de chimenea.

Renacimiento del estilo Reina Ana: este renacimiento en Gran Bretaña, a finales del siglo XIX, tenía muy poco en común con el estilo de principios del siglo XVIII, ya que consistía en una

mezcla de diseños NEOCLÁSICOS con otros del ROCOCÓ. Fue una tendencia promovida por el arquitecto inglés Richard Norman Shaw, quien quiso hacer renacer la ligereza de este estilo tan opuesto a la pesadez de la decoración victoriana.

Renacimiento del rococó: también conocido como neorococó, este estilo curvilíneo bastante florido del siglo XIX se inició en Gran Bretaña, donde el gusto francés contaba con muchos seguidores a pesar de las guerras napoleónicas. También disfrutó de cierta popularidad en Francia,

donde durante el reinado de Luis-Felipe (1830-1848) se conoció como estilo Pompadour. Llegó a Alemania durante la segunda mitad del siglo y, desde allí, se extendió a Estados Unidos.

Restauración: período que sigue a la vuelta de Carlos II al trono británico en 1660, posterior a la época CROMWELLIANA (de Cromwell). El estilo de restauración fue el primer BARROCO inglés, repleto de decorados suntuosos y de gran lujo, que Carlos había traído de su estancia en la corte de Luis XIV en Francia. Se contrataron artesanos

de varios países europeos, de Holanda, Bélgica, España y Francia, pero el más conocido del período fue Grinling Gibbons, famoso por sus maravillosas tallas de madera. En aquella época también nació el gusto por la madera de nogal, junto con la ornamentación con pan de oro, plata, y con la marquetería. El artesonado, inspirado en la *boiserie* de Versalles, se extendía desde el rodapié hasta el techo, y se coronaba con una sofisticada cornisa; también se combina con otro artesonado rectangular menor debajo de la moldura, completamente

tallado en madera de roble o de nogal, al natural o encerada. Muchas veces los tapices se colgaban entre largos paneles, y las maderas blandas se veteaban para imitar el nogal o la madera de roble. Las molduras y los grabados se decoraban con pan de oro. Si se prescindía del artesonado, las paredes se cubrían de yeso y se decoraban con telas de terciopelo o de damasco. La alternativa más económica fue el papel pintado, una novedad de aquella época. En lugar de decorar las mesas como antiguamente, las alfombras orientales empezaron a cubrir los suelos de parqué. Y, para incrementar más esta riqueza, se instalaron grandes candelabros de plata, de latón y de hierro, y así como los primeros grandes candelabros de cristal.

Resurgir del Renacimiento: este estilo, también conocido como el neorrenacimiento, surgió a ambos lados del Atlántico hacia finales del siglo XIX. Sus formas pesadas y sus elaborados decorados tenían origen tanto en el RENACIMIENTO como en el BARROCO, y marcaron el renovado interés por el estilo NEOCLÁSICO.

Rococó: este movimiento se originó en Francia alrededor de 1700. El estilo se identifica mucho con el reinado de Luis XV. A principios del siglo XVIII, empezó a expandirse por toda Europa, en especial por Alemania, Austria, España, Escandinavia y por los Países Bajos. Nunca llegó a tener la misma trascendencia ni en Gran Bretaña ni en América, aunque se publicaron muchos libros con diseños de este estilo. Se trata de un estilo más ligero y frívolo, muy opuesto a la formalidad del BARROCO. Sus ornamentos imitaban conchas y flores, sus formas eran curvadas y redondeadas, sus muebles más cómodos y sus colores, tonos pastel. Las luces de las velas se reflejaban cientos de veces en los espejos; las ventanas eran más grandes; en los decorados predominaban los motivos de la «CHINOISERIE» así como muchos detalles relacionados con monos, que a menudo se representaban vestidos con ropas humanas.

Rústico americano: estilo amplio que no se relaciona con ninguna época determinada. Sus características son los muebles sencillos de color rojizo o de tonos azules grisáceos, decorados con estarcidos, acompañados de decorados de *patchwork* (labores de retazos), alfombras, lamas pintadas y revestimientos de paneles de madera.

Rústico francés: este estilo, también conocido como provenzal o provincial francés, se caracteriza por los tejidos provenzales estampados; por los esquemas de colores brillantes, como el amarillo, el azul, los tonos rosados y rojos; por los muros blancos encalados o decorados en suaves tonos de color ocre, miel, rosa, melocotón y bermejo; por los suelos decorados con losas de terracota, y por los muebles rústicos, sólidos y voluminosos fabricados en madera de pino o de castaño, según versiones simplificadas de los diseños de la época de Luis XV y Luis XVI.

Rústico inglés: estilo amplio y generalizado que se podría describir como una «negligencia benigna» o una «elegancia marchita». Se caracteriza por su gran comodidad, por sus colores suaves y por las zarazas ligeramente palidecidas, así como por las alfombras y los cojines tejidos.

Santa Fe: *véase* Norteamericano, estilo indígena.

Secesión de Viena: a principios del siglo XX, el grupo de la Secesión de Viena, recientemente establecido, inició el diseño de edificios deliberadamente severos y rígidos, con interiores integrales. Las paredes de argamasa carecían de cornisas y molduras. Estas construcciones fueron las precursoras de la construcción normalizada en masa.

Shaker: estilo basado en los interiores simples y funcionales de la secta norteamericana de los Shaker, fundada en 1774, que alcanzó su máxima popularidad durante la primera mitad del siglo XIX. Se conocen por sus bellamente elaborados muebles artesanales de madera de líneas sencillas y rectas, con una gran parte empotrada, sus cajas ovaladas apiladas con ensambladura en cola de milano, y su costumbre de colgar sillas, escobas, espejos, cestas, etc., en pernos pegados en las paredes de las habitaciones para tener el suelo vacío. Su lema era «la belleza reside en la utilidad», una filosofía que en cierta forma fue la precursora del funcionalismo de finales de siglo XIX y de principios del siglo XX, así como del principio del arquitecto norteamericano Louis Sullivan: «La forma sigue a la función».

Trovador: versión francesa del estilo NEOGÓTICO siglo XIX, con una importante influencia del culto medieval. Los decorados góticos se aplicaban a muebles, tapicerías y toda clase de objetos pequeños.

2

Tudor: este período corresponde a la primera mitad del siglo XIV, a la época de los monarcas ingleses de la casa Tudor. Las formas góticas siguieron predominando durante los inicios de este período, pero con la introducción paulatina de los conceptos renacentistas empezaron a desaparecer poco a poco. El revocado decorativo, muchas veces con el color y la forma de la rosa de la casa Tudor, de espirales, de orlas, de cartuchos y de flores de lis, adornaba los techos. Las paredes, en general, se decoraban con artesonados, cuyos centros lucían bellos diseños de talla en madera.

Victoriano: este período, aunque corresponda a la época del reinado de la reina Victoria de Inglaterra, de 1837 a 1901, tiene el mismo nombre en todo el mundo. El estilo comprende una mezcla ecléctica de diversos estilos, como el neobarroco, el neorrenacentista, el neorrococó, etc., así como también las reacciones vanguardistas a ellos, como, por ejemplo, ARTS AND CRAFTS, el MOVIMIENTO ESTÉTICO y el ART NOUVEAU.

1 *La casa de William Palmer en Michigan, Estados Unidos, diseñada a principios del siglo XX por el gran arquitecto norteamericano Frank Lloyd Wright, de la Prairie School.*
2 *Bella araña, iluminada con gas, colgada en la gran cúpula de la sala de banquetes en el Pabellón Real, en Brighton, Inglaterra, con un decorativo dragón de «chinoiserie» encaramado en la cadena. Este Pabellón Real fue diseñado por John Nash para el príncipe regente durante el período de la Regencia.*

primera parte: los elementos básicos

SEGUNDA PARTE

ELEMENTOS ESPECÍFICOS

Las paredes y los techos constituyen la
mayor parte de la estructura y del espacio
de una habitación y, aunque necesariamente
no tengan por qué resultar tan costosos
como cubrir el suelo y las ventanas, la forma
que se elija para su decoración puede crear
o romper el efecto general de todo el espacio.
A lo largo de la historia, las paredes siempre
han merecido atención e interés decorativo,
y también los techos se trataron con gran
interés hasta la década de los veinte.
Lamentablemente, desde entonces la gran
mayoría de ellos se han convertido en un
aburrido espacio blanco. Sin embargo para
ambos, tanto para los techos como para
las paredes, existen numerosas soluciones
decorativas que pueden cambiar todo el
ambiente.

Paredes y techos

Opciones decorativas

Una cuestión es la toma de decisiones con respecto al tratamiento de las paredes y del techo de una habitación (sobre la pintura, el enlucido, el papel pintado, los textiles, los espejos o el artesonado) y otra completamente distinta es el conocimiento completo de todas estas opciones. Mucha gente necesita disponer de más información y recibir consejos para poder beneficiarse de esta plétora de técnicas existentes en la actualidad.

EFECTOS ESPACIALES

Como ya se ha mencionado en páginas anteriores en relación con el color (*véase* pág. 47), el tipo de decoración que vaya a elegir para las paredes y para el techo puede significar una notable diferencia no tan sólo en el carácter de una habitación, en su ambiente y en su estilo, sino también en las proporciones y en las dimensiones aparentes. Realmente, el uso correcto e inteligente de los diseños, de las texturas y de los detalles arquitectónicos, así como del color, puede hacer que una habitación parezca más pequeña o más alargada, más amplia o más estrecha, más fría o más cálida, más luminosa o más oscura, e incluso puede disimular imperfecciones.

Naturalmente, el espacio disponible también se puede modificar realizando diversos cambios estructurales, como por ejemplo introducir una nueva pared o eliminar una ya existente, lo cual, si no se trata de una pared maestra, es relativamente sencillo. De igual modo, también se pueden bajar techos, tanto si es para mejorar las proporciones de la habitación como si desea crear un nicho para instalar una buena iluminación, especialmente para una obra de arte u otros objetos decorativos. En ocasiones, incluso se puede subir el techo sin incu-

1 *La elegante puerta de dos alas y las estanterías bien proporcionadas son un trompe l'oeil extraordinariamente real y natural.*

2 *Aquí se ha instalado una pantalla de shoji para separar el espacio de la cocina de la sala de estar. La pantalla transparente, que reemplaza una pared poco atractiva, constituye un decorativo elemento de separación.*

3 *Este amplio vestidor con suelo de azulejos y paredes parcialmente pintadas de rayas blancas y azules se ha decorado con el trompe l´oeil de un gran cortinaje y de un techo en forma de entoldado. La ilusión es aún mayor debido al elaborado farol de procesión en la exótica arcada dorada.*

segunda parte: elementos específicos

3 *El techo enlucido y pintado decorativamente, así como los paneles pintados de la pared, confieren a estas habitaciones una grandeza especial, aunque los muebles y las cortinas sean comparativamente sencillos. El hogar y las figuras de bronce son detalles que establecen el equilibrio en todo el conjunto.*

rrir en gastos excesivos, siempre y cuando quede suficiente espacio en la habitación superior.

TECHOS DECORATIVOS

Los techos decorados constituyen un gran elemento ornamental tanto en las mansiones antiguas como en pisos y apartamentos; en los antiguos palacetes y castillos abiertos al público se pueden encontrar auténticas maravillas. Durante siglos, los techos han sido como un gran lienzo blanco apto para toda clase de decoración, como vigas y viguetas, molduras, efectos de *trompe l'oeil*, escenas pictóricas y acabados de pintura. Robert Adam, arquitecto y diseñador del siglo XVIII, solía decorar los techos con diseños copiados de las alfombras que cubrían el suelo de la misma habitación.

Sin embargo, a partir de finales de la década de 1920 y principios de 1930, los techos se ignoraron cada vez más. Ahora tenemos la costumbre de darles una su-

1 *Un dosel de tela fina y ondulada se ha ensartado encima de las vigas de este dormitorio, por un lado, para «bajar» el techo de doble altura y, por el otro, para suavizar y darle una apariencia más ligera a esta cama de cuatro postes con sus sencillas mesitas laterales. Las líneas de los muebles y el diseño de la colcha de la cama contrastan con el fondo blanco del suelo, del techo y de las paredes.*

2 *El techo inclinado de esta cocina instalada en un ático se ha decorado simulando un tejido ligeramente arrugado y estirado, lo cual ayuda a crear la ilusión de un espacio algo más amplio. La estructura de la estantería de vidrio a la izquierda de la habitación parece atravesar el material «falso».*

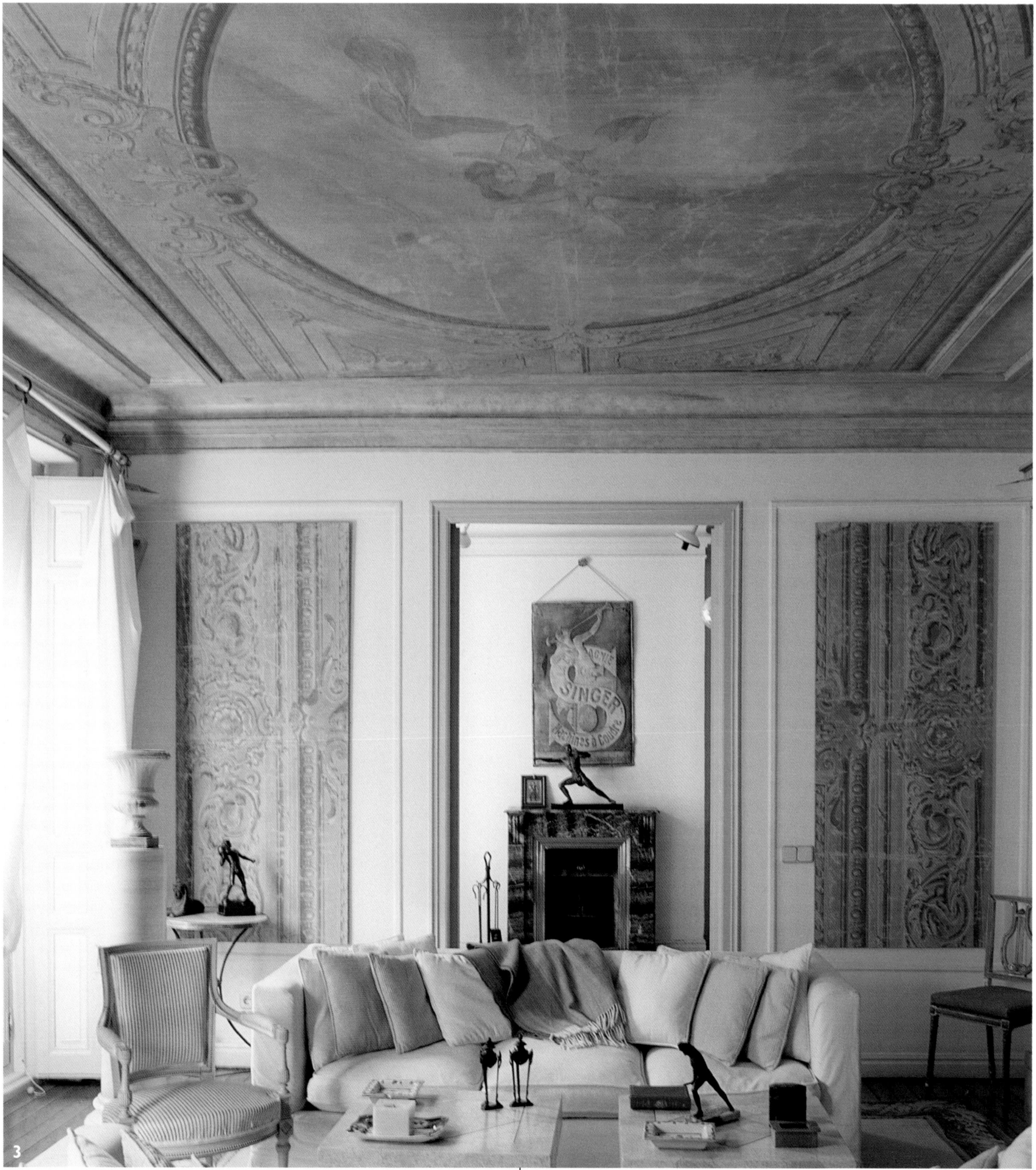

3

1 *Esta habitación, con un techo excepcionalmente alto, también tiene ventanas muy altas, de modo que los cuadrados formados por las vigas atraen la atención hacia el techo y también ayudan a establecer el equilibrio en todo el espacio. Otro punto atractivo del techo es la caprichosa araña de luces en forma de ramo.*

perficie lisa, eliminar toda clase de grietas y manchas, protuberancias y abolladuras, y pintarlos después, normalmente de color blanco.

Para una habitación moderna y bien proporcionada se podría confirmar la afirmación de «menos es más». No obstante, es el ambiente insípido, de superficies blancas y de color crema exentas de adornos, sin ningún punto de interés, lo que tenemos que avivar y alegrar. Algunas veces se encuentran techos decorados con nubes, un mural, un artesonado machihembrado o incluso un techo simplemente pintado de un color un poco más oscuro que las paredes, pero todos estos ejemplos son raros. No obstante, incluso las habitaciones aburridas pueden animarse y parecer más distinguidas si decoramos el techo con algo especial. Entre las diversas posibilidades figuran la aplicación de molduras y cornisas, el tratamiento con una pintura especial, la introducción de un tejido para crear el efecto de un entoldado o la decoración con un llamativo papel pintado.

A la derecha se indican algunas recomendaciones para las habitaciones de diversas alturas; evidentemente, cualquiera que sea su elección, hágala con sentido común, pensando en la practicidad, en la idoneidad y, naturalmente, en los costes.

No obstante, ante la gran oferta de materiales novedosos y de nuevos métodos, así como de antiguas técnicas redescubiertas y modernizadas, es conveniente estudiar toda la gama de posibilidades.

SUGERENCIAS PARA TECHOS Y PAREDES

Techos de altura razonable:

- Ribetee la parte superior de la cornisa, si la hubiera, con bandas de latón o con filetes de moldura dorada, e instálelos punta con punta.
- Cubra la parte superior de una cornisa (la parte que toca el techo) con pintura de un color contrastante, o decórela con pan de oro o de plata.
- Aplique algunas molduras, por ejemplo una cornisa o un rosetón de techo, si no lo hubiera. Lo más decorativo, pero también lo más costoso, sería la decoración con una moldura de yeso. No obstante, si el techo es bastante alto, también se pueden usar molduras de fibra de vidrio o de polipropileno, que son más económicas, sencillas de instalar y, a cierta distancia, difíciles de diferenciar de las auténticas.

Techos demasiado altos:

- Aplique una moldura a unos 45 cm por debajo del techo y cubra la parte superior de la pared con pintura del mismo color del techo, para crear una reducción óptica.
- Pinte el techo de un tono más oscuro que las paredes.
- Baje el techo y aproveche la ocasión para instalar varias luces empotradas que atraigan la atención sobre determinados puntos en las paredes.
- Instale una moldura superior al zócalo y a la altura de las sillas para romper la altura de las paredes (para molduras o papeles de pared, *véase* pág. 104).

Techos muy bajos:

- El papel pintado con rayas verticales, o las rayas verticales pintadas crean un efecto óptico de mayor altura.
- Instale las galerías para las cortinas justo debajo del techo (y no encima de las ventanas) para que las ventanas parezcan más altas y, a su vez, incrementen la altura del techo.
- Decore las paredes con paneles estrechos y altos, con pintura o con papel pintado, para producir el efecto óptico de una mayor altura.
- Cubra el techo con pintura brillante.
- Instale varios tubos fluorescentes en el techo y cúbralos con una doble capa de gasa, para alumbrar el techo y darle una apariencia flotante.

2

2 *El papel pintado de rayas oscuras verticales aumenta la altura de este espacio de techo bajo, una ilusión óptica aumentada por la lámpara de pie, fina y alta, y por las urnas voluminosas.*

3 *El techo de la cocina se ha pintado de color oscuro para que parezca más bajo. La lámpara, que cuelga a cierta distancia del techo, y el suelo brillante también ayudan a disimular la altura de esta cocina.*

4 *Las molduras pintadas de un color contrastante, que decoran el techo de paneles machihembrados en este espacio alegre y amplio, simulan un techo de bandeja. Las mismas molduras también se han aplicado a las esquinas, a los marcos de las ventanas y a las cristaleras para darle a esta habitación un ambiente limpio y refrescante. El suelo se ha pintado de color azul y blanco, y el mismo tono azul se repite en el tapizado del sofá y en el banco de la terraza.*

segunda parte: elementos específicos

Guía de pintura

La pintura es un medio maravillosamente versátil. No solamente existe una amplia gama de colores, sino que virtualmente se puede mezclar cualquier tonalidad, tanto si lo consigue probando en casa como si lo intenta con el ordenador en la tienda de pinturas. Además, se venden en una gran variedad de texturas y acabados, con características de recubrimiento o de protección. Y, lo mejor de todo, no solamente sirven para la finalidad convencional sino también para imitar otro tipo de superficies atractivas.

VARIEDADES DE PINTURAS

Fundamentalmente, la pintura consiste en un pigmento diluido en una especie de agente aglutinante, junto con un disolvente, que facilita la extensión de la pintura y que se evapora durante el proceso de secado. Algunas pinturas también contienen resinas o dióxido de silicio para ofrecer determinadas características, como, por ejemplo, un secado rápido o protección contra las manchas de humedad, para crear ciertos efectos especiales de textura o ciertos acabados que hace tiempo sólo los podía crear un pintor especializado. Ahora, por ejemplo, hay pinturas con acabados que imitan tejidos, ante, cuero, humedad y brillo, cardenillo y pátinas antiguas.

La mayoría de las pinturas son de base acuosa u oleosa. Ambos tipos se ofrecen en distintos acabados, desde el más opaco hasta el más brillante, generalmente conocidos como mate, semisatinado, satinado, sedoso, semibrillante y brillante. Las pinturas a base de aceite pierden popularidad debido a su contenido de aguarrás sintético. Las pinturas a base de agua consisten en una combinación de resinas (generalmente de vinilo o de acrílico) en suspensión acuosa. Actualmente las pinturas acrílicas y de vinilo de «alta tecnología», aplicadas en combinación con imprimaciones acrílicas y con barnices también acrílicos, ofrecen los mismos acabados profesionales que los que se consiguen con las pinturas de aceite.

Las principales ventajas de las pinturas de agua en comparación con las de aceite consisten en que aquéllas secan más rápidamente, no huelen y se pueden eliminar fácilmente tanto de la ropa como de las manos. Antes resultaban menos resistentes, menos decorativas y más difíciles de aplicar. No obstante, todas estas desventajas han sido subsanadas con la llegada de las nuevas aguadas de color y con los barnices. Éstos se aplican posteriormente (e incluso encima de una capa de emulsión ya existente o sobre una superficie de madera tratada con pintura vinílica sedosa), para conseguir una translucidez más profunda y más interesante, así como una mayor duración incluso en las superficies más finas.

Pinturas antigoteo (monocapa)

Tanto la pintura de agua como la de aceite se ofrecen en versiones antigoteo, que no necesitan diluirse ni removerse, de modo que se pueden aplicar inmediatamente del bote a la pared o al techo. También existen bandejas de emulsiones «sólidas», virtualmente antigoteo, especialmente recomendables para pintar techos, con rodillo incluido.

Pinturas acrílicas

Las pinturas acrílicas cubren bien, secan rápidamente y huelen menos que las pinturas con base de aceite.

Esmaltes epoxídicos

Estos esmaltes ofrecen un buen acabado brillante, resistente a la suciedad y a la abrasión; están especialmente indicados para baldosas de cerámica (así como para mampostería, metales, fibra de vidrio y porcelana). Por lo tanto, son ideales para cubrir una pared de baldosas en la cocina o en el cuarto de baño. No obstante, estos esmaltes deben aplicarse con cuidado y, además, tardan en secarse. Es indispensable seguir las instrucciones indicadas en la etiqueta del envase.

Esmaltes con textura

Después de secarse, los esmaltes con textura se disgregan y ofrecen un acabado cuarteado o agrietado. Están especialmente indicados para pintar artesonados de madera (así como muebles de madera y bases de lámparas), pero hay una serie de opciones distintas para obtener un efecto antiguo más sutil (*véase* pág. 101).

Pintura al temple o encalado

Este tipo de pintura antigua y primitiva, que se prepara con cal, conocida como carbonato cálcico, que se disuelve en agua y cola de origen animal con adición de pigmentos, ha vuelto a ser de gran actualidad. Durante mucho tiempo se utilizó para decorar los interiores de las casas antiguas, ya que permite que las paredes puedan «respirar», dejando pasar la humedad. No obstante, la razón de su reciente renacimiento es una gama de colores suaves y sutiles y su acabado pulverulento (sin embargo, si se prepara con cola de piel de conejo de buena calidad, no se desprende ningún polvo).

con un secador). Cuando esté satisfecho con el color, aplique la pintura con una brocha ancha ejecutando movimientos verticales regulares, siempre en la misma dirección y lo más uniformemente posible.

Aunque se pueda aplicar una capa encima de otra, la gran desventaja consiste en tener que eliminar toda la pintura si en algún momento prefiere decorar la pared con otro tipo de pintura convencional (sintética). Y otro inconveniente es que no se puede lavar ni

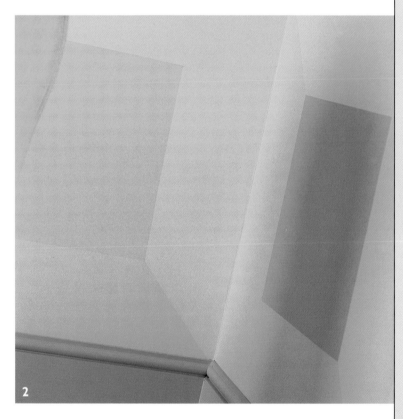

2

Además, únicamente hay que aplicar una sola mano.

Recuerde que cuando se haya secado el color, éste será mucho más claro que al preparar la mezcla, de modo que es aconsejable preparar una muestra y esperar a que se haya secado para saber si tiene que añadir más pigmento. (Si tiene prisa, puede acelerar el proceso

barnizar. No obstante, existen algunas variedades con un poco de aceite de linaza para contrarrestar este problema. Como alternativa, se podría usar la pintura de caseína –a la que los antiguos colonizadores americanos llamaban pintura de leche– muy similar al encalado, pero de mayor resistencia al agua y de mayor duración.

ALQUIMIA DE LA PINTURA

Se pueden lograr muchas transformaciones con simples trucos de pintura:

- Un espacio apagado se puede animar con franjas de colores, pintando los zócalos o las molduras en un tono que contraste con las paredes de color claro. Repita el tono de la franja en el borde de la alfombra.

- Decore las paredes pintando dos o tres franjas de distinto ancho, en colores sutiles, empezando justo encima del zócalo.

- Prepare una cornisa falsa pintando una o dos rayas de 5-7 cm de ancho inmediatamente debajo del techo.

- Para crear un artesonado más interesante, decore las paredes de un solo color con tiras rectangulares en colores contrastantes, aplicadas a distancias regulares.

- Cubra los pequeños desperfectos, por ejemplo una tubería no empotrada, puertas o ventanas descentradas o desniveles en el techo, por ejemplo en una larga escalera, con un color oscuro, de modo que todo se fusione. En cambio, se consigue mayor viveza con un suelo decorado con un revestimiento de color pálido.

- De acuerdo con el dicho «si no lo puede ocultar, hágalo resaltar», por ejemplo, enfatice las tuberías decorándolas con una pintura de un color contrastante.

1 Este pintoresco cuarto de baño, con sus motivos y ribetes pintados y con las lámparas de vidrio de colores exóticos y el espejo enmarcado en yeso pintado decorativamente, tiene un aire oriental. Las formas de media luna, los candelabros y las cerámicas sobre la base de granito ayudan a crear un ambiente islámico.
2 Los rectángulos y los cuadrados pintados en un tono amarillo más oscuro forman un interesante diseño abstracto, además de disimular los ángulos de esta pared.

segunda parte: elementos específicos

VELADURAS

Para dar color a una veladura, inicie el proceso con una pequeña cantidad de colorante y añada más cantidad poco a poco hasta obtener el tono deseado.

- Ponga un poco de tinte o de pintura al óleo para artistas en un recipiente y mézclelo con algunas cucharadas de trementina o de aguarrás sintético. Remuévalo hasta que esté bien disuelto y sea homogéneo, y decore una pequeña parte de la pared con la base creada.

- Si quiere un color más fuerte o prefiere cambiar el tono, prepare otra pequeña mezcla de tinte y trementina o aguarrás sintético en otro recipiente separado. Agréguelo a la primera y haga otra prueba. Continúe así hasta obtener el color deseado, pero nunca añada la pintura al óleo para artistas o el tinte directamente del tubo o del frasco, ya que no se disolvería homogéneamente.

- Cerciórese de que la base esté perfectamente seca y aplique la veladura uniformemente con una esponja o un paño moviéndolo desde arriba hacia abajo. Siempre debe tener la misma consistencia y se ha de trabajar con rapidez para evitar grumos o goteos. Una vez aplicada, seca con rapidez.

- Después de un tiempo de secado de 24 horas, es aconsejable aplicar una capa de barniz; éste no solamente protege la veladura sino que también oscurece y suaviza un poco el color. El barniz se vende en tres versiones: brillante, semibrillante y mate. Aplíquelo con un rodillo o con una brocha gruesa para evitar burbujas.

1

2

AGUADAS DE COLOR

Las aguadas de color se aplican con una esponja o con una brocha de decorador sobre una capa de base de emulsión mate – incluso encima de otras emulsiones ya existentes tanto en paredes como en superficies de madera, para obtener un acabado transparente atractivo de mayor sutileza que una simple capa de pintura. Las pinturas para las aguadas se pueden comprar en los comercios del ramo, pero también se pueden preparar en casa con ayuda de un tinte universal; o bien con una mezcla de pequeñas cantidades de pintura gouache para artistas o de pintura acrílica, que se añade poco a poco a una emulsión blanca diluida en agua en una proporción de mínimo tres partes de agua por una de pintura.

TRATAMIENTO DE PINTURAS TRADICIONALES

Hasta el siglo pasado, los colores de la pintura se tenían que mezclar individualmente, tal como un artista mezcla los suyos en la paleta. Debido a la calidad inferior de los pigmentos, muchas veces la pintura en la pared resultaba texturizada y poco uniforme.

Los primeros decoradores hicieron muchos experimentos con pinturas para crear efectos especiales, tanto para decorar paredes como para muebles y maderas. Inicialmente, estas técnicas sólo se aplicaban para crear imitaciones de materiales más costosos, como por ejemplo de maderas muy duras, o del mármol, pero pronto empezaron también a utilizarlas simplemente por su efecto decorativo.

Actualmente estas mismas técnicas vuelven a disfrutar de una renovada popularidad, y aún se dividen en dos categorías, una para el acabado decorativo (como el estarcido, el punteado y otros) y otra para la imitación de materiales como el mármol, la concha de tortuga, el lapislázuli y diversos tipos de madera noble, como la malaquita y el ébano. Tanto si desea experimentarlo por sí mismo como si quiere encargar estos acabados a especialistas, siempre conviene conocer las técnicas más importantes.

VELADURAS

Muchos efectos especiales de pintura se deben a una veladura aplicada sobre una base opaca seca, para crear un determinado efecto translúcido o envejecido.

La veladura consiste en una película transparente, generalmente coloreada, que le da mayor profundidad y riqueza a cualquier tratamiento de pared. Si la veladura se colorea con un tono de la misma familia de colores de la pintura de base, el tono final será delicadamente más profundo. En cambio, si el color de la veladura es muy distinto al de la base, el color resultante será otro completamente nuevo, y de mayor translucidez.

Siempre es mejor utilizar las veladuras con colores de intensidad similar, y aplicar el color oscuro sobre otro más claro. Por ejemplo, una veladura de color siena sobre un color verde intenso produce un delicioso color terracota; el color gris oscuro aplicado sobre un fondo de color rojo de Pompeya lucirá

como el cuero de Marruecos, y con la aplicación de una veladura de color verde oscuro sobre un tono verde medio se obtiene un sutil color verde jade.

Los líquidos para veladuras, que a veces también vienen especificados como líquidos para difuminado, se pueden adquirir en las droguerías y en los comercios de pinturas. Tradicionalmente, se fabricaban con base de aceite, pero ahora ya se venden productos acrílicos para las veladuras con base de agua. Se necesita una cantidad inferior de solución de veladura que de pintura, ya que la capa que se tiene que aplicar es más fina. El líquido para la veladura tiene la consistencia de una sopa poco espesa, pero si fuera necesario se podría diluir con aguarrás sintético.

1 *Los paneles trompe l´oeil de color arena y de un suave tono de amarillo anaranjado contrastan con el elaborado decorado de yeso pintado de color blanco en la parte superior, y además constituyen un fondo interesante para la colección de cerámicas expuesta encima de la cómoda.*

2 *La suavidad de las ramas de varios árboles en las paredes de color amarillo de este vestíbulo contrasta con las baldosas romboidales del suelo. La puerta se ha decorado del mismo tono amarillo de las paredes.*

3 *Las paredes de este viejo dormitorio, de una superficie deliberadamente irregular, se han decorado con un estarcido de flores de lis, que combina bien con la pequeña cabecera muy elaborada de la cama.*

segunda parte: elementos específicos

1 *La pintura de color verde menta aplicada con un trapo sobre un fondo de color gris azulado (el mismo que se ha usado para las paredes de la habitación contigua) crea un efecto poco común.*

2 *Los frisos (arrimaderos) y las franjas pintados en colores de moda durante los años treinta parecen tan antiguos y gastados como un fresco etrusco, y sirven de fondo para el sillón clásico de piel de los años veinte.*

3 *El decorado de hojas en este lavabo (que se ha creado sumergiendo las hojas naturales en pintura y aplicándolas cuidadosamente en las paredes) es tan denso como el de un sendero boscoso en otoño. También los espejos se han decorado con pintura del mismo color de las hojas, que combina suavemente con las paredes pintadas de color amarillo y con los diversos accesorios de latón.*

4 *Las paredes, decoradas con un punteado de color naranja, combinan con un umbral de color ocre oscuro. El punteado en color amarillo aplicado sobre un fondo rojo crea un color naranja más auténtico que cualquier otro tono convencional, incluso los especialmente preparados al efecto.*

TÉCNICAS ADITIVAS Y SUSTRACTIVAS

La mayoría de los acabados decorativos se pueden clasificar como aditivos o sustractivos. Se considera técnica aditiva cuando se aplica una veladura o una aguada sobre una capa de base seca por medio de una esponja o un trapo (la textura afecta al acabado). Las técnicas aditivas son las más sencillas, ya que el tiempo de secado de la veladura o de la aguada no constituye un factor crítico y se puede trabajar sin prisas. Lo mejor es realizar este trabajo en forma de franjas verticales. Cuando la primera capa de veladura esté seca, siempre se puede aplicar una segunda idéntica o de otro tono.

En las técnicas sustractivas, la veladura se aplica con un rodillo o con una brocha sobre una capa de pintura base (generalmente semibrillante, en blanco crudo o color crema) que después se envejece con una esponja, con un taco de papel suave o de arpillera, con un trapo de tela suave, con un pincel para el punteado, con un peine o con cualquier otro utensilio de su elección.

Los métodos sustractivos resultan mucho más sencillos si el trabajo se realiza entre dos personas: una para aplicar la veladura y la otra para crear el efecto que se pretende, ya que es una tarea que se tiene que ejecutar con rapidez, antes de que se seque la veladura.

Los efectos que se consiguen mediante las diversas técnicas con trapo, con esponja y con sombreado dependen de si se aplica una veladura o una aguada, ya que ambas se prestan tanto para el mé-

todo aditivo como para el sustractivo. Los mejores resultados del punteado, del rastrillado y del «peinado» se obtienen con el método sustractivo.

RASTRILLADO

El efecto del rastrillado se realiza mediante la aplicación de una capa de veladura transparente sobre una determinada capa de color de base (semibrillante para evitar que se mezclen), que después, antes de secarse, se rastrilla con una brocha amplia y seca. Generalmente, la veladura es un poco más oscura que la capa base, y el diseño suave-

mente texturizado de las estrías verticales irregulares le confiere un aspecto distinguido a cualquier pared o superficie de madera.

PUNTEADO

El punteado es menos complicado que el rastrillado, pero igualmente decorativo. Muchas veces se aplica una combinación de ambos: por ejemplo, una pared de paneles se puede decorar con una moldura rastrillada sobre un fondo punteado. El punteado puede tener la apariencia suave del terciopelo o una superficie marcada como la piel de una

naranja, ya que las paredes decoradas mediante el método del punteado suelen lucir un moteado de manchas de colores sin definición enfática, que integra también el color base en el conjunto decorativo.

Al igual que en el rastrillado, la veladura de color se aplica encima de la capa de pintura semibrillante, que después se elimina con una brocha profesional para el punteado (se vende en los comercios especializados en pinturas) o con un cepillo duro de limpieza. Si le gusta el punteado más suave, también puede usar una esponja grande.

PINTAR CON TRAPO

La aplicación de la pintura con un trapo es una variante generosa e irregular del punteado que puede realizar usted mismo sin ayuda. Es conveniente aplicarla en superficies reducidas, ya que el efecto «de nubes» crea una ambiente etéreo y suave. La pintura se aplica con un trapo enrollado de estopilla, de arpillera o con pañuelos de papel suave. Cuanto más grueso o crespo sea el material, tanto más grueso y crespo será el resultado.

Por ejemplo, aplique un tono pastel sobre una base de color blanco crema.

O, como alternativa, para conseguir un ambiente extremadamente sutil, aplique una veladura blanca sobre un blanco común, o un color crema teñido de color ocre sobre un color crema.

LAQUEADO

Esta antigua variedad artesanal nació en el Lejano Oriente. Se requiere mucho tiempo y paciencia para realizarlo siguiendo correctamente el método antiguo, ya que a veces se requieren hasta 40 capas de laca, y cada una de ellas se tiene que pulir y bruñir con lana de acero antes de aplicar la capa siguiente. Sin embargo, el efecto realmente compensa este esfuerzo y la superficie creada es extremadamente resistente. Afortuna-

damente, hay una serie de técnicas similares que requieren menos tiempo, aunque sí mucha paciencia.

Si tiene previsto laquear las paredes (en lugar de hacerlo en los muebles, donde se usa generalmente), el trabajo se tiene que iniciar sobre una superficie absolutamente lisa y suave. El método más sencillo consiste en la aplicación de una serie de capas de barniz diluido semimate o brillante encima de dos o tres capas de pintura mate o semibrillante al óleo, siempre de acuerdo con la brillantez deseada de la superficie. Otro método, aunque un poco más complejo, consiste en la aplicación de una serie de veladuras de color sobre una capa base.

A continuación se aplica una capa de barniz de protección para darle mayor profundidad, con lo cual se crea un bonito brillo profundo en lugar de una brillantez elevada. Recuerde que durante la aplicación del barniz a cualquier tipo de superficie, el espacio tiene que estar completamente exento de polvo.

ENVEJECIMIENTO

Otra técnica muy efectiva es el envejecimiento, un tratamiento artificial que envejece cualquier tipo de superficie, incluso una de las anteriormente descritas, mediante la aplicación de una veladura o de una aguada coloreada con siena o tierra sombra tostada, que le da una apariencia más suave y profunda y ligeramente envejecida. El líquido para el envejecimiento se puede preparar en casa, pero también se venden productos ya preparados en los comercios. Si tiene un mueble viejo, también puede redecorarlo mediante el tratamiento de envejecimiento para darle un aspecto distinguido y antiguo; sólo tiene que aplicarle la veladura o la aguada teñida de ocre.

BARNIZ PARA EL CRAQUELADO

Este producto se aplica sobre superficies pintadas de color para reproducir una fina red de telarañas que frecuentemente aparece en las antiguas superficies pintadas o barnizadas, que se suele aplicar en las superficies de materiales modernos como paneles de madera prensada, de objetos fabricados con resinas y otros para simular un decorado envejecido. Los productos para el craquelado se venden en los comercios. (Otro método alternativo con un auténtico efecto de envejecimiento consiste en la aplicación de una capa de imprimación acrílica o rojo óxido metálico, que contrasta con los colores de la emulsión mate. Ésta se protege con un barniz de poliuretano y, a su vez, se recubre con una veladura de envejecimiento para el acabado final.

GRISAILLE (SOMBREADO)

Este técnica decorativa juega con luces y sombras para crear una superficie aparentemente dentada y en relieve. Generalmente se realizaba en blanco, negro y tonos grises, pero también resulta muy efectiva en tonos de terracota, de ocre o de color crema. Resulta especialmente buena para detalles arquitectónicos como paneles, arquitrabes y molduras, pero también está muy indicada para decorar objetos clásicos como urnas, cariátides, pilastras, columnas y querubines.

ESTARCIDOS

El antiguo arte del estarcido, que tiene su origen en China, donde empezó a practicarse hace aproximadamente 5.000 años, llegó a Europa hacia el siglo VI. Pero no se convirtió en una artesanía popular hasta el siglo XVIII, y nuevamente más tarde, en el siglo XIX. Los primeros colonizadores de Norteamérica lo aplicaban para decorar las paredes en lugar de comprar los costosos papeles pintados (también se aplicaba en suelos, muebles, ropa de cama y en cortinas). Ahora, en cambio, en muchos papeles pintados se imita el estarcido.

Es un arte decorativo muy útil y de fácil aplicación. Recuerde que los estarcidos siempre lucen más decorativos si se realizan en colores suaves, ligeramente irregulares y envejecidos. El envejecimiento, en este caso, se realiza con un poco de estropajo, o fibra metálica, o cubriendo el diseño con una aguada de emulsión de color blanco crudo o una veladura de color ocre.

DECORADO CON YESO

No debemos olvidar el yeso, que solía ser el elemento principal para las paredes de interior. Las antiguas paredes de yeso se cubrían con capas hechas de una mezcla de cal y arena húmeda aplicada sobre una tela metálica, que permitía darles una forma decorativa. El tiempo de secado del yeso era de unos seis meses aproximadamente y, después, se podía proceder al decorado con pintura o con papeles pintados, aunque su color natural de un suave tono rosado cremoso ya constituía un bonito acabado por sí mismo, en especial si después se le aplicaba un tratamiento de sellado o un pulido con cera. En los tiempos actuales, es una modalidad para el decorado de paredes que está prácticamente fuera de uso, pero sería una buena idea aplicar una fina capa de yeso sobre una tabla de madera prensada o contrachapada.

El yeso se puede aplicar en su estado natural o se puede texturizar con polvo metálico o de mármol para darle más brillo, o también, para conseguir una textura más áspera, con paja, virutas de madera o con serrín. Sin embargo, el acabado más puro de todos se consigue mediante el bruñido con caolín (que se puede adquirir en comercios con productos del ramo de la construcción), que también se usa para blanquear la porcelana. Si se restriega contra el yeso, éste adquiere una blancura de gran pureza y brillantez.

Vocabulario de términos de pintura

Los cuadros con antiguas fotografías en blanco y negro forman un interesante contraste con esta pared desgastada y de color manchado en un palacio hindú. El color de la pared también se puede imitar con un tratamiento de envejecimiento de la pintura, pero el de este ejemplo es completamente genuino.

Acrílicos, colores: colores de pintura para artistas de secado rápido, muy apropiados para el ESTARCIDO. Los PIGMENTOS se disuelven en una base poliacrílica hidrosoluble. También pueden diluirse con agua para un efecto más transparente, o usarse sin diluir para obtener un efecto opaco.

Aguada: es delicada y transparente. Tradicionalmente se efectuaba con PINTURAS AL TEMPLE rebajadas con agua, pero ahora se suelen usar productos más indicados O EMULSIONES, pinturas gouache O ACRÍLICAS diluidas en agua.

Aguarrás: DISOLVENTE para diluir una pintura o una veladura a base de óleo.

Arrastrado: consiste en arrastrar un pincel seco para el rastreado sobre una superficie de pintura húmeda o de VELADURA sin secar para conseguir un efecto irregular de finas líneas paralelas.

Bagging: consiste en crear un acabado texturado envolviendo una tela enrollada en una bolsa de plástico, y aplicándole una capa de barniz oleoso para crear un diseño determinado o improvisado. Nunca se debe trabajar sobre una superficie mayor de 2 m^2, ya que el BARNIZ se habrá secado antes de poder terminar la texturización.

Barniz: última capa transparente aplicada para endurecer y proteger un acabado decorativo. El barniz existe en acabados mate, semimate y brillante. Los barnices acrílicos de secado rápido, a base de agua, son superiores a los de poliuretano y a los barnices a base de óleo.

Blanqueado: véase PINTURA AL TEMPLE.

Capa base: se aplica antes que las capas de pintura o de veladura para disponer de una buena superficie y conseguir una buena cobertura. Si se aplica un color claro encima de otro oscuro, probablemente se necesiten dos capas de base y otra de pintura (es recomendable diluir la primera capa con un poco de agua). Si, por el contrario, se aplica una pintura oscura encima de otra más clara, la capa base se debe colorear con un poco de la pintura de cobertura o bien se debe comprar una pintura estándar del color adecuado para la base. En caso de superficies nuevas, tanto si son de madera como de yeso, es necesario aplicar una IMPRIMACIÓN antes de la primera capa base.

Capa de pintura base: pintura estándar aplicada como capa fina y seca antes de aplicar las capas siguientes, para conseguir un mejor acabado.

Cissing: técnica opuesta a la aplicación del color mediante el SALPICADO O PUNTEADO, que se realiza con la aplicación de una aguada o de una veladura sobre una capa base seca; a continuación, antes de que se seque la superficie de la aguada o veladura, ésta se salpica con trementina o aguarrás (para las pinturas con base de aceite) o con agua (para pinturas con base de agua).

Cola: también conocida como pegamento, es un medio para aglutinar la pintura. Además, se puede usar como sellador en lugar de la IMPRIMACIÓN para evitar que el yeso recién aplicado (y también la madera no tratada) absorba demasiada pintura o demasiada pasta para encolar en el caso del papel pintado. En el caso de una pintura sintética como la EMULSIÓN, se suele usar una cola a base de polivinilos acrílicos, mientras que las colas de origen animal se combinan con pinturas naturales como la PINTURA AL TEMPLE y la PINTURA DE CASEÍNA. La mejor calidad es la de piel de conejo.

Craquelado: método que consiste en la aplicación de dos VELADURAS con distintos tiempos de secado, aplicadas sobre una superficie ya pintada para imitar grietas que suelen formarse en las viejas superficies barnizadas. Estas grietas son más finas que las del procedimiento con pintura de craquelado.

Disolventes: se usan para diluir la pintura, las VELADURAS o el BARNIZ, así como para limpiar los pinceles. La trementina y el AGUARRÁS son los disolventes para los productos a base de aceite, mientras que para las de agua se pueden disolver con agua.

Dorado: tradicionalmente se usaba pan de oro o de otro metal que se aplicaba encima de la superficie del objeto que se quería decorar. El efecto dorado también se puede imitar con polvo de bronce, de plata o de aluminio.

Emulsión: pintura a base de agua con pigmentos y resinas sintéticas. Existe en acabado mate, sedoso, satinado o brillante. Es hidrosoluble, de secado rápido y no necesita la aplicación de una capa base. A nivel comercial hay disponibles emulsiones en calidad mate y de seda vinílica; esta última es lavable y de mayor duración.

Encalar: procedimiento para «blanquear» la madera, en especial la madera de roble. Es excelente para los paneles nuevos y los más antiguos, pero no así a los viejos muebles de madera de roble. Es recomendable usar la nueva pasta para el encalado que contiene un nuevo pigmento inerte, en lugar de la cal cáustica.

Envejecimiento: técnica para crear un efecto de desgaste producido por el paso del tiempo; un ejemplo sería crear colores quebrados.

Esmalte: pintura a base de aceite tan densa que una capa suele ser suficiente. Generalmente se aplica sobre madera o metal.

Esmalte epoxídico: una pintura de ESMALTE a base de aceite, muy resistente a la suciedad, a la grasa y al rayado. Es idónea para cubrir y proteger azulejos de cerámica así como para superficies de porcelana, de fibra de vidrio, de mampostería y de metal.

Esponja, acabados con: esta técnica también puede ser aditiva (se aplica un color encima de una superficie previamente pintada) o sustractiva (se elimina parte de la pintura para crear un efecto de envejecimiento). Ambos constituyen un método fácil para crear un acabado.

Estarcido: este tipo de decoración, generalmente con un diseño repetitivo, incluye la aplicación de una pintura en los espacios recortados de una plantilla utilizando un pincel para estarcidos o una esponja. Las plantillas que se utilizan en paredes deben ser de un material más resistente y duradero, por ejemplo de acetato o de cartón de manila lubricado.

Imprimación: generalmente las nuevas superficies (de madera o de yeso) se cubren con una imprimación para sellarlas antes de aplicar la capa base y los acabados finales.

Laca: BARNIZ de secado rápido, que se ofrece en color «transparente» (en realidad tiene un color marrón amarillento), naranja o blanco, y en otra variante específica para «nudos», que se suele usar para sellar los nudos en una superficie de madera nueva. La laca anaranjada se puede usar en objetos decorados con hoja metálica para obtener un brillo dorado.

Laqueado: técnica que implica la paciente aplicación de muchas capas de BARNIZ, una encima de otra, que se lijan después de haberse secado y antes de aplicar la siguiente, para crear un acabado suave y lustroso. La técnica original del laqueado se desarrolló en el Lejano Oriente. Esta técnica consiste en la aplicación de muchas capas de una laca preparada con la savia del árbol de laca. El laqueado se suele usar en muebles, pero hay una técnica para las paredes que se emplea con la aplicaciónde un barniz semimate o de alto brillo encima de la pintura (utilizando un rodillo para evitar las marcas del pincel) o con una VELADURA ligeramente coloreada.

Lechada de cal: variante de la PINTURA AL TEMPLE preparada con cal apagada o muerta en lugar de la blanca; es cáustica y puede irritar la piel.

Marmolado: técnica para crear una imitación del mármol, que puede consistir en un determinado tipo de mármol o en la creación de un efecto global. Esta última técnica a veces también se conoce como veteado o jaspeado.

Peinado, acabado: acabado roto o un diseño semejante al tejido de las cestas, que se consigue arrastrando un peine grueso hecho de cartulina resistente, de plástico, de madera o de acero, sobre una capa de pintura recién aplicada.

Piedra molida: fino polvo abrasivo de color gris que se puede adquirir en los comercios especializados en pinturas. Se mezcla con aceite de limón, de girasol o incluso con aceite para bebés, para formar una pasta, que se usa para el pulido final de una pared barnizada.

Pigmentos: elemento para la coloración de la pintura. Está disponible en muchas formas, en tabletas o bloques comprimidos, en pinturas al óleo para artistas, en colores ACRÍLICOS o TEMPERA, y en forma de TINTES universales. En general, es preciso mezclar pinturas de las mismas características, es decir, los pigmentos diluidos en disolvente con pintura diluida en disolvente, los pigmentos diluidos en agua con otros de agua, aunque los tintes universales se pueden mezclar tanto con pinturas al óleo como con las de agua.

Pincel de pelo largo: tipo de pincel de cerdas largas muy útil para el arrastrado y el veteado, ya que al pasar por encima de la superficie recién pintada recoge y absorbe la PINTURA con facilidad.

Pincel en abanico: tipo de pincel pequeño de cerdas duras muy indicado y útil para los decorados más delicados y finos, por ejemplo para el punteado o el salpicado. Está disponible en forma de abanico, angulado, ovalado, o plano.

Pincel fino de espada: tipo de pincel para delinear muy útil para el trazo de líneas finas y delgadas, especialmente para el VETEADO. Sus cerdas rematan en una punta.

Pincel fino para el veteado adicional: pincel muy fino de cerdas largas y finas que se emplea para el veteado decorativo con detalles más delicados o para un veteado más oscuro; en otras palabras, es un pincel para aplicar más color en lugar de retirar, como lo hace la mayoría de los pinceles para el acabado final.

Pincel o brocha de decorador: de cerdas gruesas, entre 12 mm y 15 cm de ancho, que se utiliza para pintar paredes y otras grandes superficies planas.

Pincel o brocha para estarcir: brocha corta y gruesa de cerdas recortadas, similar a una brocha de afeitar, ya que ésta crea un efecto más nítido que un pincel ordinario.

Pincel para arrastrar: pincel de cerdas largas que se utiliza para arrastrar pintura.

Pincel para delinear: pincel fino para trazar finas líneas decorativas. También se pueden usar pinceles de marta para artistas o, como alternativa, un pincel de espada.

Pincel para motear: pincel que se usa para motear o para envejecer VELADURAS aplicadas sobre VETEADOS.

Pincel para puntear o motear: pincel rectangular con dos tipos de mangos desmontables, uno corto y uno largo. El largo se usa para las paredes y el corto para los decorados más al alcance de la mano. El pincel elimina pequeños puntos de pintura y crea un efecto moteado. Como alternativa, en lugar del pincel también se puede usar un viejo cepillo para el cabello o para la ropa.

Pinceles de cerdas para puntear: estos pinceles, que se emplean por ejemplo para realizar el punteado fino en los zócalos, también son útiles para el arrastre y otras aplicaciones. Sus cerdas suaves de una longitud media siempre tienen que limpiarse con mucho cuidado y no se deben sumergir en disolvente, ya que se caerían.

Pinceles de pelo de tejón: muy indicados para mezclar y suavizar el tono de una VELADURA o de una AGUADA, aplicada con otro tipo de pincel menos suave, con una esponja o con un trapo, antes de secarse. Un sustituto muy económico es el pincel para quitar el polvo.

Pintar con rodillo: la pintura aplicada con un tejido enrollado crea un efecto decorativo especial.

Pintar con trapo: es posible emplear trapos de tejido para conseguir un determinado acabado de pintura. El acabado exacto depende del tipo de tejido empleado.

Pintura a base de leche: simple PINTURA DE CASEÍNA, donde los colores en polvo se diluyen en leche desnatada o en suero de leche, tal como se utilizaba en Norteamérica durante la época colonial para crear colores claros con un acabado suave y liso, que se protegían con una capa de barniz mate.

Pintura al óleo: esta pintura está disponible en tres acabados: brillante, semibrillante y mate; es soluble en trementina y aguarrás y tarda más en secar que las pinturas a base de agua.

Pintura al temple: pintura en polvo que se emplea para mezclar y preparar colores pastel especialmente decorativos, así como AGUADAS. También conocida como pintura para el blanqueado, se prepara con cola de origen animal, blanco de España (tiza finamente molida) pigmentos y agua.

Pintura de caseína: pintura preparada con los pigmentos de la caseína (la cuajada de leche). Es de color opaco y de consistencia pulverulenta (aunque menos que la PINTURA AL TEMPLE). Para emplearla en una AGUADA, dilúyala en dos partes de agua, o con caseína blanca para conseguir un tono cremoso o pastel. La pintura de caseína es económica, resistente e impermeable, pero difícil de conseguir.

Pintura de craquelado: tipo de pintura especial que imita el efecto de una pintura vieja y craquelada. Si se aplica entre dos capas de pintura al agua de colores distintos, produce una red de grietas en la capa superior, a través de la cual se vislumbra el color de la capa inferior.

Pintura de pizarra: pintura que se podría aplicar en un determinado espacio de una habitación infantil, por ejemplo, para crear una pizarra en un espacio en medio de una pared o encima de un tablero previamente tratado con una imprimación y una capa base.

Pintura de suero de leche: *véase* PINTURA A BASE DE LECHE.

Puntear o motear: acabado suave y decorativo muy indicado para un espacio amplio, que se crea mediante el punteado de un pincel en la superficie decorada con una capa de pintura o VELADURA aún sin secar.

Quebrados, colores: dos capas o más de pinturas de distintos colores, donde la capa superior se ha eliminado parcialmente para revelar parte del color inferior.

Salpicar con color: técnica sencilla para crear colores quebrados que consiste en salpicar una superficie seca con motas de color. Es una técnica aditiva.

Tempera: bellos colores concentrados a base de agua, con un acabado especialmente claro, fresco y mate, que se pueden aplicar directamente para decorar paneles (o muebles) o también para colorear otras pinturas de agua o aplicar AGUADAS.

Tintes de color: tintes sintéticos que se pueden adquirir en los buenos comercios de pinturas y de artículos para artistas, y que se pueden usar para pinturas y para VELADURAS. Los tintes universales se pueden utilizar tanto para las pinturas al óleo como al agua.

Tratamiento de envejecimiento artificial: pintura para el envejecimiento artificial que se aplica frotando la superficie previamente pintada, con una VELADURA «sucia» o con una AGUADA en color ocre o siena (en madera, la superficie se puede limpiar con un paño, para que el color más oscuro penetre en las grietas). El envejecimiento también consiste en restregar la pintura recién aplicada con lana de acero o estropajo para darle un aspecto raído o sucio.

Trementina: disolvente para la limpieza de pinceles así como para diluir las pinturas al óleo para artistas.

Trompe l'oeil: literalmente, un engaño óptico que crea efectos ilusorios mediante el uso de luces, sombras y perspectivas.

Veladura: tradicionalmente, se trata de un acabado transparente a base de aceite también conocido como difuminado; sin embargo, hoy en día hay disponibles veladuras acrílicas a base de agua, que secan más rápidamente. La veladura de color debe aplicarse antes de crear cualquier tipo de acabado de craquelado o similar.

Verdigris: tono verde azulado que el cobre y el bronce adquieren con el paso del tiempo. Hay pinturas que imitan este color que se pueden aplicar sobre cualquier tipo de superficie.

Veteado: arte muy especializado para reproducir cualquier tipo de veta de la madera, donde la pintura se aplica de una forma más realista.

segunda parte: elementos específicos

Papeles de pared

Los papeles de pared, tanto los rayados como los que presentan bellas escenas paisajísticas, crean rápidamente cualquier tipo de ambiente deseado. Pueden animar y alegrar un espacio oscuro, alterar la sensación general, el estilo y las proporciones aparentes y crear una unidad propia. Son extremadamente útiles para ocultar las desigualdades de las paredes. En la actualidad, existe una gran variedad de papeles de pared con diseños y texturas muy diversos, o de un solo color, desde los más económicos fabricados a máquina hasta los más caros, decorados a mano. Además, hay grecas o cenefas separadas (que se pueden aplicar en paredes lisas o encima del papel de pared); grecas para combinarse con los papeles de pared y frisos, y papeles de pared de un mismo diseño pero a escalas diferentes para combinarse entre sí. De hecho, la dificultad reside más en elegir el diseño que más le guste que en encontrar un papel dentro de una determinada gama de precios.

PAPEL PARA FORRAR O REVESTIR PAREDES

Si los techos o las paredes son muy irregulares, el papel para revestir puede resultar muy útil para crear un buen acabado. Cuanto más grueso sea el papel, tanto mejor oculta los defectos. En las paredes, el papel se debe aplicar horizontalmente y adherirse con gran precisión canto a canto, de modo que no se detecte ninguna deformación al aplicar el papel pintado definitivo.

PAPELES PINTADOS DE VINILO

Los papeles pintados de vinilo son impermeables y más resistentes que los llamados papeles lavables, ya que se fabrican con cloruro de polivinilo aplicado sobre un refuerzo, y son algo más que un simple papel con revestimiento de plástico. Incluso se pueden frotar (sin ejercer demasiada presión), y no solamente lavar con suavidad, como ocurre en la mayoría de los papeles lavables. Por lo tanto, los papeles de vinilo son una buena elección para los cuartos de baño, para las cocinas y para las habitaciones infantiles, así como para los vestíbulos y los pasillos, y para cualquier otro lugar donde se suelen tocar las paredes. No obstante, tienen que encolarse con un adhesivo antifúngico, ya que, de otro modo, se podría desarrollar moho.

PAPELES CON TEXTURA

Estos papeles pintados, que suelen ser más gruesos y pesados debido a los dibujos estampados en relieve, son especialmente indicados para las superficies irregulares. Además de poderse cubrir con pintura, y debido a su gran durabilidad, suelen usarse con frecuencia en los frisos de los vestíbulos. Los ejemplos más conocidos son el Lincrusta y el Anaglypta. La otra variedad más importante de papeles con textura son los papeles con relieve de terciopelo, con un diseño en relieve que imita este tejido. Los papeles con textura están sujetos a las tendencias de la moda: estuvieron muy de moda durante el siglo XVIII, a finales del siglo XIX y nuevamente desde la década de 1930 hasta finales de la década de 1950, y ahora vuelven a aparecer.

Hay una serie de arpilleras de color, y también en tono natural, así como una variedad de tejidos de hierbas, de seda, de lino, de fieltro y otros forrados de papel que se pueden usar como papel de pared. De hecho, muchos de estos materiales con base de papel son muy apropiados para el revestimiento de paredes, de modo que resulta fácil disponer del lujo de una habitación con paredes tapizadas con tejidos sin tener que instalar listones o tapicerías.

FACTORES QUE DEBEN TENERSE EN CUENTA

Antes de decidirse por un papel pintado determinado, reflexione sobre el efecto que desea crear. Decore la pared sólo con una tira del papel pintado previsto. Combínelo con el tratamiento de las ventanas y con una muestra de la tapicería, tanto con la existente como con la posiblemente prevista, antes de tomar una decisión definitiva. Examine los papeles con atención. Tal vez no pueda apreciar con una sola tira si el diseño floral tiene forma de rayas verticales o diagonales. Así pues, es mejor solicitar muestras con repeticiones del dibujo y examinar el efecto general del diseño antes de tomar un decisión definitiva.

Al medir y calcular la cantidad de papel pintado necesario para una habitación, preste mucha atención a la extensión de la repetición del diseño (generalmente se indica en el papel). Naturalmente, las tiras de papel deben combinarse perfectamente.

1 En una habitación anónima, un papel pintado con mucho diseño que cubra todas las paredes y el techo puede darle un ambiente instantáneo muy especial. Los tejidos del cubrecama y de las cortinas de la ventana combinan bien, del mismo modo que lo hace la cómoda pintada que actúa como mesita.

2 En este dormitorio, el revestimiento de tejido con textura de color beige constituye un fondo excelente para el mueble oscuro así como para la alfombra de rayas y la colcha de la cama.

3 Este papel pintado con grabados sobre un fondo de color amarillo crema imita el ambiente de un salón de grabados del siglo XVIII, cuando los grabados se aplicaban directamente en las paredes y se enmarcaban con papel exótico.

segunda parte: elementos específicos

MÁRGENES DE PAPEL DE PARED

Los márgenes están disponibles en una amplia gama de anchos y con toda clase de decorados, desde los clásicos diseños florales, en forma de cintas y de guirnaldas, con motivos infantiles, con temas de jardinería y de deportes, con imágenes de perros, e incluso en forma de copias de molduras arquitectónicas tridimensionales hasta simples tiras de un solo color. Estas últimas, que no miden más de 5 cm de ancho, son especialmente apropiadas para delinear el perímetro de una habitación. En realidad, el objetivo principal de un margen consiste en definir o ampliar un determinado espacio, así como ocupar el lugar de algún detalle arquitectónico no existente, o si lo hubiera, enfatizarlo.

Márgenes para la parte superior de las paredes

La forma más común de aplicar un margen es comprar uno que armonice con el papel de pared e instalarlo alrededor de la parte superior de la pared, justo debajo del techo, o debajo de la cornisa, si la hubiera.

En mi opinión, no veo la necesidad de instalar un margen muy ancho debajo de una moldura ya existente, ya que entonces esta parte alta de la pared tendría demasiado peso (a no ser que el techo fuese extraordinariamente alto, en cuyo caso ayudaría a bajarlo visualmente).

Si en la habitación que se desea decorar hubiera ya alguna moldura más o menos elaborada, posiblemente prefiera instalar un margen fino de un solo

ELEGIR EL DISEÑO DEL PAPEL DE PARED

El tipo de diseño elegido depende exclusivamente de su gusto personal y de las proporciones de la habitación. No obstante, a continuación se indican algunas directrices para facilitar su elección.

- Para la sala de estar es preferible elegir un papel con un diseño sencillo o un papel de un solo color (por ejemplo, uno que imite un efecto decorativo de pintura). Los diseños demasiado elaborados o definidos sólo suelen distraer la vista y no ofrecen un buen fondo para cuadros, pinturas o grabados. Un margen o un friso sería una buena solución para rematar la parte superior del papel de pared.
- Los papeles de pared de colores oscuros reducen ópticamente las dimensiones de un espacio.
- Las rayas verticales incrementan visualmente la altura de una habitación.
- Las rayas horizontales aumentan aparentemente la anchura de un espacio.
- Los estampados en miniatura, las finas rayas geométricas, la imitación de paneles, los estampados lineales, los finos diseños florales o abstractos son muy indicados para los dormitorios.
- Los estampados pequeños son una buena elección para los dormitorios reducidos.
- Los diseños muy amplios son más apropiados para los espacios de grandes dimensiones.
- Los diseños geométricos, paisajísticos, florales y abstractos, así como el papel pintado con grecas o con enrejados resultan especialmente indicados para vestíbulos, pasillos y escaleras (tenga en cuenta que cualquiera que sea el papel elegido para el vestíbulo, el mismo deberá emplearse también en las escaleras).

color en lugar de otro más ancho en armonía con el papel. En cambio, si el papel de la pared es rayado, o relativamente liso, el margen podría ser de un tono más profundo que el papel pintado, o incluso de un color contrastante. Sin embargo, si el papel de pared tiene un diseño de varios colores, su margen podría ser de uno de ellos. Esto ayudaría a definir la línea de demarcación y a atraer la vista a la moldura.

Otras sugerencias para márgenes

Naturalmente, el margen no tiene que usarse necesariamente en combinación con el papel de pared. Cualquier tipo de margen que le parezca apropiado puede instalarse en una pared pintada de un solo color, bien como moldura arquitectónica, bien para darle simplemente un poco más de vida.

Los márgenes también se pueden instalar encima de los zócalos, alrededor de las ventanas y puertas, o incluso verticalmente en las esquinas de una habitación. También resultan muy de-

corativos cuando se instalan para definir los ángulos de las paredes inclinadas en un ático.

También puede usar un margen para crear un falso arrimadero a la altura de las sillas, y aplicar un papel de pared en la parte inferior, o hacer lo mismo en una pared pintada de un solo color, decorando la parte inferior con papel pintado o con una pintura de distinto acabado. Cuando llegue a la abertura de la puerta, corte el margen y reanúdelo por el otro lado o adhiéralo alrededor de todo el marco de la puerta. Otra sugerencia sería instalar un fino margen tanto en la parte superior como en la inferior de un friso ya existente.

Prepare sus propios márgenes

Aunque realmente es un trabajo complicado, muchas veces vale la pena recortar varios márgenes y frisos muy anchos para aplicarlos de diferente manera en una o varias habitaciones o vestíbulos. Por ejemplo, si un margen o un friso tiene muchos ribetes, como los de una alfombra oriental, recorte algunos de ellos para adherirlos alrededor de puertas y ventanas, o instálelos en forma de panel sobre un fondo relativamente liso, por ejemplo en una pared pintada; tenga cuidado de conservar suficiente cantidad para enmarcar el margen principal, que se extenderá debajo del techo, como siempre.

Como alternativa, puede adquirir un margen adicional y conservar el principal tal como está, e instalar el suplementario alrededor de las puertas, en los rodapiés y en los rincones de la habitación, o bien en el pasillo o en el cuarto de baño, delante del dormitorio.

Otra opción para crear su propio margen consiste en recortar tiras de cualquier tipo de papel de pared con un diseño lineal apropiado; también puede aplicar un galón, un cuerda, una tira trenzada o un hilo de lana grueso.

1 *La elegancia de un sencillo papel a rayas resulta difícil de superar. Éste, combinado con un tapizado cuadriculado de algodón de un tono de azul similar, constituye un buen fondo para los platones que adornan la repisa de la chimenea.*

2 *El papel de pared con un diseño insignificante que decora las paredes y el techo ofrece un fondo neutro de gran efectividad para la decorativa cama y para la colección de grabados.*

3 *En este vestíbulo, de techo muy alto y con cornisa, el profundo margen en forma de guirnalda instalado encima del papel veteado de color negro ayuda a reducir visualmente la altura del espacio, y crea, por tanto, la ilusión de proporciones mejores que las realmente existentes.*

segunda parte: elementos específicos

1

SACAR EL MÁXIMO PARTIDO A UN SIMPLE PAPEL DE PARED

Si le gustan los papeles de pared caros, puede aprovechar los siguientes trucos para obtener el mismo efecto con un gasto mucho menor:

- Aplíquelo sólo debajo del arrimadero; si no lo hubiera, invéntelo (a la altura del extremo superior de las sillas) con una moldura apropiada o un margen de papel de pared.
- Compre sólo uno o dos rollos de acuerdo con la dimensión del espacio y córtelos en paneles (primero calcule la dimensión de los paneles en un plano de las paredes, preparado a escala en papel gráfico, y después márquelos en la pared). Adhiera el papel de pared dentro de las líneas marcadas y enmarque los paneles con finas molduras de madera, con molduras para marcos de cuadros o con tiras.
- Aplique un trozo de papel de pared como si fuera un cuadro enorme en una pared sin decorar y enmárquelo con una moldura o con una tira.

FRISOS DE PAPEL DE PARED

Si el margen se coloca bastante bajo, también se le puede llamar friso. En las habitaciones de techo muy alto llegan incluso a ocupar todo el espacio entre el friso y el techo, lo cual resulta muy útil para «reducir» la altura. Si una habitación de techo alto carece de molduras, se puede crear un friso con una fina moldura de un color similar o contrastante. También se pueden comprar frisos grabados en relieve, fabricados en materiales como Lincrusta, una imitación

de las antiguas cornisas ornamentales de yeso, que generalmente tienen la profundidad suficiente para llenar el hueco entre la moldura y el techo. Éstos se deben decorar después con pintura, lo cual se puede realizar imitando el yeso antiguo por medio una pintura para el envejecimiento (*véase* pág. 101).

OTROS DETALLES Y *TROMPE L´OEIL*

Aparte de los márgenes y papeles de pared convencionales y no convencionales, también existe toda una gama de detalles arquitectónicos de papeles recortados y paneles decorativos para crear sus propias fantasías decorativas e ilusiones de *trompe l´oeil*. A nivel comercial hay disponible toda clase de guirnaldas de papel, de rosetas y rosetones, de columnas (dóricas, jónicas, corintias o toscanas), pilastras, cornisas y frontones rotos, balaustradas y balaústres, arcos y hornacinas arqueadas, urnas, bustos clásicos y estatuas, y todo tipo de decorados escénicos.

También hay una gran variedad de divertidas imitaciones de papeles de pared de impresos antiguos y grabados, especialmente indicados para decorar recibidores, pequeños pasillos, vestidores o el aseo para las visitas.

2

2 *El margen de grisaille con querubines en un papel pintado de color gris con efecto de craquelado se ha delineado con una banda de color azul para hacer juego con el estor decorado con motivos clásicos en colores gris y azul.*

3 *El trompe l´oeil de una estantería llena de libros, sobre papel, y enmarcado en madera, decora este rincón.*

REVESTIMIENTOS DE PAPEL POCO COMUNES

Naturalmente es muy posible cubrir las paredes con otros tipos de papel. Aunque evidentemente éstos no se hayan fabricado para esta finalidad, con un poco de arte y habilidad y tomándose el tiempo necesario pueden resultar extraordinariamente efectivos y decorativos.

Papel de tisú

Hace tiempo, durante un viaje a España, pude admirar una habitación etérea bellamente decorada. Las paredes se habían revestido con varias capas de papel de tisú de colores pastel, una pegada encima de la otra como un *découpage*, y con una última capa totalmente blanca recubierta de varias capas de barniz semimate. Los suaves tonos de color azul pálido, rosa, amarillo y verde claro relucían a través de la capa blanca, y daban a las paredes una apariencia opalescente. Este ejemplo es una buena sugerencia para un decorado encantador y económico de un dormitorio, con una cama totalmente vestida de lino blanco y un suelo de madera blanqueada, o pintada de color blanco o gris.

Papeles de embalar, papel de periódico y papel para envoltorios

También los rollos de papel de color caramelo, verde o azul, o el papel de embalar, dejando el lado mate a la vista, pueden resultar muy apropiados para decorar una habitación. La textura del papel es muy atractiva y su coste es bajo. No obstante, aunque sea algo más ancho que el papel de pared, el grosor es un poco menor. Por lo tanto, antes de aplicarlo es necesario cubrir la pared con una capa de emulsión pálida o con un papel de revestimiento, ya que un color de pintura brillante o un papel pintado muy decorado·se transparentaría. Otra desventaja es tener que comprar un rollo entero de papel; la cantidad mínima es de 75 m, que es más que suficiente para varias habitaciones estándar. También podría vender el sobrante o utilizarlo para envolturas (tendrá suficiente para toda la vida) o recortarlo para las pinturas de los niños.

Es necesario cortar las tiras para cubrir todo el largo desde el techo hasta el suelo, para lo cual, evidentemente, tiene que usar la mesa más grande posible; debe tener en cuenta, además, el ancho del papel. Cubra la parte posterior con cola para empapelar y distribúyala uniformemente con un paño limpio y seco. Es mejor que los cantos queden solapados en lugar de unirlos canto con canto.

Otro efecto interesante también se puede conseguir empapelando las paredes con papel de periódico, encolándolo como el papel de embalar.

1 Recortes cuadrados de distintos colores adheridos sobre zonas mayores y de colores contrastantes convierten esta pared en una interesante obra abstracta.

2 Las hojas de periódico en las paredes de este cuarto de baño se han protegido con una serie de capas de barniz de poliuretano, tanto para proteger la superficie como para envejecerla.

3 Las paredes pintadas de color azul en este cuarto de baño se han decorado con un margen llamativo y poco común de cuadrados plateados. El friso de la pared es de baldosas de mármol, pero un efecto muy semejante también se puede conseguir con una madera prensada forrada de papel marmolado.

3

Revestimientos alternativos para las paredes

Antes de tomar una decisión definitiva para decorar las paredes de las habitaciones principales, la sala de estar y el dormitorio, casi todo el mundo piensa en un determinado tipo de pintura o de papel de pared, aunque haya un sinfín de otras alternativas extraordinariamente decorativas, entre ellas los tejidos, los espejos y los azulejos.

LOS TEJIDOS

Ya desde hace muchos siglos, los tejidos se empleaban para decorar las paredes, primero en la India y en el Lejano y Medio Oriente, y más tarde, a partir de la Edad Media, también en Europa. A finales del siglo XVII fueron eclipsados por el papel, aunque no sustituidos del todo. Samuel Pepys, un famoso cronista del siglo XVII, describe su visita a Corn-hill en Londres y el mal rato que pasó acompañando a su esposa en la compra de «zaraza, una tela de algodón hindú pintada, para decorar su nuevo estudio, que es muy bonito». John Evelyn, otro cronista de aquella época, también menciona: «y la comida tuvo lugar en un lugar decorado con *pintado*», como también se le llamaba a la zaraza.

CONSEJOS PARA REVESTIR PAREDES

Para conseguir una pared con un efecto suavemente lujoso (para paredes tapizadas, *véase* a continuación), se pueden instalar paneles de madera contrachapada, que son un material relativamente suave. Evidentemente, tiene que anotar bien todas las dimensiones de la habitación y preparar un plano a escala (*véase* pág. 16) para determinar el número de paneles necesarios. No olvide el espacio de encima de las puertas o del hogar, las partes inferior y superior de las ventanas, etc. Naturalmente, también tiene que calcular la cantidad de tejido necesaria, y agregar un poco más para los dobleces del tejido por encima y por debajo de los paneles, aproximadamente 1 m para cada uno.

Cubra los paneles con el tejido y adhiéralo con grapas; después atorníllelos en la pared o fíjelos con un buen pegamento. Si así lo prefiere, puede ocultar las juntas con un galón; no obstante, si los paneles están bien medidos y ajustados, no hace falta.

También se venden sistemas para tapizar paredes, con rieles de plástico resistente con refuerzo adhesivo donde se insertan los paneles de tejido. Para una apariencia auténticamente acolchada, se pueden comprar acolchados de poliéster, que se insertan encima de los paneles antes de colocar el tejido.

Revestir paredes

Actualmente aún se pueden encontrar muchas paredes tapizadas o decoradas con tejidos, especialmente en Europa y, sobre todo, en Francia, donde, sorprendentemente, hay un gran número de hoteles así como de residencias particulares con paredes acolchadas de

1 El tejido de color verde oscuro y los cortinajes a juego constituyen un buen fondo para una colección de cuadros, al mismo tiempo que le confieren un ambiente clásico a estas habitaciones.
2 El decorativo recubrimiento cuadriculado de color verde de esta pared sobre un friso monocromático resulta especialmente atractivo. El mismo tejido de algodón se ha aplicado en las puertas del armario. La tela cuadriculada de color rojo del tapizado de la silla ofrece una buena yuxtaposición al color verde.
3 La enorme tela de cuadros rojos que decora la pared de detrás de la mesa y de las sillas rayadas forma un vivo contraste con el suelo de piedra. Obsérvese el marco vacío sobre la mesa.

forma decorativa. Digo sorprendentemente porque este tipo de tratamientos de las paredes es tanto caro como muy laborioso.

El proceso requiere primero la instalación de un bastidor de listones que cubra toda la pared, después su recubrimiento con material de poliéster ignífugo y, finalmente, la colocación del tejido por encima de los listones. Evidentemente, los resultados suelen ser muy originales y de gran lujo, además de constituir un excelente aislamiento del ruido y del frío.

1 *Los largos de tela de algodón de color blanco se han suspendido con ayuda de pomos de latón instalados justo debajo del techo para suavizar las paredes de este dormitorio de color blanco y negro. Tanto para las cortinas como para el edredón acolchado de la cama se ha utilizado la misma tela de algodón suave.*

2 *Esta habitación de colores sutiles se ha decorado con tiras individuales de tejido que cuelgan sobre una parte del suelo de una manera poco común pero llamativa.*

El revestimiento informal de las paredes es algo que ciertamente les hubiera gustado a las generaciones de la Edad Media mucho más que sus clásicas tapicerías de lana, de cuero o de lienzo. Irónicamente, el método es muy similar al empleado durante los siglos XVI y XVII para lucir los bellos papeles de pared. Si nuestros ancestros hubieran pensado en hacer lo mismo con tejidos forrados de lana de oveja, no habrían pasado tanto frío.

Tejidos colgados en barras para cortinas

Otra modalidad para el uso de tejidos para revestir paredes consiste en tratarlos como cortinas, colgándolos justo debajo del techo. Mientras resulten relativamente voluminosos (deben medir aproximadamente tres veces el ancho de cada pared) y elegantes, se pueden emplear tejidos de algodón, de *voile* o de muselina, que no solamente resultan económicos sino que también tienen la ventaja de poderse lavar en casa. Como alternativa, también hay otros menos sencillos, como los tejidos de lana, de franela, de seda o de terciopelo, que deben lavarse en seco. Sin embargo, la gran ventaja de este tratamiento para paredes, aunque no se pueda lavar en casa, consiste en que, por lo menos, se puede descolgar y limpiar.

Las barras con corchetes se instalan alrededor de toda la habitación a la altura del techo. Cada una de las cortinas, de un largo suficiente para llegar hasta el suelo o un poco más, llevará las jaretas necesarias para colgarlas en las barras. Se cuelgan de forma suelta, aunque probablemente tengan que introducirse pequeños plomos en el dobladillo.

Para respetar los espacios de las ventanas, de una puerta o de un hogar, simplemente átelas con un lazo. Si deben estar siempre atadas, por ejemplo en el caso de las ventanas, instale unos estores de un tejido similar, contrastante, o en «negativo» (con el mismo

2

paneles más cortos, y las ventanas mismas se decoran con estores o con la misma tela colgando suelta o decorativamente recogida. Recuerde que tanto los interruptores como los enchufes deben ser fácilmente accesibles.

Adherir el tejido sobre la pared

Si el tejido es consistente, por ejemplo de fieltro, de *tweed*, de lana, de pana, de arpillera o de imitación de ante, se puede aplicar directamente en la pared como el papel, usando el máximo ancho posible. Corte las tiras necesarias y agregue un poco más para los solapes superior e inferior, y preste atención al diseño, si lo hubiera. La pasta de cola se aplica en la superficie de la pared y después se adhiere el tejido, que debe desenrollarse desde arriba con ayuda de una plomada y alisarse a continuación con un gran rodillo. Evidentemente el tejido no lucirá tan suave como el algodón, por ejemplo, pero su textura será interesante y su efecto, distinguido.

Entoldado

Si el techo está realmente en muy mal estado, o si quiere complementar las paredes decoradas con tejidos con otro detalle exótico, intente instalar un entoldado. La idea consiste en colgar las tiras de tejido en uno o varios puntos determinados en el techo y dejarlos caer suavemente en atractivos pliegues; el otro extremo de cada una de las tiras se sujeta formando un ángulo entre el techo y la pared. También se puede usar una corona colgante o un riel redondo instalado en el centro del techo, para colgar todas las tiras de tejido necesarias hasta que el techo quede oculto.

ESPEJOS

Los grandes espejos que cubren toda la pared desde el suelo hasta el techo aumentan tanto las dimensiones de una habitación como su luminosidad.

diseño de dos colores, pero con los colores invertidos). En el caso de una repisa de chimenea, o bien se pinta la parte de la pared descubierta, o se cubre con algo grande, como un espejo o un cuadro.

Tapizado a la inglesa

Otra alternativa para la colocación de tejidos en las paredes consiste en listones de madera introducidos en los dobladillos y cosidos tanto en la parte superior como en la inferior de cada uno de los largos del tejido. Estos listones se instalan en la pared justo debajo del techo y por encima del zócalo para que el tejido quede bien estirado o tenga un buen diseño de pliegues. Encima de las ventanas y debajo de ellas se instalan

segunda parte: elementos específicos

Es una forma relativamente cara, pero existen ciertos trucos que maximizan el efecto de un espejo:

- Con la instalación de un espejo que cubra la pared entre el suelo y el techo se duplica la dimensión aparente de la habitación, y se crea la ilusión de una segunda habitación contigua.

- El espejo instalado en una pared, preferentemente formando un ángulo recto con una ventana, parece duplicar la dimensión de la habitación, y la luz adicional reflejada durante el día será impresionante. También las cortinas o los estores cerrados de noche parecen duplicar las dimensiones.

- Con la instalación de un espejo entre dos ventanas amplias se crea una enorme diferencia con respecto a la luz y a la luminosidad.

- Una hornacina decorada de espejos incrementa la sensación de profundidad, y le da una perspectiva mayor a la habitación.

- Una habitación oscura y sombría luce mucho más alegre si las entradas laterales del hogar se revisten de espejos. Si además se le agregan unas plantas voluminosas con apliques de luz ascendente, el efecto será aún mayor.

Cerciórese de haber tomado las medidas exactas para estar seguro de que las grandes piezas de espejo quepan por las escaleras y por las puertas. Si el espacio previsto para la instalación del espejo es muy amplio, tal vez sea más aconsejable instalar paneles de espejo.

Aunque algunas personas opinen que los espejos son demasiado fríos, en este caso los espejos de color constituyen una buena alternativa que, además, contribuye a crear un ambiente cálido. Otra alternativa sería instalar estanterías de vidrio delante del espejo y deco-

rarlas con una serie de objetos de vidrio, o con una selección de libros, o con varios objetos decorativos y unas cuantas plantas pequeñas; además, se puede iluminar desde arriba mediante un foco de luz descendente o desde abajo mediante uno de luz ascendente, o con una combinación de ambos.

AZULEJOS

Las paredes revestidas de azulejos siempre lucen espléndidas, y no solamente

I La puerta de este dormitorio está completamente recubierta de espejo, tanto por motivos decorativos como para agrandar el espacio. Obsérvese que el espejo redondo en la pared permite la observación de la parte posterior cuando la puerta está en un ángulo determinado.

en las cocinas y en los cuartos de baño, como lo demuestran los edificios antiguos en el Lejano Oriete, en Irán, en Italia, España, Holanda y en Latinoamérica.

Todo el mundo siempre queda muy impresionado después de admirar los bellos espacios revestidos de azulejos (suelos, paredes y techos) de la Alhambra de Granada y también al contemplar los esplendores del Palacio de Topkapi y de la Mezquita Azul en Es-

consejo

LAS VIEJAS BORADAS PUEDEN
PARECER MUY OSCURAS O SUCIAS,
PERO AFORTUNADAMENTE
AHORA HAY DISPONIBLES
VARIEDADES MÁS DECORATIVAS
RESISTENTES A LAS MANCHAS, QUE
INCLUSO PERMITEN COMBINAR
EL COLOR DE LA BORADA
CON EL DE LOS AZULEJOS
O CON EL DEL FONDO, PARA
QUE LA BORADA RESULTE CASI
IMPERCEPTIBLE.

tambul, con sus paredes cubiertas de
más de 20.000 azulejos azules.

En las regiones de clima más frío,
toda una gran superficie cubierta de
azulejos parecería demasiado fría, pero
una pequeña superficie decorada con
ellos resultaría muy efectiva. En muchos países occidentales y del norte
de Europa, se empleaban los azulejos
de majólica, que se importaban de España y de Italia desde el siglo XV. Y también los famosos azulejos azules y blan-

cos de Delft, que se fabrican en Holanda desde el siglo XVII, siguen disfrutan-
do de una gran popularidad tanto en
América como en Europa.

Actualmente existe una gran gama
de azulejos, no solamente fabricados a
máquina sino también hechos o decorados a mano, procedentes de todo el
mundo. Sin embargo, también es posible
hallar bellos azulejos antiguos, en especial de las épocas victoriana y eduardiana.

Sugerencias económicas

Si no le fuera posible reunir la cantidad
suficiente de una determinada variedad de azulejos antiguos, o si no puede gastar tanto dinero, siempre puede
aplicar unos cuantos en forma de una
franja decorativa, romboidal o cualquier otra figura geométrica, o incluso
distribuirlos en medio de otros más comunes y menos caros.

Los azulejos económicos monocromáticos también pueden ser muy efec-

2 *Las paredes de esta cocina se
han decorado con dos diseños de azulejos
de colores blanco y azul completamente
distintos separados por un fila de finos
azulejos blancos. En cambio, los azulejos
blancos de la encimera, con su canto
redondeado de azulejos de color oscuro,
forman un vivo contraste.*

segunda parte: elementos específicos

tivos sin ningún tipo de decoración si se colocan en líneas diagonales o formando un diseño de espiga o de tejido de cestería. Otra opción es delinearlos con azulejos de un color contrastante o con otros especialmente fabricados para el ribeteado.

Otros azulejos decorativos

Hay un sinfín de azulejos decorativos pictóricos, o de azulejos especialmente fabricados para formar un determinado diseño o cuadro, por ejemplo una urna de flores, una fuente, un arco, un ramo o un paisaje. Evidentemente, es necesario medir el espacio previsto para cualquiera de ellos con mucha precisión para encajar el diseño, aparte de una colocación experta (un efecto similar se puede crear con un diseño pintado por un artista sobre un espacio monocromático de azulejos (para más detalles, *véanse* los consejos para pintar sobre azulejos, derecha).

No olvide los mosaicos y los ladrillos de vidrio, ya que ambos pueden resultar muy decorativos. También existen azulejos de vidrio, aunque a veces resulte difícil conseguirlos. Sin embargo, siempre debe cerciorarse de que el material empleado realmente sea el apropiado para el estilo del espacio.

Pintar azulejos

Si ya no le gustan los azulejos de su casa, recuerde que los puede redecorar con pintura. En cualquier comercio de pinturas seguramente le recomendarán una pintura de esmalte epoxídica (*véase* pág. 94), pero con una pintura a base de óleo será suficiente, en especial si también aplica una capa de imprimación para azulejos. Después se pueden pintar de cualquier color y, como alternativa, los puede decorar con estarcidos o con otro diseño decorativo.

Otra opción sería la aplicación de nuevos azulejos sobre los antiguos, siempre y cuando no sobresalgan demasiado de la pared; generalmente esto suele resultar más económico que desmontar los azulejos viejos para volver a empezar.

PANELES DE MADERA

Los paneles de madera siempre resultan muy decorativos en todos los interiores de cualquier estilo, ya que existen muchas formas distintas de colocarlos. Se pueden dejar lisos o barnizarlos de un tono natural o de color, o pintar o vetear.

Si aún no tuviera paneles en su casa, también los puede instalar, bien para cubrir toda una pared, desde el suelo hasta el techo, o desde el friso o más arriba. Si le gustan los paneles antiguos y piensa en un decorado de época, tal vez pueda aquirir alguno a buen precio en algún mercadillo. La opción más económica y más común es el panel machihembrado, pero también la madera contrachapada puede resultar atractiva si tiene un buen acabado. Otra opción sería el panel de palillos, que resulta tan encantador y decorativo en muchas casas de la costa oriental de Estados Unidos.

Los paneles debe instalarlos un profesional, ya que se necesita un bastidor que se ha de atornillar en la pared. La madera nueva y fresca necesita varias semanas para secarse y para aclimatarse al interior antes de poderse trabajar con ella y así reducir el riesgo de grietas posteriores. Si tiene previsto instalar un panel de madera dura o noble, cerciórese de que realmente procede de una plantación de cultivo ecológico.

1 *Los azulejos de cuero constituyen un fondo ideal para el taburete y para la silla, ambos también tapizados de piel.*

2 *Aquí se han usado azulejos multicolores para decorar tanto las paredes como el techo y el suelo; cualquiera que entre a esta habitación tendrá la sensación de meterse en una caja de caramelos.*

3 *Estos paneles ligeros y modernos de diferentes tonos suaves simulan una serie de pantallas de papel de arroz adheridos a la pared. Evidentemente, no se necesita ninguna obra de arte.*

4 *La forma del arrimadero de auténticos paneles antiguos en este vestíbulo se repite, aunque en pintura, en la habitación contigua. Obsérvese el mismo color verde en el arquitrabe de la puerta.*

5 *Un panel machihembrado en la escalera se ha pintado de color gris y blanco. El efecto es agradablemente refrescante en combinación con los escalones, también decorados con pintura blanca.*

segunda parte: elementos específicos

Los suelos constituyen la línea de fondo,
por expresarlo de algún modo, de cualquier
habitación, con un potencial decorativo y
práctico impresionante. Ellos son el anclaje
de un esquema, lo unifican y le confieren
una firmeza crucial, y riqueza, simplicidad
o suntuosidad, de acuerdo con la función,
con el ambiente y con el estilo del espacio.
Ya que siempre se camina sobre ellos,
o incluso se baila sobre ellos, y muchas veces
también sirven para sentarse o recostarse
en ellos, tienen un mayor desgaste que
cualquier otra superficie. Sin embargo, la
primera decisión consiste en elegir entre
una flexibilidad dura, suave o bien media
como la que ofrecen los linóleos o los vinilos.
Afortunadamente, no hay que limitarse
a un solo tipo: la madera, los azulejos
o incluso la piedra de cualquier tipo,
suavizada con las moquetas o las alfombras,
le ofrecen lo mejor de ambos mundos.

Suelos

Opciones para suelos

Tanto si se decide por moquetas o alfombras, suelos duros o recubrimientos flexibles, o por una combinación de dos o más, primero tiene que considerar todas las opciones posibles. Esto, en particular, implica reflexionar sobre el suelo ya existente y sobre el previsto – y no únicamente para aquella habitación o aquellas habitaciones que desea decorar, sino también para el resto de la casa.

SUELOS EXISTENTES

No tome ninguna decisión precipitada o radical en cuanto al recubrimiento sin haber estudiado detenidamente el suelo existente. Posiblemente no necesite ningún recubrimiento.

Suelos de madera

Los suelos de parqué, de vigas o de tablones de madera en condiciones razonablemente buenas, exentos de grietas y rajas, y de extremos desgastados, raídos o astillados, solamente necesitarían pulirse o decorarse con alfombras provistas de algún antideslizante en el reverso para sujetarlas.

Si el suelo está demasiado gastado, primero hay que lijarlo. Este trabajo se puede encargar a un profesional o también se puede alquilar una lijadora profesional para hacerlo uno mismo. Es un trabajo sumamente sucio y duro, pero resulta mucho más económico. Después, se puede pintar de un color distinto, tal vez más oscuro o incluso de un verde oscuro o bronce, o blanquearlo o pintarlo de color blanco.

Otra alternativa consiste en decorarlo con pintura para barcos, o simplemente con una pintura acrílica, de emulsión o al óleo. También se le puede dar un acabado más decorativo, tal vez en forma de un veteado, de un estriado, de un diseño cuadriculado o con estarcidos. De hecho, un suelo totalmente liso puede resultar muy efectivo con un diseño estarcido, tanto en toda la superficie como únicamente aplicado en los bordes.

Cualquiera que sea el tratamiento elegido, natural, barnizado, blanqueado o pintado, al final el suelo siempre se tiene que sellar con dos o tres capas de barniz protector. El barniz acrílico tarda 12 horas en secarse, pero los demás tipos necesitan 24 horas para cada una de las capas aplicadas, antes de poder pisarlo. Además de proteger la superficie, el barniz también le da brillo, según su calidad, y, además, enfatiza el veteado de la madera (evidentemente a excepción de los suelos tratados con pintura).

Suelos de vinilo y de linóleo

Lo mejor para cubrirlos es usar pinturas al óleo en lugar de emulsiones, que no se adhieren bien a estas superficies. Incluso las pinturas con base de óleo a veces se desconchan del vinilo, pero vale la pena intentarlo, ya que, cuando esto ocurra, es relativamente fácil volver a aplicar otra capa de pintura. Antes de aplicar la pintura, el suelo tiene que limpiarse cuidadosamente con una solución jabonosa (utilizando un jabón especial, el llamado jabón de azúcar, que se vende en las buenas droguerías y ferreterías), aclararse abundantemente y secarse por completo.

Los suelos de hormigón

La pintura resulta extremadamente efectiva en los suelos de hormigón. Hay una pintura especial para el hormigón (de venta en las buenas ferreterías y droguerías) que se aplica directamente. Como alternativa, también se puede usar pintura al óleo, que está disponible en una mejor gama de colores. Si prefiere la pintura al óleo, primero tiene que aplicar un sellador de acrílico diluido y, para terminar, una vez se haya secado la pintura, se tiene que cubrir con un barniz acrílico. De hecho, en todos los casos, siempre se debería aplicar un acabado de barniz acrílico para suelos.

En una ocasión, en un granero rehabilitado pude admirar un bello suelo que parecía de piedra. Sin embargo, en realidad era de hormigón, que se había surcado, marcado en algunos puntos con el cincel, después pulido pacientemente con un abrillantador transparente para suelos y finalmente sellado. Las manchas de betún para zapatos de color marrón y rojizo, artísticamente distribuidas por la superficie, le conferían un aspecto más auténtico, realmente impresionante.

Suelos de baldosas

Los suelos ya existentes de baldosas con manchas o con roturas también se pueden limpiar, renovar y restaurar con una borada nueva. Puesto que las boradas están disponibles en diferentes tonos y colores, se puede elegir la que mejor disimule los desperfectos, sin que predomine el reticulado.

YUXTAPOSICIONES

Al planificar el recubrimiento del suelo de una determinada habitación, no piense exclusivamente en él sólo; debe tener en cuenta las diversas vistas que se tienen dentro de la casa. Las puertas en los vestíbulos y en los pasillos muchas veces están abiertas, y desde las escaleras siempre se puede ver algo de la planta superior. Para que todo el espacio tenga un flujo natural, los recubrimientos del suelo también tienen que coordinarse, por lo menos en lo que respecta al color. Y, naturalmente, un pequeño apartamento o una casa siempre lucen mejor si todos los recubrimientos del suelo son del mismo color; sin embargo, no es necesario que tengan la misma textura.

En aquellos umbrales de puertas donde se encuentren dos texturas distintas, por ejemplo un recubrimiento de alfombra con otro de parqué o de azulejos, o también dos colores distintos, un color marrón con otro naranja, la unión resulta más nítida si se inserta una tira que, además de delinear las superficies contrastantes, también proteja los cantos de cada uno de los materiales.

1 *Este suelo de hormigón, cubierto de pintura para imitar un suelo de losetas, se ha decorado con una franja de color terracota y con un diseño incrustado en el centro. Las marcas y grietas artificiales se han creado con papel periódico presionado contra la superficie húmeda y recién pintada, y se ha retirado inmediatamente después.*

2 *Este kilim de color pálido suaviza la gran superficie de fibra de coco. En el caso de decorar una gran superficie suave con una alfombra adicional, siempre es aconsejable aplicar un medio de adherencia para evitar que se mueva o se arrugue.*

3 *La madera del suelo y la interesante estantería en la pared de esta cocina se han pintado de color azul claro y protegido con varias capas de barniz acrílico.*

segunda parte: elementos específicos

Moquetas

Además de ofrecer calor y suavidad, el alfombrado y las moquetas son muy prácticos, ya que ofrecen un buen aislamiento y ocultan los suelos en malas condiciones. Hay una gran gama de moquetas de distintos precios, colores y texturas.

La mayoría de las moquetas modernas están tejidas o anudadas. Aunque las tejidas suelen tener fama por su gran durabilidad, también las anudadas resultan muy indicadas para cualquier superficie de la casa y, además, suelen ser menos caras. Lo más importante que hay que tener en cuenta en la compra de cualquiera de las dos son tanto la densidad como la altura del pelo.

Esta alfombra Wilton de anchas rayas blancas cubre la zona frente al hogar, decorada con dos grandes sillones. Las rayas repiten las líneas paralelas de la chimenea.

DENSIDAD

La densidad de una moqueta se cuenta según el número de puntos por centímetro cuadrado, y constituye el aspecto más importante para la calidad del tejido. Cuanto mayor sea el número de nudos o cuanto más tupido sea el tejido de una moqueta, tanto más larga será su duración, cualquiera que sea la altura del pelo.

LA LONGITUD DEL PELO

El término «pelo» se refiere a las lazadas o a los rizos de lana que forman la superficie de la moqueta y, aunque que se pueda suponer que una moqueta de pelo largo sea más cara que la de pelo corto, esto no necesariamente tiene que ser así. De hecho, si el pelo es muy largo, el tejido suele ser flojo y se aplana rápidamente cuando se pisa con frecuencia.

LAS TEXTURAS DE LAS MOQUETAS

El acabado de la superficie de una moqueta depende en gran medida de su tipo de pelo. A continuación se describen algunos de los tipos más comunes.

El pelo corto o de terciopelo: acabado corto, denso y muy suave. En este tipo de pelo, todos los lazos anudados durante el proceso de manufacturación se cortan a la misma altura. Hay personas a las que no les gusta esta variedad, ya que se marcan las pisadas, mientras que a otros precisamente les gusta por esta sensación de luz y sombra. Debido al corte de los lazos, el terciopelo no es tan resistente a la suciedad y al polvo como las moquetas de pelos más densos sin cortar. No obstante, es una moqueta elegante, por lo que resulta muy indicada para los salones formales y para todas las habitaciones con poco movimiento.

El pelo retorcido: éste forma un acabado fuerte y resistente con menos tendencia a marcar las pisadas que el terciopelo, mucho más suave y lujoso. No obstante, debido a su gran resistencia, resulta especialmente indicado para escaleras y otras zonas de mucho movimiento.

El pelo en bucle: este pelo consiste en un bucle de hilo o de lana, que resulta muy decorativo, pero que se puede enganchar. Una variedad, por ejemplo, es el tejido de Bruselas, que luce muy elegante en las salas de estar de poco movimiento, o en los grandes dormitorios matrimoniales y en las habitaciones

consejo

ANTES DE COMPRAR UNA MOQUETA, DOBLE UNA PEQUEÑA PARTE DE ELLA POR EL REVÉS. SI DEJA ENTREVER GRAN PARTE DEL REFUERZO, NO ES MUY RESISTENTE. ESTA PRUEBA TIENE EL SOBRENOMBRE DE «SONRISA», YA QUE EL DOBLEZ POR EL REVÉS SE ASEMEJA A UNA SONRISA.

para invitados. Si la moqueta se enganchara, es mejor recortar los pelos molestos o estirarlos por el revés.

Moqueta de pelo largo: su apariencia es informal e improvisada. Se fabrica como el terciopelo, o sea, en lazos largos que después se cortan con un cuchillo de esquilar (el mismo que se usa para las ovejas) para darle esa apariencia gruesa y peluda tan distintiva. Las moquetas de pelo largo se venden con muchas densidades, y cuanto menor sea la densidad del hilo, tanto más rápidamente se aplana. A causa de la longitud del pelo, las alfombras de pelo largo son más difíciles de limpiar y, ya que son tan difíciles de cuidar (a no ser que se quiera pasar largos ratos rastrillando los pelos), una buena alternativa es la adquisición de una moqueta de textura similar, como el *flokati* griego, por ejemplo, de color blanco natural.

TIPOS DE TEJIDO

Los diferentes tipos de tejido de alfombra son el Axminster, el Wilton, el Bruselas, el cordado y el sisal de lana.

Muchas veces los dos primeros suelen confundirse. Ambos son de pelo suave y se tejen en un telar, lo cual significa que tanto el pelo de la superficie como el de la base están firmemente unidos para ofrecer una mayor resistencia y duración. La dimensión de un telar de Axminster, sin embargo, permite una mayor variedad de colores en las moquetas con diseños que los telares de Wilton, donde el número de colores para cualquier tipo de diseño está limitado a cinco. De este modo, las moquetas Axminster suelen ser de bellos diseños de color, pero también hay mucha gente que prefiere el terciopelo monocromático de Wilton. En el telar de Wilton, los hilos de color que no aparecen en la superficie se hacen pasar por el revés, de modo que forman un acolchado de fibra adicional muy útil para el desgaste, lo cual justifica la gran reputación de las moquetas Wilton de tener un valor oculto.

El pelo del lazo del tejido de Bruselas ofrece una buena textura para los diseños geométricos.

Las de cordado se tejen de una forma similar a la de las moquetas Wilton, pero las hebras se estiran firmemente para formar los cantos. Es muy similar al tejido de Bruselas en cuanto al pelo sin cortar, que le confiere esa apariencia de lazos tan característica. Es una estructura efectiva debido a su fibra más económica, que de otro modo quedaría aplastada. El cordado de pelo, por ejemplo, se hace con pelo de animal, pero también existe de nailon y de yute, e incluso de lana barata.

El sisal de lana ofrece la textura tan interesante de las esteras (*véanse* págs. 127 y 134) pero con un tacto mucho más suave. También es más fácil de limpiar que el sisal auténtico y está disponible en una buena gama de colores.

EL ANUDADO

Las moquetas anudadas, donde el pelo se hace pasar por un soporte de refuerzo y se adhiere con cola, son más comunes y menos caras que las tejidas.

FIBRAS

Actualmente sólo hay cuatro familias genéricas de fibras en la confección de moquetas: la lana, el acrílico, el nailon y el poliéster. Todos los nombres comerciales y las marcas pertenecen a una de estas cuatro familias. Se pueden combinar entre sí, se pueden tejer o anudar, y se encuentran en todas las texturas anteriormente descritas. La elección de la fibra es simplemente una cuestión de sentido común y de conveniencia.

La lana no es solamente decorativa, duradera y cálida, sino también impermeable y resistente a las manchas. Tiene elasticidad natural, lo cual significa que el pelo fácilmente vuelve a su posi-

segunda parte: elementos específicos

ción original. También es una de las fibras más caras.

El nailon, en todas sus variantes, es la fibra más resistente, pero una vivienda estándar no requiere esta resistencia máxima. Es más fácil de limpiar que cualquier otro tejido y menos caro que la lana o que las fibras acrílicas. No obstante, por sí solo el nailon no es un material sencillo de teñir, para darle textura o para crear un diseño decorativo. Es mejor mezclarlo en una proporción de 80 % de nailon y 20 % de lana, ya que, de este modo, adquiere la sutileza de la lana, absorbe bien los tintes y tiene una buena resistencia al desgaste.

Las fibras acrílicas se pueden teñir con facilidad, son resistentes a las manchas y se vuelven más suaves con el tiempo y con el uso.

El poliéster es la más económica de estas fibras. Se mancha con más facilidad, pero absorbe bien los tintes y está disponible en una gran gama de colores.

LOS ANCHOS

Los términos «ancho de telar» y «moqueta de tiras» se refieren al ancho de la moqueta. La moqueta con un ancho de telar se ha tejido en un telar de una anchura mayor a 2 m, la anchura común es de 2 m, 4 m y 5 m (siempre son múltiplos de 1 m debido a la dimensión del telar o de la máquina). Evidentemente, cuanto más se aproximen las dimensiones de una habitación a este ancho, o a cualquiera de sus múltiplos, tanto más económico resultará el enmoquetado, ya que no habrá mucho sobrante.

El enmoquetado «de tiras» está formado por tiras más estrechas, con un ancho de 69 cm o de 91 cm, que generalmente se usa para escaleras, pasillos o habitaciones de dimensiones difíciles. Este tipo de enmoquetado está disponible en una gran gama de colores, similar a la variedad de tercipelo Wilton, de pelo más tupido y suave.

1 *El cordado es un buen tejido confeccionado con fibras económicas (yute, sisal, coco, etc.).*
2 *El tejido de Bruselas tiene el mismo tejido del cordado, pero la presencia del bucle es notable.*
3 *El pelo retorcido ofrece un acabado rígido y muy resistente al desgaste, por lo que resulta muy indicado para el recubrimiento de escaleras.*
4 *El tejido Axminster permite un diseño con mayor variedad de colores (como aquí) que el Wilton.*

RECUBRIMIENTOS ALTERNATIVOS PARA EL SUELO

También las esteras naturales fabricadas de sisal, de fibra de coco, con tejido de junco o vegetal son una buena alternativa para el alfombrado. Están disponibles en toda clase de anchos y pueden resultar muy decorativas tanto en el piso de la ciudad como en la casa de campo. Además, son una buena base para la superposición de pequeñas alfombras decorativas y para la decoración con muebles de época. No obstante, son un poco ásperas al tacto y, a veces, especialmente en las escaleras, son resbaladizas; tampoco son muy

apropiadas para las habitaciones de niños pequeños que aún gateen. No obstante, las esteras naturales son más apropiadas para una casa de campo que el alfombrado más suave y muy útiles para aquellas zonas donde los suelos de madera ya no tengan arreglo.

5 *La moqueta de pelo de bucle es del mismo tipo que el tejido de Bruselas. La única desventaja es que se engancha fácilmente.*

6 *Las esteras de crin vegetal siempre lucen frescas y ligeras.*

7 *Las esteras de fibra de coco ofrecen un buen fondo para el decorado.*

8 *Aquí, el tejido de sisal y lana forma un vivo contraste con la piedra.*

9 *El sisal es una fibra fácil de teñir; el tejido está disponible con diseño de espiguilla, de estrías o de bucle.*

segunda parte: elementos específicos

Alfombras

La popularidad de las pequeñas alfombras decorativas no es sorprendente, dada su gran versatilidad. No sólo ofrecen una superficie suave y confortable, sino que también suavizan el suelo visualmente, y sus colores y su textura contribuyen a crear un ambiente acogedor. También resultan especialmente indicadas para demarcar determinadas zonas en un espacio mayor o para unir varias piezas de muebles en un conjunto decorativo integral.

Otra ventaja muy importante de las alfombras sobre las moquetas es su gran adaptabilidad, ya que se pueden poner en cualquier lugar o cambiarse con gran facilidad.

Las alfombras orientales son las grandes aristócratas del mundo de las alfombras. También las grandes alfombras de Aubusson, obras de la tapicería francesa, son muy bellas y elegantes, y también lo son sus excelentes imitaciones modernas procedentes de Rumanía, de Portugal y de China.

También se puede hablar de las tan criticadas y condenadas pieles de animales (aunque algunas personas prefieran las imitaciones), y de las alfombras contemporáneas, con sus grandes y audaces diseños gráficos.

En todo el mundo se produce un gran número de alfombras étnicas. La mayoría de ellas pertenecen a cualquiera de estas tres categorías: los tejidos de algodón con diseños étnicos, como las típicas alfombras de Marruecos o de Grecia, o los *dhurries* de la India; los tejidos densos de lana de los *ryas* finlandeses y de los *flokatis* griegos, o finalmente las gruesas alfombras artesanales de lana que se tejen en España, en Portugal, en Irlanda y en el continente sudamericano.

Todas las alfombras deben asegurarse con unas tiras antideslizantes para evitar que se resbalen en los suelos de baldosas o de madera, o que se desplacen paulatinamente encima de alguna moqueta o estera. Utilice un material antideslizante o velcro, cortado en tiras.

consejo

PARA COMPROBAR SI UNA ALFOMBRA ESTÁ ANUDADA A MANO, BUSQUE LOS NUDOS EN LA BASE Y EXAMINE EL REVÉS, DONDE EL DISEÑO DEBE SER CLARAMENTE VISIBLE.

Las alfombras decorativas no sólo suavizan el suelo de piedra pulida, sino que su diseño geométrico también ofrece un buen fondo para la colección ecléctica de muebles, de lámparas y demás objetos decorativos. Además, también definen la zona de trabajo y el grupo de asientos.

ALFOMBRAS ORIENTALES

El término «alfombras orientales» se usa para toda clase de alfombras y *kilims* confeccionados tanto por tribus nómadas como por los artesanos en los pueblos más remotos para decorar sus tiendas. Las alfombras se ponían encima de los asientos, se colgaban en las paredes o se usaban para cubrir el suelo.

Las alfombras antiguas son las más apreciadas y caras, pero hoy en día las alfombras orientales se fabrican con los mismos diseños del pasado, que varían de acuerdo con las regiones de origen. Algunas de ellas se tejen a mano, mientras que otras se fabrican en cooperativas organizadas en diferentes pueblos y ciudades.

Los *kilims* se confeccionan siguiendo la antigua técnica del tejido plano, también conocido como tejido para tapicerías, donde los largos hilos se tejen pasando por la trama y la urdimbre, y no tienen pelo.

Otra variedad de alfombras orientales se confecciona anudando pequeños trozos de lana alrededor de los hilos de la urdimbre de un telar. Las alfombras anudadas sí tienen pelo y son más resistentes que los *kilims*.

Todos los diseños se basan en los dibujos tradicionales antiguos y reflejan la vida, la cultura y las costumbres de los pueblos islámicos y del Lejano Oriente. La mayoría de las alfombras tiene un tema o un fondo central, alrededor del cual se tejen los bordes. Los diseños del centro varían entre formas geométricas, abstractas u otras figurativas, así como temas florales.

Los expertos pueden determinar la procedencia de cualquiera de estas alfombras. Las seis regiones productoras de alfombras tradicionales son Persia, Turquía, Turquestán (en Asia Central), el Cáucaso, la India y China. Las alfombras confeccionadas en estas regiones tienen sus características distintivas, que se describen en las páginas siguientes.

consejo

UNA ALFOMBRILLA ORIENTAL SE CONSIDERA LO SUFICIENTEMENTE PEQUEÑA COMO PARA COLGARSE EN LA PARED Y SUELE MEDIR MENOS DE 2 M DE LARGO. UNA ALFOMBRA ORIENTAL TIENE UNA LONGITUD MAYOR DE 2 M. SIN EMBARGO, EN LA PRÁCTICA SE SUELE USAR EL MISMO TÉRMINO DE ALFOMBRA INDEPENDIENTEMENTE DE LA LONGITUD.

Alfombras persas

Entre todas las alfombras orientales, las persas se consideran las mejores.

- Casi siempre son rectangulares o alargadas, nunca cuadradas.

- Generalmente son de lana, y su nudo es uno especial llamado Senneh. Hay muy pocas excepciones, que son las alfombras de seda, extraordinariamente caras, que justifican el antiguo dicho persa: «Cuanto más rico es el hombre, tanto más fina es su alfombra».

- Su colorido es rico y muchas veces hay un centro de color rojo o azul añil con figuras en cálidos tonos de marrón, verde y amarillo.

- Los persas fueron el único pueblo musulmán que utilizaba figuras humanas y también animales (en alfombras de caza) con representaciones muy realistas.

- Sin embargo, la mayoría de los diseños son de motivos florales. Algunos de los más populares se encuentran en las alfombrillas y «alfombras de jardín», que se llaman así porque se ponían en los jardines entre senderos, macizos de flores, arroyos y estanques.

- Las alfombras con diseños de arreglos florales, con plantas y flores, son la versión más formal de los motivos florales.

- Las alfombras de oración tienen diseños de arcos moriscos, algunas veces con arcos apuntados, llamados *mihrab,* y piezas con medallones geométricos con un gran diseño en el centro y con las esquinas cortadas.

- Las alfombras persas confeccionadas antes del siglo XVIII se clasifican de acuerdo con su diseño: jardines, floreros, animales, medallones, etc. Sólo aquellas que se tejieron después se pueden identificar de acuerdo con su lugar de origen, como Feraghan, Schina, Herat,

Alfombra de oración de seda, tejida en el noroeste de Persia alrededor de 1890.

Heriz, Isfahan, Joshaghan, Kashan, Qum, Shiraz o Tabriz.

- Si tiene la suerte de encontrar una de las primeras alfombras con motivos animales, puede estar casi seguro que procede de Isfahan; las alfombras con el diseño de un florero con toda probabilidad son originarias de Joshaghan, y aquellas con motivo de medallón son de Herat. Las alfombras de Herat se consideran las mejores entre todas las alfombras persas y se asocian en especial con pequeños diseños repetitivos de hojas (algunas veces incluso parecen ser peces) y de rosetas.

COMODIDAD A UN PRECIO ELEVADO

La exportación de alfombras orientales a Europa se inició en la Edad Media con los mercaderes venecianos. Durante varios siglos, estas alfombras se consideraron demasiado caras como para caminar sobre ellas y se solían usar como tapices para decorar las paredes o las mesas.

Durante el siglo XVI, el retratista alemán Hans Holbein se dio cuenta del estatus y del prestigio que se asociaba a la propiedad de una o varias de estas alfombras, y empezó a incluir las alfombras turcas de Bergama en tantos retratos de la nobleza que éstas llegaron a hacerse famosas con el nombre de «alfombras de Holbein».

Alfombra de oración originaria de Ghiordes, Turquía, de principios del siglo XIX.

Alfombras turcas

Los alfombras turcas proceden de la región de Anatolia, y muchas veces se identifican como «anatolias». Se conocieron en Europa mucho antes que las alfombras persas, y se diferencian de éstas no tan sólo en el diseño y en los colores, sino también en el tipo de nudo empleado. Este nudo se conoce como el nudo Ghiordes, nombre de una de las regiones de producción de alfombras más importantes. Entre los demás centros de producción figuran Bergama, Hereke, Kula, Kum Kapi, Kirsehir, Konya, Ushak y Ladik.

- El pelo de las alfombras turcas es casi siempre más largo que el de las persas, mientras que el número de colores empleados es menor.

- Los diseños son vigorosos y, generalmente, tienden a ser geométricos, pero también hay algunos de flores estilizadas, como el rododendro, el jacinto y el granado.

- En las alfombras de oración, con el diseño del *mihrab* de la mezquita, suele haber una lámpara o un aguamanil suspendido en un arco, muchas veces flanqueado por dos pilares de la sabiduría. Las versiones más sofisticadas incluso llevan una inscripción en árabe.

- Los colores de fondo más frecuentes son el rojo y el azul, aunque las alfombras de oración a veces son de color verde, un color sagrado.

- Algunas de las zonas más importantes de confección de alfombras tienen su propio diseño distintivo. Por ejemplo, las alfombras de Ghiordes, el lugar de origen de las mejores alfombras turcas, que muchas veces se comparan con las mejores de Persia, tienen atractivos arabescos, diseños florales, cenefas y rayas.

- La mayoría de los turcos son musulmanes sunnitas, que observan la prohibición del Corán de representar figuras humanas o animales, por lo que éstas rara vez aparecen en las alfombras turcas.

segunda parte: elementos específicos

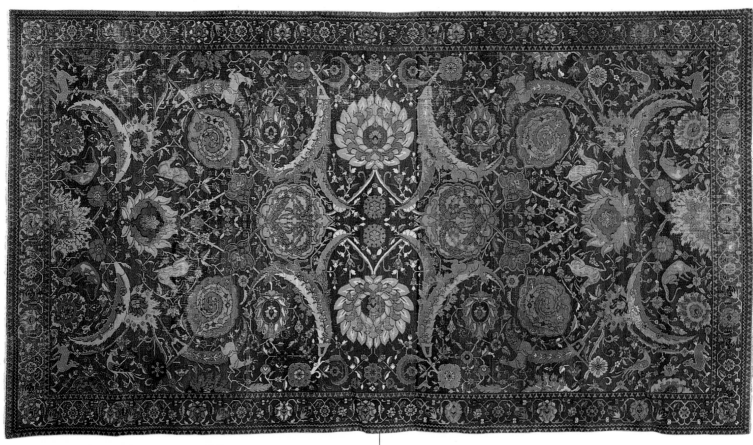

Alfombra de la India, probablemente de Lahore, de alrededor de 1900.

Alfombra china.

Detalle de una alfombra china.

Más ejemplos de diversas alfombras orientales. El detalle (izquierda) de un dragón frente a un cielo azul estilizado procede de una antigua alfombrilla china, mientras que la alfombra decorada (inferior izquierda) con redondeles en forma de concha, con dragones imperiales, también es de origen chino.

Tapete caucásico.

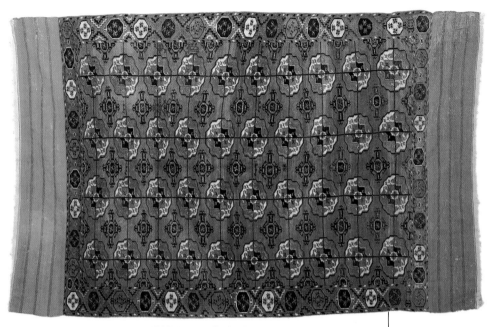

Alfombra turkmena, de aproximadamente 1880, Turkmenistán Occidental.

Alfombras indias

Las alfombras indias tienen sus propias características definidas, aunque generalmente se fabrican siguiendo la técnica persa. En un principio, su confección se originó para complacer los gustos y preferencias de las princesas indias, y de los mercaderes que fundaron los primeros talleres de tejido.

- Un gran número de diseños representa animales, aves, árboles y flores.
- Los colores son más claros que los de las alfombras persas, con un amplio uso del rosa.
- El pelo es notablemente más largo y más grueso que el de las alfombras persas.

Alfombras chinas

Hace más de dos mil años que las alfombras anudadas se empezaron a confeccionar en los talleres organizados de China, del mismo modo que se tejen todavía hoy en las grandes fábricas, aunque en realidad no hubo ninguna industria de alfombras propiamente dicha hasta el siglo XVIII.

- Generalmente los colores son los tonos azules, amarillos, rosas y melocotón, en contraste completo con los colores rojos y verdes de las alfombras persas, turcas, caucásicas, turkmenas e indias.
- Los diseños suelen incorporar los motivos clásicos del arte chino, como animales, especialmente dragones, y flores, como la flor de loto, las peonías, los narcisos y los granados. Sin embargo, también los símbolos budistas y taoístas aparecen a menudo.
- Su pelo es más largo y se anuda mediante un nudo asimétrico, y muchas veces se recorta alrededor de la circunferencia de un determinado motivo para enfatizarlo aún más.
- Las alfombras con el famoso diseño de pilares sólo se encuentran en China. Éstas se fabricaban exclusivamente para cubrir los pilares, por este motivo tienen un diseño repetitivo continuo.

Alfombras caucásicas

Como indica su nombre, estas alfombras se confeccionan en el Cáucaso, la región montañosa entre el mar Caspio y el mar Negro. Aunque ahora la región forme parte de Rusia, hay muchas tribus de origen turco, persa y armenio, que han contribuido a la rica herencia artesanal de la región.

- Las alfombras tienen como colores distintivos el rojo, el azul, el verde y el crema.
- Los diseños, aunque de gran variedad, suelen ser rectilíneos.
- Los motivos de animales, aves, flores, cangrejos, escarabajos, etc., suelen ser muy estilizados
- Otros diseños incluyen los medallones, también compuestos por configuraciones geométricas, con cenefas decoradas con estrellas, rosetas o perros corriendo (el equivalente del diseño clave de los griegos).

Alfombras turkmenas

Las alfombras turkmenas proceden de la región entre el mar Caspio y el noroeste de China, que comprende a Turkmenistán, Uzbekistán, Afganistán y Pakistán.

- El color predominante es el rojo, aunque las diversas tribus y zonas se pueden identificar por los distintos tonos en sus diseños. Por ejemplo, las alfombras de la región de Beshire, en Afganistán, además del color rojo también incluyen el amarillo y el verde, mientras que los baluchis usan también grandes cantidades de azul oscuro, de rojo herrumbre, de malva azulado y, ocasionalmente, también tonos cremosos, así como marfil y crema.
- Las alfombras «doradas» afganas son, en realidad, las omnipresentes de color rojo, lavadas una y otra vez hasta adquirir este tono anaranjado dorado tan distintivo.
- Los diseños son casi siempre geométricos y, generalmente, tienen el típico *gul* octogonal, o motivo de rosa estilizado.

Vocabulario de términos de alfombras

Acrílico: esta fibra sintética se parece mucho a la lana, pero no causa alergias. Es menos resistente a las manchas y menos flexible que la lana. Por otro lado, su precio es menor.

Algodón: las alfombras de algodón tienen la gran ventaja de ser lavables a máquina y muy resistentes al desgaste. Una gran desventaja, en cambio, es que se aplanan con facilidad.

Ancho de telar: término que se aplica a anchos más amplios que el del alfombrado largo y estrecho, que se suelen tejer en telares de más de 2 m de anchura. Los anchos comunes son de 2 m, 4 m o 6 m. Evidentemente, cuanto más se aproximen las dimensiones de una habitación a este ancho o a sus múltiplos, tanto menor será la cantidad de material sobrante.

Anudadas a mano, alfombras: fundamentalmente son las alfombras orientales (KILIMS excluidos) así como las de los indios norteamericanos, confeccionadas mediante la técnica del anudado. El hilo se anuda a mano sobre una base, en un proceso lento y laborioso, por lo que resultan especialmente caras.

Anudado: modalidad más común, para la confección de moquetas en la que la fibra se hace pasar por el material de base en lugar de tejerse en un telar. Después de anudarse, se asegura con un adhesivo y, generalmente, se sella con una protección impermeable. Puede ser de pelo corto o lazado.

Axminster: clase de tejido de alfombras que lleva el nombre del telar usado para su confección. Debido a que los hilos no corren a lo largo del revés de la alfombra, los tejidos Axminster se pueden realizar en una gran variedad de colores. Aunque el pelo se corta, también se pueden crear tejidos de pelo largo y lanudo, pequeño y grueso o esculpido, así como corto y liso. Las de mejor calidad están compuestas por un 80 % de LANA y un 20 % de NAILON, aunque también se puede tejer con fibra acrílica o con mezclas.

Bereberes, alfombras: se confeccionan con lana de oveja natural no teñida, con un pelo de bucle denso, y llevan el nombre de las alfombras cuadradas originales tejidas a mano por las tribus del norte de África. Ahora se fabrican a máquina en varios colores: blanco, crema, gris, beige y marrón oscuro.

Buclé: pelo formado por lazadas de hilo sin cortar en la calidad del TEJIDO DE BRUSELAS.

Bruselas, tejido de: alfombras de lazadas densas con un acabado nítido y atractivo, excelentes para diseños geométricos. Sin embargo, se enganchan fácilmente, por lo que es mejor recortar los hilos sueltos.

Cordado: tejido de alfombra de lazada baja con acanalado similar a la pana. Se teje de forma similar al tipo WILTON, pero carece de la suavidad de éste y resulta mucho más económico.

Crin vegetal: fibra que se cultiva en terrenos lodosos; se suele usar para el tejido de esteras. Es impermeable y resistente a las manchas y muy apropiada para las zonas con un movimiento medianamente regular.

Dhurrie: alfombra de ALGODÓN de TEJIDO PLANO; son el equivalente hindú del KILIM.

Fibra de coco, esteras: solución práctica para muchas habitaciones, ya que crean un buen fondo para el decorado con alfombras pequeñas y para unificar las combinaciones eclécticas del decorado. Son de precio económico y muy resistentes al desgaste. El material está disponible en diferentes dimensiones, en alfombras pequeñas, cuadrados, en anchos más finos para pasillos y escaleras y también en ANCHOS DE TELAR. Generalmente, está disponible en tonos de color natural, pero a veces se confecciona con fibras ya teñidas. El recubrimiento con látex evita la filtración del polvo y de la suciedad.

Fieltro: buena opción económica para el alfombrado de las casas para veraneo, para aquellas que se alquilan a corto plazo, y también para las habitaciones de huéspedes que se usan poco, siempre y cuando se compre del mismo espesor de una buena alfombra. Está disponible en una amplia gama de colores y a precios económicos.

Friso: moquetas resistentes de hilos retorcidos que forman una superficie gruesa de pelo corto. Están muy indicadas para escaleras y para zonas de mucho movimiento.

India alfombra: casi siempre es de color blanco crudo, comparativamente económica, y se puede comprar en modelos individuales y también en ANCHOS DE TELAR. El pelo de lana lazado se anuda en la base.

Junco, esteras de: los juncos se pueden tejer y convertirse en gruesas esteras alargadas o cuadradas. Tiene una interesante textura rústica, que ofrece la gran ventaja de poderse usar directamente sobre cualquier tipo de superficie de hormigón o de otros materiales duros. Lamentablemente, no es muy resistente.

Kilim: alfombra tradicional de tejido plano originaria de Turquía o de Afganistán. Generalmente es un tejido de lana con diseño geométrico. Los tintes vegetales producen colores cálidos y ricos, que se tornan más suaves con el paso del tiempo.

Lana: una fibra extremadamente resistente y lujosa, es la única fibra natural que, en cantidad mayor o menor, se encuentra en todas las alfombras. Sin embargo, las alfombras de lana pura son mucho más caras que las alfombras de fibra sintética y, además, requieren una limpieza profesional. Aunque existen las alfombras de un 100 % de lana, la mezcla de 80 % de lana y 20 % de nailon es mucho más común.

Lino, moqueta de: tiene una textura interesante y es muy decorativa; tiene un tacto similar al sisal o a la fibra de coco. Suele ser cara y no muy resistente al desgaste, de modo que es mejor utilizarla con fines decorativos. Siempre hay que colocarla sobre una base de caucho o un fieltro subyacente de un espesor mínimo de 5 mm.

Losetas o cuadrados de moqueta: pequeñas moquetas de forma cuadrada, tejidas o anudadas, que se ofrecen en diversas combinaciones de lana y de fibra sintética. El tamaño estándar es de 50 × 50 cm. No requieren acolchado ni fieltro de base, son planas, finas y resistentes al desgaste; sin embargo, carecen de la suavidad de las alfombras comunes. No se necesita la ayuda de un técnico para su instalación; se pueden comprar todas del mismo color, o crear un diseño cuadriculado o cualquier otro de varios colores. Su gran ventaja es el precio, razonablemente bajo, y que, si alguno de ellos se mancha o se estropea, se puede reemplazar con facilidad.

Moqueta larga y estrecha (pasilleras): moquetas estrechas, de un ancho inferior al de un telar, de 69 cm o de 91 cm, que generalmente se utilizan para escaleras y pasillos o habitaciones de dimensiones difíciles y complicadas, ya que así la cantidad de material sobrante es menor que en el caso de un ancho común. La variante de pelo de terciopelo, de calidad más densa y suave y de precio más elevado, generalmente sólo está disponible en estas dimensiones.

Nailon: fibra sintética más popular empleada en la confección de moquetas. No causa alergias, es resistente a las manchas y de fácil limpieza. También se puede teñir fácilmente; de hecho, absorbe los colores mejor que la lana.

Las fibras de nailon más recientes son un poco más caras que las variedades más antiguas, ya que son antiestáticas y también más resistentes a las manchas.

Pelo: lazadas o nudos de pelo sobre la base de cualquier tipo de moqueta tejida o anudada. La calidad del pelo se determina de acuerdo con la dimensión y el peso de la fibra, el número de cabos o hebras del hilo y la densidad de los nudos.

Pelo aterciopelado: acabado de pelo cortado corto, suave y lujoso, que generalmente se encuentra en las moquetas WILTON y AXMINSTER, con una amplia gama de colores, diseños y texturas.

Pelo cortado: tal como indica su nombre, los pelos se cortan en lugar de formar la clásica lazada. Todas las moquetas AXMINSTER y algunas WILTON son de pelo cortado.

Pelo de Sajonia: pelo de longitud media, particularmente suave.

Pelo largo: moqueta con un pelo largo de 2,5 a 5 cm. Antiguamente, se consideraban un lujo, pero actualmente ya no se usan mucho. Antes se colocaban en grandes salones, salas de estar y dormitorios, pero nunca se deben instalar en escaleras, ya que los tacones se pueden enganchar en las lazadas. Se ensucian más fácilmente que la variedad de pelo corto, mientras que las alternativas más económicas tienden a aplanarse con facilidad.

Pelo lazado: superficie formada por lazadas sin cortar. Su desgaste depende de la densidad del tejido, es decir del número de lazadas por centímetro cuadrado. Puede ser largo o corto.

Poliéster: las ventajas del poliéster, como las del NAILON, consisten en que resiste la abrasión y la humedad y que, además, no causa alergias. Con el poliéster se pueden confeccionar alfombras gruesas de PELO CORTADO muy agradables y suaves al tacto, pero se pueden formar bolitas, como en los jerséis.

Polipropileno: esta fibra artificial es fuerte, impermeable y resistente al moho, y tiene un precio relativamente razonable. Es una buena elección para los cuartos de baño, las salas de estar, las habitaciones infantiles, los espacios del sótano e incluso para las cocinas; tiene la desventaja de palidecer con el paso del tiempo.

Retorcido, pelo: acabado duro, resistente y limpio.

Seda: el hilo de seda se puede utilizar para crear alfombras extremadamente caras y exóticas. La seda es una de las

mejores fibras, y generalmente se teje a mano. Si el tinte no es muy resistente, la seda puede palidecer con la luz del sol.

Sisal: fibra natural resistente y duradera de color blanco que se puede teñir con facilidad. Las esteras de sisal son decorativas y nítidas, y lucen bien sobre cualquier tipo de suelo. El sisal es más suave que la FIBRA DE COCO, pero menos que el YUTE.

Sisal con lana: moqueta hecha de LANA y SISAL que tiene la apariencia nítida del sisal, pero la suavidad de la lana. Su precio es superior al de las moquetas de sisal. A veces también se combinan LANA y YUTE.

Tejido combinado de pelo lazado y cortado: también conocido como tejido de pelo largo y corto, ofrece una apariencia esculpida.

Tejido plano: término que se aplica tanto a las moquetas como a las alfombras individuales tejidas exentas de pelo, que generalmente resultan más económicas que las de pelo; se suelen confeccionar de ALGODÓN, de LANA o de LINO y, ocasionalmente, de SEDA. Los más populares son los KILIMS y los DHURRIES.

Trapo, moqueta: moquetas hechas con tiras de tejidos aplicadas sobre una base.

Wilton: tejido que, igual que la AXMINSTER, debe su nombre al telar usado para su confección. A diferencia de la Axminster, la moqueta Wilton se teje en un largo continuo, de modo que el pelo y la base quedan firmemente unidos para ofrecer una mayor resistencia. Hay pocos casos con dibujos, ya que el número límite de colores para un solo diseño es de cinco. Sin embargo, hay una gran gama de colores lisos; están disponibles con PELO CORTADO, ATERCIOPELADO, y con otros acabados, y también con PELO LAZADO y en una combinación de ambos, pelo cortado y lazado.

Yute: fibra de una planta herbácea cultivada en Asia, que se suele usar para esteras. Es relativamente suave y tiene un aspecto sedoso, pero no es muy resistente.

segunda parte: elementos específicos

Revestimientos rígidos

Los llamados revestimientos rígidos, ladrillos, baldosas, piedra (como la losa, la pizarra y el mármol) y madera, han decorado los suelos de las casas durante muchos siglos; en los últimos años han vuelto a experimentar un gran auge, ya que son resistentes y también muy decorativos, más aún en combinación con alguna alfombra.

LADRILLO

Los ladrillos constituyen un revestimiento para suelos mucho mejor de lo que se podría pensar, especialmente para las casas de campo, tanto en los vestíbulos, en las cocinas y en los lavabos como en las salas de estar y en los comedores. Como las baldosas tradicionales, también los ladrillos tienen un precio muy similar al coste de los suelos de madera o de los azulejos de cerámica. Los ladrillos siempre deben instalarse sobre una base sólida y nivelada, y, si fuera necesario, incluso con una capa de hormigón para nivelarla; además, se pueden aplicar formando cualquier tipo de diseño deseado, como por ejemplo de espina de pescado u otros. Los ladrillos modernos, especialmente fabricados para el revestimiento de suelos, son más finos y más ligeros que los convencionales para la construcción, y tienen un tratamiento de preesmaltado para no mancharse. No obstante, si el subsuelo es lo suficientemente resistente, tal vez prefiera los ladrillos tradicionales, que tienen una apariencia

I Las grandes baldosas de cerámica blanca de este suelo y de las escaleras crean un espacio particularmente gráfico. La pintura de color gris que cubre las paredes de la escalera combina bien con la mesa negra y con el color arena de las sillas.
2 Los tablones encerados de un vestíbulo conducen a un suelo de losas de piedra perteneciente a la sala de estar de una vieja granja. Es conveniente instalar un listón metálico entre un tipo de suelo suave y otro rígido. Sin embargo, en este caso, ambos materiales, desgastados con el paso del tiempo, conviven en armonía y proporcionan interés en cuestión de texturas.

más suave y muchas veces son una auténtica ganga. Se puede intentar conseguirlos a través de una compañía constructora o de una empresa de venta de materiales para la construcción.

Después de haberse aclimatado, los ladrillos conservan una buena temperatura, y en verano suelen ser agradablemente frescos. Si desea colocar un suelo de ladrillos y vive en una región con cambios climáticos importantes entre estaciones, antes de ponerlo considere la instalación de un suelo radiante (con calefacción).

Para un mantenimiento más fácil de los ladrillos viejos, es conveniente aplicarles un tratamiento de sellado, y después, todo lo que tiene que hacer para su mantenimiento es pasarles un trapo húmedo.

BALDOSAS

Las baldosas, versátiles, resistentes y decorativas, han disfrutado de gran popularidad durante siglos.

Baldosas de cerámica

Las baldosas de cerámica con tratamiento antideslizante ofrecen un buen aspecto cuando se usan en el entorno y el clima adecuados. Aunque frescas, resulta muy agradable caminar sobre ellas. Están disponibles en una amplia gama de colores y de estilos. Son de barro cocido a temperaturas altas, y se fabrican a mano o a máquina. Para el uso en exteriores, es recomendable comprar la variedad esmaltada y a prueba de heladas.

Baldosas de terracota

Las baldosas de terracota sin esmaltar están disponibles en diferentes varie-

dades. Las más bonitas se producen en México, donde el barro natural se elabora a mano y se cuece en el horno. Como los ladrillos, también las baldosas retienen el calor. Con el tiempo, desarrollan una pátina natural muy atractiva. Lamentablemente, se rayan con facilidad, especialmente por la arenilla que se suele adherir en las suelas de los zapatos. También hay baldosas de terracota fabricadas a máquina que tienen una apariencia más regular.

Baldosas de cantera

Las baldosas de cantera sin esmaltar son duras, resistentes y antideslizantes, pero absorben la humedad, mientras que las esmaltadas son un poco más resbaladizas, pero más resistentes. Se fabrican con un barro con un alto contenido en silicatos sin refinar y siempre tienen una apariencia rústica. Hay una amplia gama de tonos de terracota, y también una variedad de tonos grises.

Baldosas encáusticas

Decoradas con una variedad de diseños, tienen una apariencia suave y mate. Lucen especialmente decorativas en combinación con baldosas geométricas monocromáticas o de terracota. Se usaban mucho para decorar los vestíbulos, pasillos e invernaderos de las épocas victoriana y eduardiana. En la actuali-

2

segunda parte: elementos específicos

dad se emplean mucho en toda clase de trabajos de restauración. Son de forma cuadrada y suelen medir unos 7,5-10 cm por lado, por lo que son más pequeñas que las demás baldosas.

Colocación y mantenimiento

Al igual que los ladrillos, también las baldosas necesitan una base sólida y bien nivelada. Si desea aplicarlas sobre un suelo de madera, cúbralo primero con una buena cola maleable, que se pueda mezclar con el adhesivo, lo que permitirá cierto movimiento sin estropear el adhesivo. Si no se toman estas medidas preventivas, el movimiento inevitable de las tablas de madera acabará por agrietar la adherencia del adhesivo y las baldosas se levantarán.

Antes de colocar las baldosas tiene que aplicarse una lechada en forma de pasta de secado rápido para llenar las ranuras, que se prepara a base de arena, cemento de Portland y agua. Las lechadas más modernas se han mejorado con aditivos de látex, que ayudan a prevenir las grietas y las manchas.

Casi todas las baldosas se venden con instrucciones concretas para el sellado. Para las baldosas sin esmaltar hay un sellador líquido de resinas que actúa como un abrillantador muy resistente. Como alternativa se puede aplicar el acabado tradicional de una mezcla preparada a base de una parte de aceite de linaza hervida y tres partes de trementina natural, un tratamiento que se tiene que repetir de vez en cuando.

Como los ladrillos, también las baldosas se pueden limpiar fácilmente con un trapo humedecido en agua y un detergente suave.

GRESITTE

Estas baldosas no solamente están disponibles en forma cuadrada, sino también en una gran variedad de dimensiones y pesos. Son ideales para toda clase de diseños. Hay tres tipos: de arcilla, de

mármol y gres, pero los tres son casi idénticos a las baldosas convencionales de cerámica.

Normalmente estas baldosas se venden provistas de una malla despegable o de un plástico en el dorso, o sólidamente montadas y protegidas por un papel al efecto, en cuadrados de 30 x 30 cm, o en rectángulos de 30 x 60 cm, de modo que no tiene que adherir pieza por pieza con la lechada correspondiente. El mantenimiento es el mismo de las baldosas de cerámica, pero son aún más fáciles de limpiar si el revestimiento del suelo también se aplica en las paredes hasta una altura de unos 15 cm.

PIEDRA

Los suelos de piedra, tanto si éstas son en forma de tablillas como si son de baldosas, siempre crean un ambiente ele-

1 *Las baldosas encáusticas en esta casa antigua de finales del siglo XIX aún son las originales. Obsérvese la fina franja de baldosas blancas y negras en forma de rombo en cada lado.*

2 *La piedra envejecida siempre constituye un gran elemento decorativo en cualquier habitación, y combina perfectamente tanto con muebles modernos como con antiguos. En cambio, si considera redecorar un suelo con un revestimiento nuevo de piedra, es aconsejable instalar losas radiantes. El calor y la comodidad en combinación con el encanto de la piedra son la mejor solución posible.*

gante y de una belleza clásica. Prácticamente tienen una duración ilimitada, pero lamentablemente suelen ser fríos y pesados.

Losas

Las losas son atractivas tanto si se instalan en el interior como en la terraza del exterior; generalmente se usan para los suelos en los grandes vestíbulos y pasillos o en alguna habitación de la planta baja, superpuestas a un suelo base de hormigón o de madera contrachapada. Se pueden recortar a medida o comprarse en losas de medidas irregulares; su precio es ligeramente inferior a las de cerámica o de terracota, pero su instalación es más cara. Normalmente son de piedra de sulfato de cobre o de pizarra, pero también pueden ser de piedra caliza o de arenisca. Algunas veces, tanto la losa como la piedra caliza pueden ser porosas; en este caso se tiene que aplicar un tratamiento sellador, mientras que las demás variedades no se pueden sellar.

Pizarra

La pizarra se emplea muchas veces como alternativa al mármol, sobre todo porque es mucho más resistente a las manchas. Se vende en forma de losas o de ladrillos, con forma de cuadrado o de rectángulo, de color gris pálido, púrpura azulado y negro. Cuando se decora un suelo de la planta baja, las losas o las tejas tienen que aplicarse encima de una base de hormigón o de madera contrachapada; en cambio, en caso de una planta superior, la base debe ser de madera contrachapada. La pizarra no necesita ningún tratamiento posterior, pero también se puede sellar o encerar. De cualquier forma, siempre luce sólida y decorativa, y además es fácil de mantener, aunque su precio no resulte muy económico.

Mármol

El mármol siempre parece ser un material caro, pero realmente lo es. General-

mente está disponible en losas cuadradas de 30 cm y de 45 cm, aunque también se pueden encargar a medida. Las calidades más frágiles suelen ser las más decorativas, con un veteado y una coloración muy interesantes; sin embargo, lamentablemente también son las más caras. Los mármoles más resistentes se clasifican en dos categorías, la A y la B, mientras que los más suaves y delicados son la C y la D. Las desventajas del mármol son su poca resistencia al rayado y a las manchas, pero muchas personas creen que su estética compensa su poca practicidad. El mármol tiene que instalarse sobre una base de cemento o un subsuelo de hormigón; si se aplica en forma de finas losas, la base tiene que ser un tablero de carpintería, o una madera prensada, aglomerada o contrachapada muy fina.

Terrazo

Es un material abrillantado a base de cemento con virutas de mármol. Es un material resistente, decorativo y relativamente antideslizante. Al igual que el mármol, está disponible en forma de losas, y se tiene que aplicar sobre paneles de 8 m de largo. Debido a su peso, es mejor usar una base de cemento o de hormigón.

Granito

El granito, más económico que el mármol, tiene una veta muy atractiva y es menos propenso a las manchas y al rayado, y también es menos resbaladizo. Como el mármol, está disponible en forma de losas muy finas, por lo que se puede usar en las plantas superiores, sobre una base de madera contrachapada, mientras el nivel del suelo esté nivelado y sea resistente. El granito está disponible en 50 colores distintos, en mate o con acabado pulido. El mate es más seguro, ya que es menos resbaladizo, pero el segundo luce mucho mejor.

HORMIGÓN

Los inventores del hormigón fueron los antiguos romanos, y, sin embargo, se considera uno de los materiales más modernos y más maleables de todos, ya que se puede preparar en cualquier grosor o en cualquier dimensión. Los suelos de losas de hormigón, pintados o coloreados y encerados, pueden ser muy decorativos. Además, el hormigón es sumamente práctico, ya que es resistente al frío y al calor, no se raya, y tiene un precio razonable. No obstante, el suelo de hormigón tarda un mes en asentarse y curarse, de modo que es aconsejable instalarlo mientras la casa aún esté en construcción o en un proceso de renovación importante.

MADERA

Hoy en día la oferta de suelos de madera abarca una gran gama de precios, de tonalidades y de acabados, para instalarlos en cualquier lugar de la casa. La madera de pino, de ciprés, de pícea o de falso abeto, de abeto blanco, de castaño y roble son algunas de las más comunes. Además de maderas nuevas, también puede considerarse la posibilidad de instalar vigas o tablones de madera de segunda mano, procedentes de viejos edificios industriales y granjas.

Tipos de madera

Ambos tipos de madera, tanto la de coníferas o blanda como la dura, se suelen usar para revestir el suelo. La madera de coníferas, o blanda, resulta un poco más económica. Sin embargo, ya que se tiene que instalar con junta a tope, corre el peligro de contraerse y crear resquicios. También los muebles pesados e incluso los tacones altos de los zapatos pueden dejar marcas. Las maderas de pícea o abeto falso, de abeto blanco y de pino siempre tienen que recubrirse con un sellador óleorresinoso o de poliuretano, y después pulirse, si se prefieren con brillo.

Si, en cambio, se inclina por la madera dura, cerciórese de que proceda de una plantación ecológica. Hasta hace poco, entre las maderas duras más frecuentes figuraba la madera de arce, de nogal, de cerezo, de haya y de roble blanco y rojo. Las maderas de haya y de roble rojo son las más comunes y las más económicas de este grupo. La madera de arce es especialmente resistente; por este motivo, también se usa en la construcción. Las maderas de teca, de ébano, de iroko, de caoba, de quiebrahacha o de jabí procedente de Australia, así como la de palisandro, lucen espléndidas, pero sus precios suelen ser muy elevados.

Además de las maderas antes mencionadas, también existen bastantes variedades nuevas procedentes de los trópicos. Generalmente son más económicas. Asimismo son ecológicamente aceptables, ya que se cultivan con el fin de causar un mínimo daño al entorno y al ambiente, al mismo tiempo que ofrecen un medio comercial a los países subdesarrollados.

Otros tipos de madera tropical que merece la pena examinar son la madera de taun, de planchonia y de calopyllum de Papúa Nueva Guinea, que son excelentes sustitutos de la caoba. Otras maderas procedentes de Papúa son el kamarere, una madera resistente de color rojo que se endurece rápidamente, y el turupay, de color castaño amarillento y muy resistente. Otra madera rojiza es el chontaquiro, de Perú, que se manipula fácilmente. El merbau tiene un bonito color castaño, y la madera de dillenia es un buen sustituto del palisandro o palo de rosa. El celtis se parece a la madera de pino, pero con todas las características de la madera dura, aunque su precio es tan económico como el del haya. La madera de viltex es parecida a la de teca, pero es más económica que la de fresno. La madera de kwila, originaria de las islas Salomón, tiene un precioso color marrón oscuro, pero un precio más elevado; sin embargo, tiene la ventaja de no mancharse, de modo que resulta muy indicada para cocinas y baños.

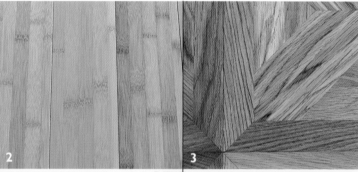

1 *El hormigón pulido y brillante es un excelente fondo para el esquema de colores neutros en este loft idiosincrásico. El conjunto sólo se ve interrumpido por una serie de piedras que decora la zona de la cocina; con ello se forma un bonito contraste textural y espacial con la suave monotonía del entorno.*
2 *El bambú, una novedad entre la gran variedad de materiales para suelos de madera, es duradero y decorativo.*
3 *Un suelo de parqué de madera de roble bien adaptado.*
4 *La madera es la gran característica decorativa de este estudio. El suelo de madera de color claro combina bellamente con los finos paneles y con las estanterías de libros.*

La madera para suelos se comercializa en diversas formas: en tablones de 7,5 a 20 cm de ancho; en tablillas de 4 a 6 cm de ancho; en parqué, que se presenta en bloques alargados entrelazados; en paneles de mosaico compuestos por pequeñas piezas de madera dura previamente dispuestas en forma de baldosas cuadradas sobre una base sólida.

El material para suelos de madera puede ser de madera sólida o de lámina. La variedad de lámina es una fina capa de revestimiento de madera dura aplicada sobre una base subyacente de madera contrachapada, de tablero de carpintería o incluso de corcho. A veces, la madera dura sólo tiene un grosor de

segunda parte: elementos específicos

de madera sólida, contrariamente a la variedad con láminas, se puede clavar directamente sobre el suelo de madera de base. Si la nueva superficie se coloca encima de la base del suelo, sería recomendable instalar un material antihumedad, por ejemplo una capa bituminosa, de fieltro o de celulosa, entre el suelo base y la nueva superficie. En cambio si la madera se instala encima de una base de hormigón, ésta se tiene que cubrir con un material antivaho, para contrarrestar cualquier filtración de humedad. Los suelos de láminas, en cambio, se pueden colocar directamente encima de la base de cemento. Si se trata de una de las variedades de piezas

entrelazadas y pegadas, no clavadas, es recomendable cubrir el suelo base primero con un acolchado de espuma.

Es importante tener cuidado de que los clavos no perforen cables eléctricos ni tuberías de agua, y se recomienda marcar todo este tipo de conexiones con cuidado y con gran exactitud antes de iniciar el trabajo.

Si prefiere ejecutar usted mismo este trabajo, ate una cuerda delante del hogar, o de cualquier otro tipo de protuberancia de la pared o de armarios empotrados, y trabaje hacia atrás para cubrir las entradas. Debido a que la madera se contrae y expande con los cambios de la temperatura y de la hume-

1-2 mm, aunque también puede ser más gruesa y, naturalmente, más resistente, de modo que incluso se puede lijar, limpiar y pulir unas cuantas veces, antes de tener que renovarla. Tanto el suelo de madera sólida como el de láminas se puede instalar en cocinas, pero ninguna de las dos variantes es recomendable para los cuartos de baño.

Cómo colocar un suelo de madera

Aunque este trabajo se encargue a un profesional, es recomendable conocer el proceso. Primero, a ser posible, tiene que cerciorarse de que la madera ya esté ambientada; esto significa que las tablas o el parqué deben aclimatarse algo antes de su instalación. Un suelo

dad, siempre deberá calcular un pequeño margen para un mínimo de dilata-
ción alrededor de los cantos. Éste, si fuera necesario, se puede cubrir o llenar de
corcho. Es aconsejable desmontar el zócalo antes y volver a adherirlo después
de haber instalado el suelo, ya que así la
apariencia será mucho más limpia. Lamentablemente, esto a veces no es factible.

Acabados

Todos los suelos de madera dura, a excepción de los de láminas previamente
selladas, requieren un tratamiento de sellado de protección contra la humedad
y la suciedad.

1 *La madera aglomerada pulida
es una superficie poco común, pero
resistente y práctica, tanto para la
sala de estar como para la zona
de juego.*

2 *Los anchos tablones blanqueados
del suelo ofrecen un bello contraste
con el techo alto provisto de vigas
y con las voluminosas estanterías
de libros, en esta estancia elegante
y acogedora.*

3 *Los grandes rombos de color gris
pintado sobre una base de color blanco
se han abrillantado con varias capas
de barniz acrílico para darle mayor
resistencia. Este tipo de acabados con
pintura es una solución económica
y decorativa para los tablones de suelo
viejos y gastados.*

4 *Generalmente, los suelos de
listones de madera como los
de este cuarto de baño se
acostumbran a usar en duchas
exteriores, en jardines y senderos.
Rara vez se encuentran en interiores.*

Si prefiere hacerlo usted mismo, lo
más fácil, más cómodo y más rápido es
la aplicación de un acabado a base de
agua, por ejemplo una combinación
uretano/acrílica o una imprimación or-
gánica a base de aceite cítrico, que se
secan en 30 minutos y que no amari-
llean el color de la madera, como hacen
tantos otros productos para el acabado
a base de poliuretano.

El acabado tradicional para la mayoría de los suelos de madera dura consiste en un aceite (de tung) y cera; tendrá que volver a encerar el suelo una
vez al año y pulirlo regularmente con
una máquina pulidora eléctrica, un
aparato indispensable en cualquier hogar con grandes superficies de suelo de
madera dura.

Materiales flexibles

Los revestimientos de suelos de material flexible, además de prácticos, resistentes, fáciles de mantener y relativamente económicos, son decorativos y más agradables y cálidos al tacto que los suelos de baldosas o de piedra.

LINÓLEO

El linóleo, fabricado a base de un compuesto de aceite de linaza, de resinas de pino, de madera, de corcho y de pigmentos, adherido sobre una base de yute, está disponible en grandes láminas u hojas. Antideslizante, ignífugo y de precio razonable, vuelve a emplearse hoy en día. Una de sus mayores ventajas es la posibilidad de usarlo para formar toda clase de diseños distintivos y decorativos, que no tienen nada en común con el linóleo antiguo de color marrón que cubría los suelos de tantas habitaciones en los años veinte del siglo pasado. El linóleo, tanto si lo aplica en forma de baldosas como en grandes láminas, siempre tiene que adherirse sobre una base limpia, preferentemente de contrachapado.

CORCHO

El corcho es económico, duradero, cálido, suave y agradable. Es un material flexible, fabricado con la corteza del alcornoque cortada en piezas, comprimida y cocida. Es de larga duración, especialmente en combinación con vinilo, y resulta muy práctico en cuartos de baño, en zonas de juego, en cocinas y en vestíbulos y pasillos.

Se comercializa en forma de láminas y también, más frecuentemente, en forma de baldosas, que suelen estar preselladas. Si no estuvieran selladas, tendrían que barnizarse una vez instaladas. El corcho está disponible en una amplia gama de colores, en especial en todos los tonos de marrón.

Como la madera, también el corcho necesita un tiempo de «aclimatación», por lo que se tiene que colocar en el es-

pacio donde se va a instalar durante un mínimo de tres días.

Si se instala sobre un suelo viejo de madera, éste tiene que recubrirse con un revestimiento de contrachapado o de cartón de madera. Si el suelo base es de hormigón, primero se ha de aplicar una membrana impermeable para

1

2

evitar la filtración de humedad, que causaría el levantamiento de las losas de corcho.

Nunca debe haber residuos de suciedad o arenilla para marcar o rayar la superficie de corcho, por lo que es recomendable barrerla cuidadosamente. No use productos de limpieza ni alcalinos ni abrasivos, ya que, como casi todos los suelos, las superficies selladas se limpian mejor con un trapo y con agua con un chorrito de detergente suave.

VINILO

El vinilo, fabricado con cloruro de polivinilo, es agradable y cómodo, es de precio razonable y de fácil limpieza.

Se comercializa en una enorme gama de colores y diseños. Como el linóleo, las versiones monocromáticas se pueden combinar para formar diseños decorativos.

Fundamentalmente hay que elegir entre la variedad sólida más cara y de mayor duración, y el vinilo compuesto más económico que consiste en una mezcla de rellenos y pigmentos con un aglutinante termoplástico. El vinilo compuesto puede ser plano o acolchado. La variante acolchada es ligeramente elástica y suave, muy agradable para pisar. Además, ofrece un buen aislamiento. La variedad plana es muy flexible, y se adapta a cualquier superficie de suelo.

El vinilo sólido se presenta en colores lisos, pero también hay muy buenas imitaciones de mármol, de granito, de terrazo, de piedra caliza, de ladrillos, de baldosas de terracota y de madera. Si se inclina por la variedad compuesta, es recomendable instalar el vinilo acolchado, en el que el diseño está impreso en todas las capas, contrariamente a la versión de rotograbado, donde el diseño únicamente aparece en la superficie.

El vinilo se puede comprar en láminas o en baldosas. Se puede aplicar sobre suelos de madera, de baldosas o de linóleo ya existentes (siempre y cuando estén en buenas condiciones), y también encima de una base de hormigón.

CAUCHO

Los revestimientos de suelo de caucho
son más resistentes, más suaves y más
cálidos que los de linóleo o de vinilo. Son
resistentes a las quemaduras y a las
abolladuras; debido a que a veces contienen una cera, a menudo se eliminan
por sí mismos rasguños y otros raspa-
dos de poca envergadura. El caucho se
vende en láminas y en forma de baldosas, en calidad industrial o doméstica.

El caucho se comercializa en una
amplia gama de colores, entre ellos los
primarios y los pastel, así como el negro
industrial, que se presta para un decorado de alta tecnología. Los diseños
más comunes son los tachonados de diferente tamaño, pero también los hay
con diseños de efecto de acanalado y de
pizarra. Las variedades tachonadas y
acanaladas son antideslizantes, por lo
que resultan especialmente útiles para
los cuartos de baño, aunque resulten difíciles de limpiar y no muy apropiadas
para las cocinas.

1 *El suelo de este cuarto de baño,
económico pero exótico y de fácil
limpieza, se ha creado con linóleo
decorativamente cortado y combinado
creando un diseño con fuerza.*
2 *El suelo de caucho tachonado
siempre ha sido uno de los grandes
favoritos para las instalaciones
minimalistas: es resistente,
antideslizante y silencioso.*
3 *Las baldosas de vinilo, según el
clásico diseño de rombos (muy
parecido al suelo de madera pintada
de la pág. 143), son una buena
elección para las cocinas, los
comedores, los recibidores y
los pasillos. Resultan comparativamente
suaves, pero son más sensibles a la
rotura que la cerámica, la terracota,
la piedra de cantera, la pizarra o el
hormigón; sin embargo, son muy fáciles
de limpiar.*

Todo el mundo quisiera tener hermosas
ventanas por las que atravesara una luz
igualmente bella mientras se disfruta de
una vista encantadora hacia el exterior;
sin embargo, lamentablemente, hay
muy pocas. Por suerte, hay una serie de
soluciones para cubrir, tratar, decorar y
enfatizar estos proveedores de luz y aire
fresco. Éstas pueden ser tanto elaboradas
aplicaciones de tejidos y telas, de borlas,
flecos, crestas, orlas, ribetes, cintas
y guardamalletas, hasta los tratamientos
más sencillos. También hay una gran
selección de persianas y pantallas, no
solamente hechas de tela sino también
de otros materiales como el aluminio,
el vinilo, el pinóleo, el bambú, el papel
y la madera. Y, finalmente, están todas
aquellas soluciones alternativas de
pantallas, postigos, enrejados, vidrios
emplomados e incluso ventanas tratadas
como si fueran cuadros de pintura.

Ventanas

Cómo elegir el tratamiento de la ventana

Es recomendable considerar la decoración de la ventana como parte integral de la habitación en lugar de tratarla como un elemento separado. Esto no quiere decir que las ventanas no puedan ser un elemento de atracción. Al contrario, los grandes ventanales, así como los tratamientos poco comunes o especialmente llamativos, pueden convertirse en excelentes puntos focales; además, también pueden conferir una calidad especial a las habitaciones que de otro modo carecerían de detalles arquitectónicos.

consejo

EXAMINE CUÁNTA LUZ SE PERDERÁ CON EL TRATAMIENTO DECORATIVO PROPUESTO SIMULANDO EL EFECTO DE UNAS CORTINAS SUJETANDO UNAS SÁBANAS.

1 *Las persianas enrollables de color crema instaladas en estas ventanas de gran altura tienen el mismo color de las paredes, como si fueran una continuación de ellas, en forma de panel.*

2 *La entrada a esta habitación se ha decorado con cortinajes muy elaborados, mientras que las cortinas más sencillas de color claro instaladas en la puerta cristalera permiten una buena filtración de luz.*

3 *Esta práctica estantería es una buena solución para disimular la forma poco elegante de la ventana.*

Resulta claro no sería visualmente correcto decorar una habitación minimalista con unas cortinas drapeadas con abundante fleco, que tanto se estilaban durante la época victoriana (paradójicamente, es muy factible instalar unas cortinas sencillas, pero bien confeccionadas, en una habitación elaboradamente decorada y amueblada). Tampoco sería correcto vestir las ventanas con cortinas de colores muy claros y brillantes si toda la habitación está decorada en tonos suaves y sutiles. Como en casi todo lo relacionado con la decoración, es cuestión de establecer un equilibrio razonable con todos los demás componentes del espacio.

Muchas veces las ventanas más decorativas o menos comunes, como las ventanas en forma de arco, en saliente, de buhardilla o las puertas cristaleras, son las más difíciles de vestir. En las páginas 168–171 se indican varias sugerencias para este tipo de ventanas. No obstante, hay una gran selección de ideas para las ventanas comunes, desde cortinas y persianas de los estilos más diversos hasta tratamientos completamente distintos. La elección resulta más fácil si las habitaciones tienen un decorado de un determinado estilo o de cierta época, o si ya sabe lo que desea para un espacio concreto. Desde luego, también hay que tener en cuenta las consideraciones prácticas, por ejemplo,

2

3

recomendable aplicar una tela adicional entre el interior y el mundo exterior en forma de persianas enrollables o de estores instalados entre las cortinas y el cristal de las ventanas. Con esta medida, la fuga del calor, la corriente de aire y el ruido de la calle se reducirán considerablemente.

- **¿Las ventanas están orientadas hacia el este o el norte (o hacia el oeste y el sur en caso del hemisferio sur) y las habitaciones son relativamente oscuras?**
  Si fuera así, es recomendable elegir una decoración para las ventanas que sólo reste un mínimo de luz. Esto elimina las cortinas con alzapaños que se unen en el centro, las galerías bajas y todos los estilos de drapeados.

- **¿Las ventanas están orientadas hacia el sur o el oeste (o hacia el norte y el este en caso del hemisferio sur)?**
  En este caso, entrará mucha luz natural, de modo que es recomendable evitar tejidos que palidezcan con facilidad, como las sedas u otros de colores claros y brillantes. Es aconsejable filtrar la luz con una persiana translúcida o un simple cortinaje transparente.

- **¿Vive usted en una ciudad o en cualquier otro lugar con mucha contaminación ambiental?**
  Si fuera así, evite los colores claros, e instale unas cortinas de muchos pliegues, para que no se ensucien tan rápidamente.

para qué se usará la habitación, cuánta luz natural tiene, y, por supuesto, cuánto dinero se quiere gastar.

ASPECTOS PRÁCTICOS

Si quiere estar seguro de que sus cortinas son realmente prácticas, a continuación se formulan algunas preguntas para que se las conteste usted mismo.

- **¿Sus ventanas están bien ajustadas o pasa corriente, aire frío y el ruido de la calle?**
  Además de la medida drástica y cara de una instalación de ventanas de doble cristalera, o como mínimo de un buen reajuste para combatir la corriente de aire, cerciórese de que los cortinajes que desea instalar son pesados y que están provistos de una entretela. Mejor aún, es

segunda parte: elementos específicos

1 *Los paneles translúcidos, ensartados en listones en la parte superior e inferior, tienen un aspecto ligero y etéreo. Se necesita poca tela y resultan muy económicos. No obstante, ofrecen poca intimidad durante la noche, cuando se encienden las luces eléctricas.*
2 *Los viejos postigos dobles pintados lucen muy bonitos y son muy efectivos por sí solos; no resultarían tan decorativos si se combinasen con otro tipo de cortinas o de persianas.*

• **¿Es posible que los transeúntes o los vecinos de enfrente puedan ver a través de sus ventanas?**

Recuerde que las cortinas o las persianas translúcidas, como las de tela de visillo, de muselina, de *voile*, de encaje o de otros similares, aunque ofrezcan intimidad durante el día, son transparentes de noche, si no desconecta la luz. Como alternativa a los cortinajes comunes, pueden instalarse unas cortinas de cafetería (colgadas en una barra, y que sólo cubren la mitad de la ventana). Otra posibilidad para crear cierta intimidad consiste en la instalación de varias estanterías a través de la ventana, que se pueden decorar con objetos de vidrio, de porcelana o con plantas, o con una combinación de los tres. También las jardineras con abundantes plantas, instaladas en el alféizar, ayudan a tener más intimidad.

- **¿Hay radiadores de calefacción debajo de sus ventanas?**
  Generalmente, las cortinas lucen más si llegan hasta el suelo, a no ser que la ventana sea muy pequeña; sin embargo, si se llegaran a cubrir los radiadores, una parte del calor se perdería. Por lo tanto, si decide instalar cortinas en ventanas con radiadores, seguramente preferirá recogerlas a los lados e instalar una persiana o unos postigos. También podría olvidar por completo las cortinas e instalar únicamente persianas o postigos.

- **¿Las entradas de sus ventanas son muy profundas?**
  Si fuera así, sería preferible colgar las cortinas fuera de la entrada, ya que así entraría el máximo de luz natural.

3 *Estas cortinas toile de Jouy con alzapaños a juego, decorativamente suspendidas en una barra forrada de la misma tela, encuentran su contrapartida en el pequeño sofá tapizado también en toile, pero de rayas. El decorado se complementa con tres arbolitos podados de forma ornamental y colocados en el alféizar.*

4 *También estas cortinas de algodón se han colgado de una barra forrada de la misma tela, pero están recogidas mediante dos florones plateados. El amplio alféizar se ha convertido en un asiento de ventana, confortablemente decorado con cojines de diferentes diseños.*

segunda parte: elementos específicos

Cortinas y tratamientos para la parte superior

Tanto si le gustan los cortinajes completos con todas sus guarniciones como si prefiere el estilo moderno, más sencillo, el hecho es que casi todas las habitaciones lucen mejor con algo de suavidad o con algún tipo de decoración en las ventanas, aunque sólo se trate de una fina tela en la parte superior.

Además de que las cortinas deben ser las apropiadas para el estilo del espacio y del hogar y cumplir los objetivos prácticos descritos en las páginas 149-151, pueden ser tan suntuosas o tan minimalistas como usted quiera. Sin embargo, durante el siglo XIX, la gran época de los cortinajes y de las cortinas, la decoración de las ventanas en los salones principales de la mayoría de casas respetables comprendía una galería y una guardamalleta, los cortinajes externos y las cortinas internas, así como las persianas o los postigos. Muchas veces, la galería empotrada se combinaba con la cornisa de la habitación, y sujetaba la guardamalleta y también la barra o el riel donde se colgaban las cortinas.

1 *Una barra fina y muy larga decorada con una gran extensión de tela fina y transparente drapeada se extiende a lo largo de toda la pared de ventanas de este salón. La suavidad y la ligereza del tejido, así como el tono pálido de las paredes y del techo, incrementan la sensación de frescor.*
2 *Una cortina confeccionada con tejido grueso se ha colgado en una barra de acero mediante decorativos lazos de cuero. Es una solución poco usual, pero muy efectiva.*
3 *El voile ligero contrasta con las anillas negras y con la barra de hierro. Las anillas están espaciadas de tal forma que la tela cae en amplios y graciosos festones.*
4 *Otro ejemplo de una cortina ligera suspendida en una barra separada de la ventana, con ayuda de esbeltas lengüetas. Obsérvese el brazo de soporte, un elemento decorativo por sí mismo.*

Como alternativa, la guardamalleta a veces se drapeaba alrededor de una barra, y se terminaba en festones y colas, que evidenciaban la necesidad de una galería. Generalmente, las orlas de las cortinas y de la guardamalleta se hacían en colores contrastantes o afines. Los alzapaños se usaban para sujetar las cortinas retiradas durante el día y, a veces, cuando se cerraban las persianas o los postigos, también de noche.

Ahora casi ya no se encuentran estos decorados tan elaborados para las ventanas, a excepción de los grandes salones para reuniones de etiqueta; de hecho, se estila exactamente lo contrario, es decir, las ventanas desnudas o mínimamente «vestidas».

Sin embargo, las cortinas bien hechas siempre contribuyen a crear un espacio mucho más elegante o acogedor. Y más aún, el acabado superior de la cortina, tanto si es una cresta, una galería o una guardamalleta, o simplemente un festón, siempre es tan elemental para el efecto general como lo es el tejido.

BARRAS Y RIELES

Todas las cortinas se cuelgan con ayuda de varas (con anillas), de barras (con o sin anillas) o de rieles. Las varas, tanto si son de madera pulida pintada o revestida de tela, como de latón, de hierro forjado o de acero, siempre son decorativas por sí mismas, y no hace falta ocultarlas con guardamalletas o galerías.

Las varas más gruesas, generalmente llamadas varas de cornisa, tienen un diámetro entre 35 y 38 mm y se venden en largos estándar, con anillos y soportes incluidos. También se podrían combinar varas de madera con soportes de latón, o instalar soportes de arquitrabe más finos. Si las ventanas son muy amplias, posiblemente tenga que instalar más de una vara y juntar dos o más.

También hay disponibles varas de madera con extremos decorativos, en forma de botones o de florones, aunque estos últimos también se pueden comprar por separado. Ahora existen toda clase de configuraciones, aparte de los diseños más tradicionales como las «piñas» y las lanzas.

Las varas más finas, o las barras, también se pueden usar sin anillas, si las cortinas se han confeccionado con una jareta (*véanse* págs. 158 y 159) o al estilo de cortina de cafetería.

Los rieles son puramente funcionales y se tienen que ocultar, bien con drapeados o guirnaldas, o con galerías o guardamalletas (*véase* derecha y págs. 155-156). Hay variedades para la instalación de ambas, cortinas y guardamalletas. Los rieles pueden funcionar con

3

2

4

cordones (para abrir y cerrar las cortinas y evitar así el desgaste por tocarlas repetidamente) o sin ellos. También están disponibles en forma curvada para adaptarlas a ventanas arqueadas o salientes.

Generalmente, son de metal o de plástico blanco, con soportes de distintas dimensiones, de acuerdo con la distancia de la ventana a la que se desea colgar las cortinas.

CORTINAS PARA DISIMULAR

Las ventanas pequeñas con poca vista pueden parecer más amplias y más elegantes, sin tener que sacrificar la entrada de luz, simplemente decorándolas con varias capas de *voile*, muselina o encaje de color crema o blanco.

Por ejemplo, para ocultar la forma poco agradable de una ventana se puede colgar una cortina directamente en la parte superior del marco y dejarla colgar hasta el suelo. A continuación se añaden dos cortinas separadas, con ayuda de un riel instalado encima del marco, que se sujetan a los lados mediante unos alzapaños. Para lucir aún más interesantes, los cantos de las cortinas se pueden decorar con un fleco o un listón. Otra opción más sencilla sería rematar la primera cortina con una guirnalda de seda de un color similar, ligeramente drapeada. Sin embargo, si desea tener más intimidad de la que las diversas capas del suave tejido le puedan ofrecer por la noche, siempre está a tiempo de instalar una persiana enrollable bajo la primera cortina.

Otra opción para convertir un rectángulo o un cuadrado cubierto de vidrio en una ventana alta y atractiva es la instalación de un asiento de ventana. Instale un marco de madera alrededor de la parte superior y a ambos lados de la ventana, hasta el suelo. A continuación, introduzca una tabla de madera entre los dos marcos laterales, que servirá de asiento. Para mayor como-

didad, esta tabla debe de medir unos 35 cm de ancho, lo cual significa que sobresaldrá hacia delante. Después se instala una barra en la parte superior de la ventana para colgar dos cortinas, largas hasta el suelo y recogidas con alzapaños. El asiento se cubre con un cojín de espuma y se decora con otros cojines decorativos adicionales para ocultar la pared entre el alféizar y el asiento.

Si la pared tiene dos o tres de estas ventanas, este arreglo puede parecer parte integral de la habitación; además, aprovechando el espacio entre los marcos de las ventanas, se pueden instalar armarios o estanterías de poca profundidad.

FORROS Y ENTRETELAS

A no ser que deliberadamente se elija un tejido muy ligero sólo con la intención de filtrar la luz y no bloquearla, las cortinas se tienen que forrar. Además, tienen una caída mucho mejor y un aspecto mucho más suntuoso si llevan adicionalmente una entretela, que además ayuda a conservar el calor.

El forro las protege de la luz, del polvo, de la contaminación, oculta dobladillos y costuras, y puede ofrecer un contraste decorativo cuando las cortinas se recorren. Un buen forro también les da una mejor apariencia desde el exterior. Todos estos comentarios también son válidos para los drapeados y guirnaldas, así como para las guardamalletas y las galerías.

Si la primera luz de la mañana presenta un problema en el dormitorio, las cortinas (y las persianas de tela) se pueden forrar con un material opaco, que no tiene que ser necesariamente de color negro; así, la ventana será menos transparente. Como alternativa, las cortinas también se pueden forrar con «foscurit», un tejido térmico que no solamente bloquea la luz (aunque menos que el forro de material opaco), sino que también actúa como aislante.

DRAPEADOS Y GUIRNALDAS

Los drapeados y las guirnaldas suelen usarse para un decorado elaborado y formal. Aunque parezca que estén hechos de un enorme largo de tela bellamente drapeado, generalmente consisten en una serie de piezas habilidosamente unidas. Muchas veces se forran con telas de diseños decorativos o de colores contrastantes, y sus ribetes se decoran con galones, flecos, cordones o cenefas. Es muy importante que no se pretenda economizar tejido, pero tampoco se debe exagerar.

Las proporciones correctas son cruciales para este decorado. En su punto más bajo, el drapeado tiene que estar a una altura de una quinta o de una sexta parte de la altura total de la ventana, mientras que las guirnaldas pueden bajar hasta la mitad de la ventana. Los drapeados a gran escala lucen mucho

mejor en ventanas amplias de habitaciones con techo alto, mientras que los más sencillos son bastante versátiles. En realidad, los drapeados y las guirnaldas no tienen que combinarse exclusivamente con cortinas: también pueden ser muy efectivos con persianas o postigos, e incluso solos.

El drapeado se sujeta mediante chinchetas o con una grapadora. En lugar de la madera de una galería, también se puede usar una barra que se extienda más allá de ambos extremos de la ventana para no quitar demasiada luz. Sin embargo, si la tela se tiene que sujetar en algunos puntos, es mejor usar una barra de madera, para poder insertar chinchetas, clavos pequeños o grapas.

Una alternativa muy sencilla para el drapeado consiste en la simple colocación decorativa de un largo de tejido encima de una barra, a la que se sujeta con pequeñas piezas de velcro; de este

modo se puede bajar con facilidad para la limpieza.

GALERÍAS

Las galerías son los recubrimientos decorativos de la parte superior de las cortinas (o de las persianas) para ocultar cualquier accesorio o riel poco vistoso. Para guardar las proporciones, nunca deben tener una profundidad mayor de una sexta parte de la caída total de la cortina.

A veces, en las tiendas de antigüedades se pueden encontrar espléndidas galerías talladas, doradas o pintadas. Si le fuera posible adaptarlas a sus ventanas, podrían ser un gran complemento en cualquier habitación con decorado de época.

A menudo, las galerías se construyen de madera pintada o forrada de algún tejido adecuado, o a veces incluso de otros materiales rígidos como el bucarán, por ejemplo, también se suelen

segunda parte: elementos específicos

1 Esta guardamalleta de suave tela de algodón tiene un nudo frívolamente inflado en cada extremo. Generalmente, este tipo de extravagancias se suele rellenar con papel de tisú ligero. El tejido de gasa se ha ribeteado con un fleco.

forrar. Una galería con suaves líneas decorativas puede resultar muy efectiva para disimular la rectitud de un riel instalado a través de una ventana de formas poco comunes, por ejemplo, una ventana arqueada (aunque sería mucho mejor usar un riel curvado).

Otra variante de las galerías no rectas es el lambrequín o sobrepuerta, que se alarga a ambos lados de la ventana, a veces hasta el suelo, gracias al cual incluso la ventana más insignificante se convierte en un elemento sumamente decorativo.

Tanto las galerías como las sobrepuertas se pueden tapizar, ribetear, adornar con rosetas, flecos y cordones, o forrar de telas plisadas de acuerdo con el estilo elegido.

GUARDAMALLETAS

Las guardamalletas, menos rígidas que las galerías, se confeccionan de tejidos no reforzados. Generalmente, se forran, a excepción de que prefiera que tengan un aspecto muy suave y etéreo. Se pueden crear fruncidos simples o plisados, a mano o con cintas especiales para crestas, por medio de cualquiera de los métodos para fruncidos (*véase* derecha). Se pueden decorar para hacer juego con las cortinas, tal vez con una franja o cinta de color contrastante u otras.

Las guardamalletas se pueden instalar en un riel separado y paralelo al riel principal de las cortinas. Como alternativa, también se pueden sujetar en un tablón instalado por encima del riel de las cortinas o en un tablón en cuya parte posterior se encuentre el riel de las cortinas. Generalmente, este tipo de tablones se suele instalar en la parte superior del marco de la ventana o encima de la ventana mediante varios soportes. Estos tablones deben exceder la longitud del riel en 5 cm en cada lado.

La guardamalleta conocida como guardamalleta integral es muy parecida a la variedad convencional, mientras las cortinas estén cerradas; sin embargo, en realidad se encuentra encima de cada una de las cortinas, de modo que las dos mitades se separan cuando las cortinas se abren. Con ello se evita el bloqueo de la luz entrante, pero, ya que al abrir las cortinas el riel queda al descubierto o desnudo, es aconsejable usar una barra de madera.

CRESTAS DE CORTINAS

Las crestas determinan el estilo de las cortinas y de las guardamalletas, y afectan a su caída. Algunas de ellas sólo se prestan para combinarse con barras decorativas, en lugar de ocultarlas. Tradicionalmente, las crestas plegadas se hacían a mano, pero ahora se venden cintas especiales para un plegado mucho más rápido.

En algunas cortinas, la parte superior queda permanentemente cerrada mientras que los lados se recogen con alzapaños que simplemente se aflojan para cerrarlas. Esta variedad se conoce como cresta fija, y se puede aplicar a cualquier tipo de cortina; no obstante, hay algunas crestas que tienen que sujetarse, ya que no se desplazan con facilidad, y una vez abiertas lucen poco decorativas. Por tanto, son más indicadas para habitaciones de mucha luz, o para aquéllas que se suelen usar más por la noche.

Fruncido plisado o en grupo

Las crestas con un fruncido plisado o en grupo permiten una caída de la cortina en pliegues suaves pero precisos. Las cintas para este tipo de fruncido se pueden adquirir en los comercios del ramo, pero a veces se comban, por lo que es aconsejable coser los fruncidos a mano. Para ello, se forman jaretas individuales a distancias regulares, que después se dividen en pliegues triples. Es muy importante calcular el número correcto de pliegues e intervalos para que todo encaje nítida y simétricamente en un espacio determinado. Esta cresta se instala en un riel o en una barra de cortina con ayuda de ganchos, que se introducen en la parte posterior de cada fruncido.

Fruncidos en copa

Esta variedad de fruncido decorativo se confecciona de una manera muy similar a la del fruncido plisado o en grupo. Sin embargo, en lugar de formar tres pliegues pequeños, aquí cada uno de ellos, en forma de copa, se cose en la base. Para conservar su forma, generalmente se refuerzan con una entretela, y muchas veces se distinguen por un forro de color contrastante. Igual que el fruncido plisado, también el fruncido en copa queda mejor si se cose a mano, aunque se pueden adquirir cintas ya preparadas.

Fruncido flamenco

Esta variedad de fruncido, que se ha de tratar como una cresta fija, queda mejor si se cose a mano. También consiste en un fruncido en copa, atado o adornado con una cuerda, algunas veces con nudos decorativos intercalados.

Como alternativa, en lugar de pasar directamente por la base de cada una de las «copas», la cuerda también se

consejo

AL CONFECCIONAR UNA CORTINA CON FORRO Y ENTRETELA Y DARLE UNA APARIENCIA MÁS LUJOSA, COMO HECHA POR UN PROFESIONAL, ES ACONSEJABLE REFORZAR CADA PLIEGUE CON UNA TIRA VERTICAL DE ENTRETELA, QUE SE COSE A MANO CON UNA PUNTADA INVISIBLE EN EL INTERIOR DEL FORRO DE LA CORTINA.

2 *Esta cortina de fruncido plisado o francés se ha colgado mediante anillas en una vara clásica de madera con florones en los extremos. Los alzapaños sujetan el tejido justo detrás del sofá.*
3 *La cortina con fruncido en copa se ha instalado casi pegada a la barra, esbelta y ligeramente curvada. Los alzapaños ofrecen un bonito marco para esta silla poco común de respaldo muy alto.*

puede atar en cada tercera copa, para dejar que forme una lazada decorativa en el intersticio. Generalmente, las cortinas con fruncido flamenco se instalan en rieles o en paneles.

Fruncido de caja

Los fruncidos de caja lucen nítidos y elegantes. Se pueden coser a mano, pero también se ofrecen cintas para este tipo de fruncido, que simplemente tienen que coserse en la parte superior de la cortina o de la guardamalleta, y que, además, están provistos de un par de cuerdas para abrir o cerrar la cortina. El fruncido de caja se ha de tratar como una cresta fija.

Punto de nido de abeja

Esta variedad de cresta, sumamente decorativa, está muy indicada para los salones formales, para los comedores y también para los dormitorios; sin embargo, para confeccionarla es preciso tener mucha destreza. Aunque compre una tira ya confeccionada de punto de nido de abeja, ésta también se tiene que colocar y coser a mano. No obstante, si prefiere realizar la costura de toda la cresta a mano, es conveniente dibujar el diseño sobre un papel antes de realizarlo en la cortina. Una cresta de punto de nido de abeja también se ha de tratar como una cresta fija.

Fruncido simple

Como indica su nombre, es el fruncido más sencillo y el más funcional de todos, aunque también el menos decorativo. Por lo tanto, es aconsejable ocultarlo con una galería, con una guardamalleta o con un drapeado. Generalmente, se forma con una tira para fruncidos simples con tres hileras para los ganchos, a diferencia de la tira necesaria para las crestas de fruncido ondulado, que sólo tiene una hilera. La tira para el fruncido simple se vende en varios anchos y grosores, para los distintos tipos de tejido.

Fruncidos ondulados

Esta variedad informal de cresta se suele usar para los tejidos finos y muy ligeros. La tira estrecha se cose a una distancia de unos 5 cm del extremo superior de la cortina de modo que, cuando se tira del cordón, se suele formar un bonito volante en la parte superior de la cortina y un suave fruncido en la inferior.

Fruncido directo

Este método informal de fruncido, que se presta a toda una serie de variantes decorativas, sirve para casi todas las ventanas, aunque tenga que tratarse como de cresta fija y no resulte muy indicado para las habitaciones con poca luz.

El riel o la barra, de una longitud apropiada, simplemente se hace pasar por una jareta cosida en la parte superior de la cortina, o un poco por debajo si prefiere dejar un pequeño volante de adorno como toque final; sólo deben sobresalir las puntas de los dos extremos.

Cresta de lengüeta

Se trata de una variante de cresta con una serie de lengüetas, como si fueran elementos individuales, a través de los cuales se hace pasar la barra o el riel.

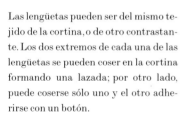

Las lengüetas pueden ser del mismo tejido de la cortina, o de otro contrastante. Los dos extremos de cada una de las lengüetas se pueden coser en la cortina formando una lazada; por otro lado, puede coserse sólo uno y el otro adherirse con un botón.

Cresta en forma de concha

Otra buena solución para las cortinas muy finas y ligeras o de estilo de cafetería simplemente consiste en colgar la cortina de una vara por medio de anillas o ganchos de tipo pinza. Los espacios entre las anillas adyacentes adoptan automáticamente una forma de concha. Si prefiere una forma de concha más marcada, se puede recortar y coser una serie de semicírculos en la parte superior de la cortina, y enganchar las pinzas entre una concha y otra.

3 *Esta cresta con lengüeta hecha del mismo algodón fino y transparente de la cortina se ha instalado en una varilla de acero; las cortinas cuelgan graciosamente hasta cubrir el suelo pintado de color blanco.*

4 *Aquí se ha usado una barra gruesa de plexiglás (material acrílico) para atravesar los ojetes sobredimensionados reforzados de esta cresta contemporánea de una cortina cortada a la medida y confeccionada de un material duro y resistente.*

Ojetes

Esta variedad de cresta moderna consiste en la inserción de grandes ojetes a lo largo de la parte superior de la cortina, que después se dobla en forma de acordeón para pasar la varilla a través de los mismos.

ALZAPAÑOS

Las cortinas se pueden recoger de varias formas y también a distintas alturas. La altura más común para los ganchos de los alzapaños es a dos tercios de la altura de la ventana; pero, naturalmente, se puede poner más arriba o más abajo, de acuerdo con las propor-

segunda parte: elementos específicos

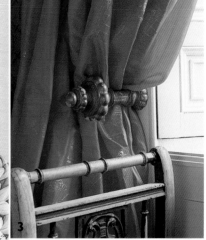

ciones de la ventana. Un alzapaños bien instalado, o también un par de ellos, puede ayudar a darle una caída espléndida a las cortinas, de modo que incluso se revela parte de su forro de color contrastante, si se desea.

Uno de los modelos más comunes de alzapaños tiene forma oblonga, es largo, estrecho y reforzado con bucarán o con una entretela. Éste se ata alrededor de una cortina para recogerla con soltura; o, en el caso de la variedad con anillas cosidas en los extremos, cada una de ellas se sujeta con un par de ganchos instalados detrás de la cortina y al lado de ella. También hay disponibles otros modelos de alzapaños reforzados, por ejemplo, con forma de media luna.

Otra variedad de alzapaños se confecciona mediante un trenzado de tubos forrados de tejido, donde el tejido de uno de los tubos, por ejemplo, puede ser el mismo de la cortina, y los otros dos de cualquier otro.

Entre los demás modelos figuran los alzapaños con lazo; dos cuerdas gruesas con borlas hechas de seda o de algodón, o de una combinación de ambos; también hay una variante hecha de metal, así como un modelo en forma de «rosa» de tallo largo detrás del cual se sujeta la cortina.

CUERDAS A LA ITALIANA

Otros métodos para recoger las cortinas a los lados, aunque se junten en la

barra superior, es el llamado sistema de cuerdas a la italiana. En la parte posterior de las cortinas se cose una línea diagonal de anillas entre un punto (a una distancia de una quinta parte del borde exterior medido desde el extremo superior) y otro (a una distancia de una tercera parte del borde anterior). A continuación, las anillas se ensartan en una cuerda (en una cortina, a lo largo del listón superior). Al tirar de las cuerdas laterales, las cortinas se separan de la misma manera que las cortinas de un teatro infantil de marionetas. Las cuerdas a la italiana son prácticas y decorativas, y dejan pasar más luz que los alzapaños clásicos, que se suelen instalar más abajo.

RIBETEADOS PARA CORTINAS

Muchas cortinas parecen mejor acabadas y lucen más elegantes cuando se decoran con algún ribeteado, aunque sólo sea uno fino del mismo tejido de las cortinas para rematar los cantos. En los comercios del ramo también hay disponible una gran selección de materiales para el ribeteado a toda clase de precios.

El forro en colores contrastantes es una buena solución para el acabado de las cortinas, especialmente para aquéllas que se recogen con alzapaños o con cuerdas a la italiana. El tejido del forro puede ser del mismo diseño de las cortinas, pero en distintos colores; por otro lado, también el uso del mismo tejido

1 *Un gran gancho de latón decorativamente elaborado para sujetar la cortina.*

2 *Grandes borlas decoran los extremos de este alzapaño de cuerda.*

3 *Una sujección metálica dorada, en forma de «rosa» muy decorativa, y de fácil manejo tanto para recoger la cortina como para volver a soltarla.*

4 *Estas cortinas de lino con entretela, con fruncido de copa, se han recogido mediante el sistema de cuerdas a la italiana. Una borla cuelga justo en el centro de la cresta fija. Obsérvese la decorativa franja blanca en la cortina que combina con la pintura blanca del espacio.*

para ambos puede ser una solución muy sutil (en mi opinión, el revés de un tejido a veces resulta mucho más interesante que la cara anterior, así que es mejor examinar ambos lados).

A veces, cuando quiero hacer lucir un tejido contrastante en unas cortinas recogidas con alzapaños, simplemente forro la mitad interior de cada una de las cortinas con el tejido contrastante encima de la parte superior del material de forro normal. Si el precio del tejido contrastante es relativamente elevado y las cortinas son de grandes dimensiones, esta solución resulta bastante más económica que comprar tejido contrastante para toda la cortina.

segunda parte: elementos específicos

Persianas

Las persianas, instaladas como alternativa a las cortinas o en combinación con ellas, ofrecen muchas ventajas que merece la pena tomar en consideración. Ya que fundamentalmente consisten en una sola pieza de un determinado material, su diseño y su decoración destacan mucho más que en las cortinas. También el material o tejido liso decorado con una franja intercalada o en los bordes puede resultar muy decorativo. Gracias a sus líneas sencillas y claras, las persianas plegables o enrollables son muy apropiadas para cualquier tipo de habitación, sin importar si su decoración es de estilo moderno, de época o ecléctico.

Si el marco de la ventana está en buenas condiciones, la persiana puede instalarse en el interior de éste para cubrir sólo los vidrios y dejar el marco a la vista.

Muchas veces las persianas son una buena alternativa para las cortinas, en especial en el caso de ventanas pequeñas, o cuando hay un radiador o un asiento en la parte inferior. Otra alternativa decorativa es la instalación de una persiana en combinación con cortinas laterales recogidas, que no se suelan dejar abiertas. Aparte de ser una decoración práctica para toda clase de ventanas, la persiana siempre le confiere una perspectiva interesante a cualquier tipo de habitación.

Todas las persianas se suben y bajan mediante un mecanismo de resorte o de cuerda, que permite bajarlas para cubrir el vidrio, o subirlas y enrollarlas para plisarlas o plegarlas. Y, ya que se pueden subir y bajar a cualquier nivel, son muy apropiadas tanto para filtrar la luz como para bloquearla.

1 *Las persianas enrollables de color blanco crudo delante de este par de ventanas en un cuarto de baño ofrecen un bonito decorado geométrico detrás de la bañera pintada de color rojo escarlata. Las llamativas borlas repiten este mismo color en miniatura.*

2 *Las persianas plegables de seda blanca ofrecen un atractivo contraste con la mesa de estilo oriental de color oscuro y con la colección de cestas debajo de ella. Sin embargo, esta yuxtaposición de texturas (de la seda, de la madera, del bambú, de las hojas suculentas de la planta, de la piedra y la terracota, del tapizado de terciopelo y de la cestería) resulta sumamente decorativa y crea un ambiente muy moderno. El espacio es conciso y práctico además de ser muy atractivo a la vista.*

2

PERSIANAS DE TELA/ESTORES

Hay cinco modelos principales de persianas de tela o estores para ventanas: los plegables, los festoneados, de tracción hacia arriba, los enrollables y los plegables con tablillas.

Estores plegables o austríacos

Fueron los grandes favoritos durante el rococó, en el siglo XVIII. Aunque algunos puristas los consideran demasiado engorrosos, en determinadas ocasiones pueden resultar extraordinariamente atractivos. Este tipo de estores tiene una buena holgura en toda la anchura, y el tipo de galería que se elija para ellos es una cuestión de gusto, aunque los pliegues filiformes suelen ser los más frecuentes. Los estores suben y bajan formando una serie de dobleces fruncidos o plisados ondulados, e incluso cuando están bajados del todo, la única holgura se encuentra en la base, donde se conserva un fruncido ondulado.

El estor plegable está provisto de una serie de anillas, generalmente integradas en los galoncillos dispuestos verticalmente en el revés del mismo. Cada fila de anillas está provista de una cuerda atada a la anilla inferior. La parte superior del estor se adhiere a un listón de madera o a una vía fijada en la parte superior del marco de la ventana o encima de ella. En la parte inferior de este listón de madera se instalan los cáncamos roscados, a través de los cuales han de pasar las cuerdas, de modo que todas las cuerdas cuelguen juntas en un solo lado, y se anuden de tal forma que al tirar de ellas el estor suba.

El estor con faldón o con cola es muy parecido, a excepción de que se tienen que omitir las cuerdas laterales, y de que el tejido en ambos lados se inclina hacia abajo, de modo que forma una cola o un pequeño faldón.

Ambos tipos de estores se suelen fabricar con tejidos muy ligeros, ya que los más gruesos, como el lino o el algodón, les darían un aspecto más formal y «serio», en especial cuando se trata de la variante con «cola» o faldón.

Estores festoneados

Muchas veces los estores festoneados se confunden con los plegables, ya que ambos tienen una amplia holgura en toda su anchura. Sin embargo, mientras que el plegable tiene una caída plana como una cortina, donde sólo el extremo inferior conserva la forma ondulada, el festoneado mantiene el decorado ondula-

segunda parte: elementos específicos

do por todo el largo (por lo cual se necesita el doble de tela del largo acabado). También se recoge con cuerdas insertadas entre el tejido y el forro durante su confección, y no en el reverso, como en el caso de los estores plegables.

Estores plegables largos o cortinajes

Estos estores se usaban mucho en las grandes mansiones del siglo XVIII. Robert Adam, por ejemplo, los instaló en los maravillosos interiores de su mansión de Osterley Park, cerca de Londres, de modo que tienen un origen extraordinario e impresionante. Su apariencia es similar a los demás estores plegables, y también se basan en el mismo principio; sin embargo, son mucho más largos, y llegan hasta el suelo, como los grandes y elegantes cortinajes cerrados.

Estores enrollables

Este tipo de estor fue el primero de todos los estores, y también figura entre los más útiles. Originalmente se conocía

como «estor de Holanda», ya que el lino finamente tejido y altamente satinado de color amarillento que se usaba para su fabricación se llamaba «Holanda». Ahora se decoran incluso con pinturas y estarcidos y se confeccionan cualquier tipo de tejido, y se pueden laminar o reforzar para darles la consistencia necesaria (sin que sean demasiado gruesos) para enrollarse satisfactoriamente. Hay modelos sencillos, prácticos y resistentes, así como otros altamente

decorados, de acuerdo con el diseño del tejido o del tratamiento de su extremo inferior. Se enrollan alrededor de un rodillo largo accionado por un mecanismo de resorte o por una «devanadora» dentada.

Estores que se enrollan a la inversa

En este modelo de estor, el tejido enrollado se encuentra en la parte inferior y se desenrolla hacia arriba. Su funcionamiento es simple: se acciona mediante un par de cuerdas y cáncamos o armellas, sin tener que instalar un rodillo u otro mecanismo. El tejido debe ser muy ligero para que suba con facilidad.

Persianas venecianas

Este tipo de persianas es plano y liso en toda su anchura. Después de bajarlas, la superficie queda completamente estirada y lisa. Se divide en pliegues horizontales, y el tejido se refuerza mediante una serie de tablillas finas forradas o en fundas, dispuestas paralelamente; las tablillas se suben con ayuda de unas cuerdas formando pliegues decorativos.

Las persianas venecianas se pueden forrar y entretelar, reforzar con un forro oscuro o usar sin forrar, de acuerdo con el tejido utilizado y con sus deseos y gustos personales, y según si le interesa evitar la entrada de luz y de corrientes de aire o si sólo quiere filtrar la luz y conservar su intimidad. Estas persianas pueden ribetearse, decorarse o adornarse con cenefas o flecos, con una guardamalleta, una galería u otros elementos (*véanse* págs. 155-156).

No es aconsejable instalar persianas venecianas de una anchura mayor a 1,5 m, ya que pesarían demasiado para subirlas, y realmente es muy importante que suban formando pliegues perfectos y que una vez subidas no estén torcidas. Si las ventanas fueran demasiado anchas, es aconsejable instalar dos o tres persianas más estrechas y colgarlas una al lado de la otra.

OTROS MODELOS DE PERSIANAS Y CELOSÍAS

Las persianas fabricadas con otro tipo de materiales que no sean tejidos también pueden resultar muy apropiadas, lucir bonitas y convertirse en el punto clave dentro de un esquema decorativo.

Persianas de bambú

Se fabrican con tablillas de bambú de distintas dimensiones y suelen tener una apariencia interesante, semejante a la concha de tortuga.

Celosías

Las celosías consisten en tiras o tablillas metálicas, de madera o de cualquier otro material duro, graduables para abrirlas o cerrarlas. Las celosías verticales, que se abren y se cierran hacia los lados, son una buena solución para instalarlas en una amplia pared de ventanales de un edificio moderno. El modelo de tablillas horizontales finas se conoce como minicelosía, mientras que las horizontales más anchas son las persianas o celosías comunes.

Celosías comunes de junquillo (pinóleo)

Estas celosías se confeccionan con pequeñas astillas de madera unidas con

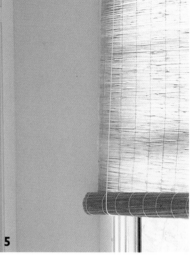

hilo de algodón. Generalmente se enrollan y se sujetan con cuerdas (como los estores que se enrollan a la inversa), aunque algunas veces también se venden con mecanismos de resorte como las persianas convencionales. Normalmente se venden con su color de madera natural, pero también se pueden barnizar o pintar con pistola.

Estas celosías están especialmente indicadas para filtrar la luz, tal vez en combinación con otro tratamiento de ventanas más convencional, por ejemplo con unas cortinas, ya que por la noche, y con la iluminación eléctrica, se puede ver a través de ellas. No obstante, como resultan sumamente económicas, ofrecen una buena solución intermedia hasta que se proceda a la instalación de las cortinas o de las persianas definitivas.

Persianas de papel

Estas persianas se fabrican con una variedad de papel suave, grueso y plegable, y se enrollan hacia arriba y hacia abajo. Son otra buena alternativa temporal.

Persianas y celosías patentadas

En el mercado hay disponibles varios modelos de persianas y celosías patentados de distintos grados de solidez y transparencia, algunas de ellas con tablillas, fabricadas en una gran variedad de materiales, todas muy eficaces, decorativas y muy apropiadas para su instalación en edificios modernos.

Estas persianas se comercializan en una gran gama de dimensiones y se adaptan a toda clase de ventanas; sin embargo, también se pueden encargar para una confección a medida. Casi todas las marcas se anuncian en los medios de comunicación.

1 *Los tejidos con diseños gráficos, como este rayado, por ejemplo, son ideales para los estores.*
2 *Estos estores de tela finamente rayada, que aquí cubren sólo media ventana, ofrecen una imagen nítida y se ajustan a la dimensión de los vidrios. Un fino rayo de luz logra filtrarse por los lados, pero el efecto no sería tan gráfico si los estores cubriesen todo el marco de la ventana.*
3 *En esta habitación infantil, los estores de rayas blancas armonizan con los cajones pintados de diversos colores instalados en la parte inferior de las ventanas.*
4 *La celosía de tablillas finas cubre toda la pared de ventanales y proyecta un intrigante diseño de luz y sombra.*
5 *Detalle de una celosía común. A pesar de su poca resistencia, es una protección muy útil contra los rayos solares o como persiana suplementaria.*

segunda parte: elementos específicos

Tratamientos alternativos

Además de los cortinajes, las persianas y los estores, hay otra serie de soluciones para el tratamiento de las ventanas.

POSTIGOS

Los postigos siempre han sido una solución efectiva y limpia, tanto los apersianados y plegables, como los de estilo sólido antiguo, que era casi de rigor en todas las casas de finales del siglo XVIII y principios del XIX. Los viejos postigos de madera se pueden lavar, y los apersianados de madera se pueden conservar con su color de madera natural; ambos se pueden pintar en cualquier color. También existe la alternativa de decorar los modelos antiguos de madera sólida con algún diseño, o de pintar sus paneles de otro color, para darles una apariencia geométrica moderna, como una reminiscencia de las pinturas de Mondrian.

1 *Postigos apersianados de madera natural, del estilo que se usaba en las plantaciones norteamericanas.*
2 *Un par de pantallas dispuestas delante de una persiana desplegable traslúcida que protege las grandes cristaleras de una enorme ventana. Las pantallas le confieren una mayor gravedad a esta zona y, además, también protegen el interior del espacio del exceso de luminosidad.*

3 Los postigos de madera sólida de esta pequeña ventana se han forrado con un tejido decorado con pequeñas perforaciones romboidales. La yuxtaposición de los colores y los diversos objetos de vidrio en el antepecho son detalles encantadores.

4 Las cadenas de vidrios de colores de formas irregulares colgadas delante de una ventana profunda reflejan la luz del sol en todos los colores del arco iris.

5 Este vidrio escarchado ofrece la más simple de todas las decoraciones para ventanas, mientras que la entrada creada por un alféizar se ha aprovechado para instalar un tocador completo, con un lavabo y con el espacio suficiente para los utensilios necesarios.

• Las estanterías de vidrio dispuestas dentro de un marco siempre son una buena solución para las ventanas pequeñas y complicadas; para aquellas difíciles de abrir por una razón u otra; para las ventanas esquineras dispuestas en ángulo recto entre sí, y también para las de la cocina, del cuarto de baño o del guardarropa. De este modo, la ventana se convierte en una estantería decorativa para objetos de vidrio transparente o de color, para plantas y para objetos de cerámica.

• Las pequeñas ventanas en una escalera, en un rellano o en un pasillo siempre parecen muy serias, pero se ven mucho más interesantes cuando su antepecho se decora con algún objeto escultural, como un florero, una planta o una colección de objetos pequeños.

• Una ventana que sirve de marco para una vista impresionante puede tratarse como una pintura, y enfatizar el marco de la misma. Esto se puede realizar cubriendo el marco con un color especialmente interesante (haga juego con el espacio restante) o incluso aumentando el tamaño del marco de la ventana.

• Una ventana interior o una pequeña ventana en un vestíbulo, en la escalera o en el cuarto de baño, puede resultar mucho más decorativa si se sustituye el vidrio común por vidrio emplomado o grabado, o simplemente con decorar el vidrio ya existente.

segunda parte: elementos específicos

Ventanas problemáticas

Paradójicamente, algunas de las ventanas más interesantes son las más complicadas para decorar, ya que se tienen que enmarcar y enfatizar en lugar de ocultarlas, con lo cual puede surgir el eterno conflicto entre la estética y la practicidad. A continuación se describen las ventanas problemáticas más comunes, así como también las soluciones posibles.

VENTANAS SALIENTES

Aunque generalmente se considere como un detalle muy decorativo para cualquier tipo de habitación, la ventana saliente suele ser un problema si hay un radiador o un asiento en su parte inferior. La respuesta (que, en realidad, es válida para cualquier ventana con un radiador inferior) consiste en cubrir los vidrios con una celosía para decorar ambos lados con unos cortinajes atados, que se pueden omitir si prefiere una decoración más vigorosa. Si la ventana tiene un asiento en la parte inferior, introduzca un elemento textil complementario o contrastante, como por ejemplo una serie de cojines en diversos colores y de texturas distintas.

1 *Se han utilizado grandes cantidades de tela de algodón pesado de la India, de precio razonable, adornado con elaborados flecos, para decorar esta ventana. Con objeto de ocultar la forma saliente de la ventana, las cortinas siempre se mantienen atadas. Por la noche solamente se bajan las persianas venecianas. El espacio se ha decorado elegantemente con una meridiana con cabecera.*

2 *La dificultad para encontrar una solución adecuada para una ventana triangular se ha evitado aquí simplemente no haciendo nada (la configuración misma lo hace todo).*

Este tipo de ventana puede parecer todo lo grande o lo sencillo que quiera según el tratamiento que se le aplique. No hay ninguna razón por la cual no pueda introducir guirnaldas decorativas o bien delante del saliente o a lo largo de una guía arqueada a lo largo de parte superior de la ventana.

Si no existe ningún impedimento alrededor de las ventanas, también podría aplicar una guía de cordoncillo. La mejor forma de sujetarla es por medio de una tabla de guardamalleta. Utilice un par de cortinas voluminosas, que se recogen y atan durante el día, o un par de ellas recogidas en cada una de las secciones de la ventana. En este caso el tratamiento es probablemente más caro que difícil.

PUERTAS CRISTALERAS

Un gran número de las puertas cristaleras se abren hacia el interior, con lo cual se crea un problema si quiere utilizarlas con las cortinas cerradas. No obstante, hay varias soluciones para superar este problema.

Si dispone de espacio suficiente las cortinas se pueden colgar de una barra más larga que el marco, de modo que tenga la posibilidad de correrlas hacia los lados para poder abrir las puertas.

Si, por el contrario, no dispusiera del espacio suficiente, se podrían colocar unas persianas instaladas en la parte barnizada de las propias puertas cristaleras, que se combinarían con un bonito decorado encima de la ventana. Otra opción sería colgar unas cortinas correderas como para un tragaluz o una claraboya.

Como alternativa, para cada una de las puertas cristaleras se podría colgar un cortina sobre una barra *portière* de estilo victoriano, con un extremo instalado en el marco de la puerta y el otro en el extremo opuesto de ella: la barra pivota, de modo que la cortina se abre junto con la puerta.

2

VENTANAS CON POSTIGOS

Las ventanas con postigos se pueden dejar tal como están, o simplemente decorarlas con una guardamalleta o con una cenefa. Otra alternativa sería colgar unas cortinas recogidas, y cerrar los postigos de noche. Los postigos de seguridad suelen ser problemáticos, y no se prestan para ningún tipo de decoración con cortinas; la única alternativa sería decorarlas con pintura.

VENTANAS EN ARCO

Procure no perder el efecto del arco durante la noche, ni durante el día. La forma tradicional de decorar una ventana trigeminada (una ventana redondeada en arco con ventanas estrechas rectangulares en los lados) consistía en una cortina o un visillo festoneado en dos piezas en el centro, que deje las ventanas laterales a la vista, o simplemente con unos postigos.

También se pueden instalar guías redondeadas adaptadas a la forma del arco, para colgar las cortinas, que se recogen en la parte inferior durante el día. Una alternativa similar consistiría en usar una cinta de encabezamiento de plegado fino de un material parecido al velcro.

Otra solución más sencilla y más económica, a pesar de que con ella se pierde el efecto del arco durante la noche, consiste en instalar una guía por encima del arco, de modo que éste sólo se pueda ver de día.

Y una segunda alternativa, en este sentido, sería colocar una barra debajo de la parte semicircular y colgar la cortina en ella, de modo que el arco quede al descubierto. Por último, también existe la posibilidad de una celosía de festones u otra similar suspendida en una guía arqueada, aunque ésta quede estática dentro del mismo arco.

VENTANAS Y VENTANALES CON GRANDES VISTAS

Evidentemente no querrá cubrir una ventana con una vista especialmente llamativa durante el día (aunque de algún modo tendrá que filtrar y controlar la luz del sol). No obstante, durante la noche suele ser un espacio oscuro y negro, y seguramente le interesa cubrirlo (a excepción de los apartamentos urbanos situados en pisos altos, desde donde las luces de la ciudad tienen un efecto mágico, o de las ventanas con vistas sobre un jardín bellamente iluminado). La mejor solución para los grandes ventanales son las persianas venecianas, las celosías o los estores, o cualquier otro tipo de apantallado, ya que las cortinas resultarían inadecuadas. Sin embargo, se podría colocar un cortinaje individual, recogido decorativamente a un lado, si hubiera el espacio necesario.

VENTANAS DE BUHARDILLAS

Ya que no se dispone del espacio lateral necesario para colgar cortinas al lado de las ventanas de buhardilla, la solución más indicada consiste en la instalación de persianas venecianas o un estor enrollable.

Como alternativa, instale unas varillas articuladas finas en el marco superior, donde habrá colgado un par de cortinas cortas, para que las varillas y las cortinas puedan desplazarse hasta los batientes durante el día, de modo que se minimice la pérdida de luminosidad.

CLARABOYAS

Los fabricantes de claraboyas venden apantallados especiales para claraboyas. También se pueden usar celosías comunes, estores enrollables u otro tipo de celosías que se instalan en la pared mediante ganchos especiales situados justo debajo del alféizar.

Otra alternativa es una cortina en forma de faja. Utilice unas varillas fi-

segunda parte: elementos específicos

nas y extensibles o un alambre para cortinas revestido de plástico para pasarlos por la parte superior e inferior de una cortina fina y ligera e introdúzcalos directamente en el marco de la claraboya.

VENTANAS REDONDAS

Realmente, lo mejor es no decorarlas; en todo caso, el vidrio transparente se podría reemplazar por otro tipo de vidrio emplomado, pintado o grabado al ácido.

VENTANAS GRADUABLES DE CELOSÍA

El mejor tratamiento para estas tiras de vidrio largas, estrechas, horizontales o verticales son las persianas. La única alternativa consiste en la instalación de una estantería a través del marco para crear un espacio para objetos decorativos.

VENTANAS CONTIGUAS

Es mejor tratar varias ventanas contiguas como si fuera una sola ventana grande. Cuelgue los cortinajes en una barra o en un riel con una sola galería para todas las ventanas y retire las cortinas hacia los lados. Otra solución es instalar celosías de cualquier tipo.

VENTANAS ESQUINERAS

En el caso de que dos ventanas en un mismo rincón se encuentren en ángulo recto entre sí, la mejor solución son las celosías o las estanterías de vidrio, con iluminación desde arriba o desde abajo por medio de una luz ascendente o descendente empotrada en la pared.

VENTANAS DE DISTINTAS FORMAS EN UNA MISMA PARED

Si una de las ventanas es notablemente más pequeña, lo mejor es no decorarla e instalar una pequeña estantería, o decorarla con un objeto escultural en el alféizar. Otra solución sería cubrir toda la pared con una cortina sujetada a ambos lados, si el espacio no fuera muy amplio. Si, por el contrario, la pared fuera muy larga, posiblemente habría que colgar varias cortinas fijas en las partes de pared existentes entre las ventanas.

VENTANAS DE PIVOTE Y VENTANAS QUE SE ABREN HACIA DENTRO

Si necesita intimidad, cuelgue las cortinas o los visillos finos en la misma ventana. Para las ventanas con pivote horizontal, instale un varilla fina en el marco interior de la ventana para colgar un visillo de cafetería. Las ventanas de giro vertical se decoran con cortinas de faja instaladas en el marco, como para las claraboyas (*véanse* págs. 169-170), o utilice barras *portière*, como para las puertas cristaleras (*véase* pág. 169).

1 Un estor desplegable en la parte superior, combinado con otro provisto de listones, en la parte inferior, como solución para una ventana de grandes dimensiones en una habitación con un techo muy alto.
2 Las barras de portière ya pasadas de moda, se abren junto con la ventana, pero también se pueden plegar hacia los lados del marco. Las cortinas se han colgado de finos herretes de cordón.

3 *Las ventanas complicadas, horizontales y de poca profundidad son realmente difíciles de decorar. Ésta se ha decorado con una celosía en yuxtaposición con una estantería de la misma longitud.*

4 *Esta típica ventana de ojo de buey se ha conservado sin ningún tipo de decorado, para así simular la pintura de un paisaje en un marco redondeado, que contrasta vivamente con el retrato superior.*

5 *Esta ventana de configuración extraordinaria, en arco y de forma alargada, con una rodela en el interior del arco, también se ha conservado sin añadirle más detalles decorativos. Obsérvese cómo tanto las paredes de color blanco crudo como las estanterías y la vasija de gres resaltan la imagen arquitectónica gráfica.*

segunda parte: elementos específicos

Tejidos para vestir ventanas

Para vestir las ventanas se puede usar casi cualquier clase de tejido, aunque evidentemente algunos son más apropiados para determinados espacios y climas que otros. Sin embargo, aunque la zaraza, el algodón ligero, la seda, la tafeta y la falla convencionalmente se consideren más indicados para los dormitorios, no hay razón por la cual no se deban usar tejidos como la franela, la lana o cualquier otro tejido más denso y tupido. Por la misma razón, las texturas más pesadas como la lana, el *tweed* y los terciopelos, o algunas variedades de organza, de seda, de *moiré*, de damascos y de brocados se suelen considerar las más adecuadas para los salones y para las salas de estar; no obstante, también las ventanas de estos espacios pueden decorarse perfectamente con texturas más ligeras, si resulta adecuado para el ambiente y el clima.

La mayoría de los tejidos tiene una mejor caída y dura más si se les aplica una entretela y un forro. Sin embargo, si

consejo

ES MUCHO MÁS ACONSEJABLE EMPLEAR UNA GRAN CANTIDAD DE UN DETERMINADO MATERIAL ECONÓMICO, TAL VEZ DECORADO CON UNA FRANJA O CON UN RIBETEADO DE CORDÓN O DE UN BONITO TRENZADO, QUE UNA ESCASA CANTIDAD DE UNA TELA MUY CARA.

específicamente prefiere esta apariencia ligera y flotante de las cortinas sin forro, tal vez para un esquema decorativo muy delicado, o para combinarlas con unas persianas contrastantes, es aconsejable usar una tela como la seda salvaje, el tafetán sedoso, un *voile* grabado, una muselina bordada o un lino muy ligero. Cerciórese de que la tela para las cortinas ligeras siempre mida tres veces el ancho de la ventana y cósala con dobladillos anchos, tanto para que tengan una mejor caída como para alargar si encogen con el lavado.

Las persianas enrollables deben confeccionarse con un tejido que se enrolle fácilmente; existe una gran variedad de tejidos especialmente armados o laminados. Las persianas venecianas con cuerdas, que suelen formar bonitos plegados o plisados, se pueden confeccionar con casi cualquier tipo de material, siempre y cuando no sea demasiado grueso para formar pliegues uniformes; para los estores se necesitan tejidos suaves y ligeros.

1 *Estas cortinas de tela cuadriculada de algodón, sencilla y económica, provistas de forro y de entretela, se han diseñado con tal acierto que parecen mucho más caras de lo que realmente son. La silla de estilo victoriano y el asiento de la ventana se han forrado con el mismo tejido cuadriculado.*

2 *Esta ventana en saliente se ha vestido con unas persianas translúcidas, así como con unas cortinas mucho más pesadas, con lo cual se combina la apariencia ligera de una con otra más cálida y de más peso.*

3 *Estas cortinas, muy ligeras y transparentes, se han instalado deliberadamente para darle un ambiente romántico a este salón rústico.*

3 *Gracias a este riel curvado, las voluminosas cortinas de voile cuelgan a cierta distancia de las puertas cristaleras. Estas cortinas, de un largo exageradamente generoso, también decoran parte del suelo.*

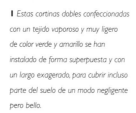

1 *Estas cortinas dobles confeccionadas con un tejido vaporoso y muy ligero de color verde y amarillo se han instalado de forma superpuesta y con un largo exagerado, para cubrir incluso parte del suelo de un modo negligente pero bello.*

2 *En contraste con el modelo anterior, estas cortinas de pliegues profundos apenas rozan el suelo, y los amplios dobladillos ayudan a conservar la forma. Obsérvese cómo los dobladillos exageradamente anchos aumentan el efecto apanelado.*

Vocabulario de términos textiles

Acrílico: FIBRA SINTÉTICA o tejido confeccionado con ella. Por sus características, resulta muy apropiado para un gran diversidad de usos. Es más resistente que las FIBRAS NATURALES, no se encoge ni cede, pero suele ensuciarse con facilidad.

Algodón: fibra natural o tejido fabricado con esta fibra. El algodón es un tejido increíblemente versátil disponible en una amplia gama de densidades y texturas.

Anilina: término que se aplica a los tintes derivados del alquitrán de carbón, usados para colorear los tejidos.

Apresto: sustancia química aplicada a un tejido para aumentar su rigidez, para darle una superficie más suave o una mayor resistencia. Puede ser permanente (cola o arcilla) o temporal (almidón).

Arpillera: tela gruesa y resistente hecha de yute. Aunque generalmente se usa para cubrir los muelles de los sillones y los sofás, así como para revestir paredes, también sirve como cortina.

Bámbula: tejido fino con un acanalado horizontal en relieve.

Batista: tejido suave y transparente, generalmente de color blanco, que se confecciona con fibra de ALGODÓN, de SEDA, de LINO, de LANA y también de FIBRAS SINTÉTICAS.

Bobbinet: material de grandes mallas redondas, donde la calidad se define por la finura del hilo y la cantidad de mallas. Tejido que se suele usar para cortinas transparentes.

Bombasí: tejido de algodón rizado y ligero, generalmente con un dibujo rayado o cuadriculado.

Bordadas con bastidor, telas: bordado en cadeneta muy similar al bordado hecho a mano con bastidor.

Bordado: decorado con aguja e hilo, a mano o a máquina, de una determinada tela.

Brillo: acabado aplicado en tejidos como la ZARAZA, tratados con parafina y después calandrados (prensados entre dos rodillos). Se emplea en la confección de cortinas, de pantallas para lámparas y de cubiertas sueltas.

Brocado: originalmente, tejido de SEDA, que ahora se confecciona con FIBRAS SINTÉTICAS, de diseños elaborados con hilos dorados y plateados. El brocado de JACQUARD es un tejido con relieve.

Brocatel: variante del BROCADO, con un relieve más pronunciado, el llamado *repoussé*, donde los hilos urdidos y de relleno se torsionan de forma desigual; además, lleva un juego de hilos separado y adicional para el refuerzo. El diseño del JACQUARD crea un efecto de «burbuja».

Bucarán: antiguamente un tejido rico y consistente, que ahora es un material rígido, generalmente de ALGODÓN tratado con APRESTO de cola, que se usa para conferir una mayor rigidez a las guardamalletas, a las galerías, a los alzapaños y a algunas cortinas.

Cachemira, estampado (estampado búlgaro): diseño multicolor de origen hindú, tejido o grabado, generalmente aplicado a tejidos naturales.

Calico: TEJIDO SENCILLO y ligero, muy económico.

Cambray: tejido de ALGODÓN fino de color blanco o monocromático con un aspecto brillante por el lado derecho. Primordialmente se emplea para cortinas.

Challis: tejido suave de SEDA, de ESTAMBRE, o de RAYÓN, monocromático o con pequeños dibujos.

Chambray: TEJIDO LISO y fino, con un acabado parecido al del LINO, disponible en colores lisos, cuadriculado y rayado.

Chenille: tejido que se confecciona con una trama gruesa y suave y una urdimbre fina y dura que sujeta los hilos de la trama con firmeza. El hilo de *chenille*, empleado para el tejido, consiste en tiras finas, cuyos cantos forman la superficie afelpada tan característica.

Chifón: tejido fino de gasa confeccionado con hilos de SEDA, principalmente para cortinas.

Chino: tela de ALGODÓN grueso de hilo peinado, tejido como la SARGA.

Corteza, tejido de: tejido de textura gruesa, que se usa primordialmente para cortinas.

Crêpe: término general para materiales de superficies irregulares o arrugadas, como el crepón o el *crêpe* de lana.

Cretonne: tela grabada de ALGODÓN o de LINO, disponible en una gran variedad de tejidos y acabados, que se suele usar para cortinas. También puede incluir ZARAZA.

Cutí: tejido rayado de ALGODÓN, originalmente utilizado para los colchones, que ahora se confecciona en acabados más finos para la producción de cortinas.

Damasco: esta tela lleva el nombre de la antigua ciudad de Damasco, donde la SEDA se elaboraba con bellos diseños florales. En la actualidad, este tejido de JACQUARD se comercializa en mezclas de SEDA, de ALGODÓN, de LANA y también de FIBRAS SINTÉTICAS. El damasco es más plano que el brocado y, además, es reversible. El color de los diseños se invierte en el revés.

Decorados con bordados, tejidos: telas de ALGODÓN, de LINO o de LANA,

de color crema, decoradas con bordados de punto de cadeneta largo y suelto, con hilos de estambre de color.

Dobby, tejido de: género decorado con un pequeño diseño geométrico confeccionado en un telar con un accesorio especial.

Domette: tejido de ALGODÓN para la entretela de cortinas ligeras y para drapeados; es más ligero que la MANTA DE ALGODÓN.

Dupión: hilo torcido de SEDA, también conocido como *douppioni*.

Encaje (1): red de mallas cuadradas, que antiguamente se hacía a mano pero que ahora se confecciona a máquina; **(2):** tejido fino creado mediante hilos anudados, torcidos o lazados sobre una base de RED o de malla.

Espiga o de espiguilla (espina de pez): diseño que consiste en una serie de líneas paralelas, que, en cualquiera de las dos filas adyacentes, transcurren en direcciones opuestas.

Estambre: tela suave de tejido muy tupido realizado con una calidad de LANA de fibras excepcionalmente largas, por ejemplo la GABARDINA o la SARGA.

Falla: tela acanalada de SEDA, de RAYÓN o de ALGODÓN, con rayas creadas por la alternancia de urdimbres finas y gruesas.

Felpa: tela de PELO cortado o sin cortar de mayor longitud que la del TERCIOPELO.

Fibra vegetal, tejido de: tejido de fibras vegetales que se emplea tanto para cortinas como para recubrimientos de paredes.

Flocado (aterciopelado): fibras cortas y suaves adheridas a una superficie de madera, de papel o de tejido para crear una superficie aterciopelada.

Franela: tela suave de TEJIDO SENCILLO o de SARGA, con una superficie peluda en sólo uno o en ambos lados.

Gabardina: tela fuerte y resistente con apariencia de tejido de SARGA y un revés muy plano.

Galones: cintas finas de ALGODÓN, de LANA, o de SEDA, con diseños decorativos.

Gasa: tejido texturado muy ligero de ALGODÓN o de SEDA, con una URDIMBRE muy irregular.

Gingham: tela de tejido plano, con dibujo cuadriculado, fabricado con hilo de ALGODÓN, teñido antes de tejerlo. Originalmente era una tela para vestidos; ahora se usa para cortinas y también para cubiertas sueltas.

Grabado: tela de ALGODÓN con diseños de brillantes colores grabados a mano (o una imitación).

Grabado en relieve (gofrado): tratamiento de calor de un determinado tejido suspendido entre dos rodillos grabadores para la impresión de un dibujo, similar al proceso del papel. El decorado en relieve desaparece con el lavado o con el planchado al vapor. El TERCIOPELO y la FELPA en relieve, en cambio, se crean con un pelo de tejido más alto recortado a distintos niveles.

Granadina: tela suave para cortinas, de tejido flojo y liso, con puntos gruesos intercalados, de SEDA, RAYÓN o LANA.

Grefell, tela de: tejido impermeable para cortinas y tapizados

Hilado a mano: tejido muy flojo y suelto, que imita el material colonial, tejido a mano.

Hilo teñido: telas tejidas con hilo teñido antes de usarlo en el telar.

Incrustado: tela de tejido monocromático confeccionada con hilos teñidos antes de tejerlos.

Jacquard: todas las telas de DAMASCO, de tapicería, de BROCADO y similares confeccionados en un telar para Jacquard.

Jacquard, tejido de: estructura de tejido con un diseño complejo producido en un telar para Jacquard con una combinación de tejido liso, de SARGA y de SATÉN, sobre un fondo de tejido de satén.

Jaspeado: tejido en el cual los hilos de la urdimbre son de colores distintos y crean un efecto similar al rayado.

Lambelle: textura ligera de DAMASCO; los hilos de la URDIMBRE son MERCERIZADOS, mientras que los hilos de la TRAMA, ligeramente más gruesos, son de un color contrastante.

Lampas: tejido de seda grabada originalmente procedente del este de la India. Ahora este término se aplica a un tejido decorativo con fondo de REP y diseños parecidos al del SATÍN, formado por los hilos de la URDIMBRE y figuras contrastantes creadas por los hilos de la TRAMA.

Lana: FIBRA NATURAL que se obtiene de la oveja; también se refiere a la tela tejida con los hilos hechos con fibra de lana. Cada raza de oveja produce un tipo y una calidad distinta, pero todas las variedades reúnen las características conocidas de abrigo y de elasticidad, que convierten la lana en un material muy adecuado para la mezcla con otras fibras. También se puede combinar con otras fibras NATURALES o SINTÉTICAS para crear tejidos de mayor duración, suavidad y belleza.

Lienzo: tejido tupido, normalmente de LINO, de cáñamo o de ALGODÓN.

Lino: tejido confeccionado con la corteza de la planta del mismo nombre, que se distingue por su resistencia, su suavidad, su frescura y su brillo así como su tendencia a arrugarse.

Lino grueso (moreno): tejido de lino grueso, hilado artesanalmente, que se utilizaba para confeccionar las camisas de los carniceros.

Linón: tejido ligero, fino y muy suave fabricado con un hilo muy brillante. Originalmente, se hacía de LINO, ahora se suele fabricar de ALGODÓN.

Lisère: tejido francés de cuerda de SEDA confeccionado con una URDIMBRE de flores de BROCADO y una TRAMA de figuras de JACQUARD.

Lona: tejido de lienzo de algodón, de tejido tupido.

Lustre: acabado brillante aplicado a un tejido mediante calor o presión.

Madras: tejido resistente de ALGODÓN de la India, confeccionado en brillantes colores que forman dibujos rayados o cuadriculados.

Manta de algodón: tejido suave y grueso de algodón o de poliéster que se usa como entretela para las cortinas más pesadas. También se usa para reforzar el revestimiento de paredes. Es un material más consistente que el DOMETTE.

Marquisette: tejido abierto que se suele usar para cortinas. Las telas de *marquisette* son de RAYÓN, de NAILON, de SEDA o de ALGODÓN.

Matelassé: denominación francesa para un tejido acolchado producido en el telar. Tela de BROCADO o de diseño figurativo con dibujos acolchados.

Mercerizado: tratamiento del hilo o del tejido para darle mayor resistencia y más brillo.

Metalizada, tela: cualquier tipo de tela con hilos metálicos decorativos intercalados.

Mezclilla: tela gruesa de SARGA confeccionada con hilo de ALGODÓN. La mezclilla que se usa para fines decorativos es más fina que la de los pantalones vaqueros. Generalmente, se fabrica con hilo teñido.

Microfibras (alcántara): tejido de superficie suave parecido al ante.

Moiré: tejido, sobre todo de SEDA, con un diseño de aguas u ondulado.

Mousseline: tela de ALGODÓN, ligera y suave, de un tejido denso, confeccionado con hilos muy torcidos, que ofrece un acabado limpio y fresco.

Muselina: tela de tejido liso de ALGODÓN, a veces grabado, disponible en distintos grosores.

Muselina decorada con topos: tela fina y lisa de ALGODÓN decorada con topos bordados o tejidos, que se emplea para cortinas y para la ropa.

Nailon: material SINTÉTICO de filamentos de extrema resistencia y elasticidad que se usa para la fabricación de tejidos.

Natural, fibra: fibra de origen natural (como la SEDA, la LANA y el ALGODÓN), en oposición a las FIBRAS SINTÉTICAS.

Ninón: variedad de tejido liso, ligero y transparente, que se suele emplear para cortinas finas y poco opacas.

Noil: fibras cortas que se eliminan con el peinado de la fibra para convertirlas en hilo.

Nottingham, encaje: variedad de encaje plano que suele usarse para la confección de cortinas y manteles, originalmente elaborada a mano, pero que ahora se hace a máquina.

Nudosos, tejidos: término que se aplica a varias telas con una TEXTURA GRUESA e IRREGULAR, confeccionadas de yute, rayón, lino o algodón, o de una combinación de ellos. Se ofrecen en colores naturales y también en otros; se suelen usar para cortinas.

Olefina: nombre comercial de un tejido cuya fibra es un producto de la industria petrolera. Es muy ligera, muy resistente y duradera.

Organdí: tejido fino de LINÓN sometido a un tratamiento químico para darle mayor rigidez y consistencia. Se usa tanto para cortinas como para ropa.

Orillo: cantos fuertemente asegurados para evitar que se deshilachen.

Pana: material acanalado, creado mediante la suspensión de los hilos de la URDIMBRE por encima de varios hilos largos de la trama.

Pana de Bedford: material tejido longitudinalmente de fibra de ALGODÓN, de ESTAMBRE o de SEDA.

Panné: término que describe la FELPA, el TERCIOPELO, el *mohair* o la SEDA, aplanado con vapor o con presión, de modo que el PELO esté más unido a la base, lo cual aumenta el brillo del material.

Paño: tejido grueso y reversible parecido al fieltro. Muchas veces se usaba para el revestimiento de puertas que separaban los cuartos de servicio del resto de la vivienda. También se puede usar para cortinas y persianas.

Peau de soie: término francés que describe un SATÉN o un RASO densamente

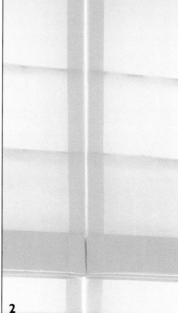

1 *Para este tratamiento de un sencillo estor, se han usado dos tipos diferentes de colchoneras. El bastidor de la parte superior está provisto de un listón, al que se enrolla y se sujeta el estor mediante lengüetas provistas de botones. Para lograr simetría, también se han cosido botones a los lados.*

2 *Estos estores de algodón protegen el interior de los fuertes rayos solares, pero permiten que se filtre su suave y cálida luz.*

tejido y de brillo suave, generalmente hecho de seda.

Pelo (1): no debe de confundirse con el PELO de las alfombras. Es la apariencia suave, sedosa y aterciopelada de un tejido producida por las fibras elevadas en la superficie, como en caso de la FRANELA, por ejemplo. Cuando se unen dos piezas de tejido «peludo», hay que procurar que los pelos sigan la misma dirección; **(2):** tejidos que tienen una superficie confeccionada con extremos verticales, como los abrigos de piel, y a diferencia del pelo de la FRANELA, por ejemplo. Éste puede estar cortado o sin cortar. El pelo puede ser de hilos adicionales de la TRAMA, como en caso del TERCIOPELO o de la FELPA, o de la urdimbre, como en caso del VELVETÓN. El pelo de la urdimbre puede tener lazadas a ambos lados, como las toallas, por ejemplo. En caso de unir dos piezas de tejido con pelo, hay que prestar atención para que el pelo de ambos siga la misma dirección.

Pick: tejido de la TRAMA; se refiere a una pasada de la lanzadera del telar.

Plissé (plisado): término con que se describe un tejido de ALGODÓN químicamente tratado para darle una apariencia rugosa.

Poliéster: FIBRA SINTÉTICA fuerte y duradera, con tendencia a formar bolitas, pero que se combina perfectamente con FIBRAS NATURALES, como el ALGODÓN, por ejemplo, tanto para una mejor resistencia como para una mayor versatilidad.

Pongee: tela para cortinas de tejido liso confeccionada de SEDA o de ALGODÓN.

Popelina: tela fina acanalada de ALGODÓN, generalmente MERCERIZADA. Es de fácil cuidado, siempre que el tejido no sea demasiado flojo.

Punto irlandés: tejido reticulado para cortinas con aplicaciones muy similares al duquesa.

Ramie: fibra natural semejante al lino, que se obtiene de los tallos de una planta nativa de China.

Rapor: repetición completa de un determinado diseño, tanto en los tejidos como en los papeles pintados y en las alfombras.

Ratán: tejido para tapicería, con una superficie nudosa.

Rayón: FIBRA SINTÉTICA brillante, fabricada mediante la conversión de la celulosa (pulpa de madera o borra de algodón), en filamentos, a través de un proceso químico y mecánico. Es un material más rígido, más brillante y menos caro que la SEDA, pero menos resistente.

Relleno: *véase* TRAMA.

Rep: tejido semejante a la POPELINA, pero con menor contenido de hilos de relleno y más ancho; suele usarse para cortinas y para tapicerías.

Reticulados, tejidos; redes: tejidos de una estructura muy abierta, donde los hilos se anudan en el punto de cruce.

Saco, tela de: tela de ALGODÓN, de LINO o de RAYÓN de superficie áspera con un diseño sencillo de tejido de cestería.

Sanforizado: proceso patentado para evitar que los tejidos encojan.

Sarga: grueso tejido de ALGODÓN.

Sarga, tejido de: estructura del tejido donde la TRAMA en cada vuelta se mueve un punto hacia la derecha o hacia la izquierda para crear una textura en diagonal.

Satén, raso de algodón: tejido de ALGODÓN MERCERIZADO del satín. Las variedades de mejor calidad se parecen al satín de seda. El satén auténtico tiene una superficie con relleno.

Satín: tela de superficie brillante de tejido de SARGA, generalmente confeccionada con hilo de SEDA, pero también de RAYÓN.

Satín, tejido de: estructura donde la TRAMA se «suspende» sobre más de un hilo de la URDIMBRE, pero pasándola por debajo de uno solo.

Seda: FIBRA suave y NATURAL que se obtiene de los capullos de los gusanos de seda. También se aplica a los tejidos confeccionados con hilo de seda.

Seda lubricada: tejido de SEDA, fino e impermeable, que se impregna de aceite y se seca.

Seda salvaje: fibras de seda elaboradas tal como se extraen del capullo del gusano de seda, sin eliminar la goma o pegamento natural.

Seda siciliana: tela de DAMASCO confeccionada con una URDIMBRE de SEDA y una TRAMA de ALGODÓN o de LINO, para crear un fondo de tejido liso con un diseño de tejido de SATÍN.

Seersucker: tela de ALGODÓN o de RAYÓN de superficie arrugada.

Sencillo o liso, tejido: estructura del tejido donde la TRAMA pasa por debajo y por encima de una URDIMBRE, por ejemplo la tela de ALGODÓN a cuadros, el *VOILE*, la MUSELINA y el TAFETÁN.

Shantung: tela nudosa, originalmente de seda china, que ahora también se confecciona de ALGODÓN y de RAYÓN.

Sintética, fibra: fibra que, contrariamente a las FIBRAS NATURALES, se fabrica mediante un proceso químico. Entre las más conocidas figuran la fibra ACRÍLICA, el RAYÓN y el POLIÉSTER.

Tafetán: nombre de una serie de telas finas y brillantes, pero consistentes, de tejido liso; puede ser de SEDA, de ALGODÓN, de LINO o de RAYÓN mezclado con otras fibras.

Tapiz: originalmente, tela tejida a mano con una bobina o un carrete en el lado del revés de una URDIMBRE, que se tensa vertical u horizontalmente. Las imitaciones de tapices hechas a máquina consisten en un tejido figurativo confeccionado con hilo teñido, compuesto por dos juegos de URDIMBRE e hilos de relleno, confeccionado en un telar para JACQUARD.

Tarlatana: tejido fino de ALGODÓN parecido a la GASA, sometido a un proceso de abrillantado para aumentar su rigidez.

Tejido: estructura característica de una tela producida por el entrecruzamiento de las hebras del hilo. Entre las estructuras más comunes del tejido figuran el TEJIDO LISO o SENCILLO, la SARGA, el JACQUARD y otros.

Tejidos para cortinas: término muy amplio, que incluye un gran número de tejidos para cortinas, generalmente de color claro, liso y neutro. La estructura del tejido suele ser de sarga lisa, con rayas satinadas.

Tela de monje: material basto parecido al lienzo, para cortinas, confeccionado con hilo de ALGODÓN grueso, y muchas veces también con un poco de LINO, de yute o de cáñamo. Es extraordinariamente resistente y también se emplea para TAPICES y para la tapicería de sillones y sofás.

Teñido en tina: proceso de teñido de cualquier tipo de material para conseguir un color permanente.

Terciopelo: tejidos de URDIMBRE de PELO, a excepción de la FELPA y del tejido de TOALLA.

Terciopelo de Génova: TERCIOPELO figurativo con una base de raso o de SATÉN, y PELO multicolor.

Toile: telas de ALGODÓN o de LINO finamente tejidas y de calidad translúcida.

Toile de Jouy: originalmente, tejido de ALGODÓN del siglo XVIII que se grababa con planchas de cobre para decorarlo con escenas pictóricas monocromáticas, que se aplicaban sobre un fondo de color blanco o crema. En el mercado se comercializan versiones modernas.

Toalla: tela absorbente tejida con pelo de telar.

Torzal: tejido de SEDA de fibra continua confeccionado con los capullos enteros y sin abrir del gusano de seda.

Trama: juego o conjunto de hilos que cruzan y se entrelazan con los de la URDIMBRE para crear un TEJIDO.

Tricot: tejido de ALGODÓN o de RAYÓN para tapicerías, donde el lado del derecho luce muy distinto del revés.

Tweed: tejido de LANA con varios colores y de superficie áspera.

Unión: tela de gran resistencia confeccionada con una mezcla de LINO y ALGODÓN.

Urdimbre: juego o conjunto de hilos de un tejido que transcurren en dirección longitudinal, a través de la TRAMA.

Velvetón: tejido de ALGODÓN de PELO corto, parecido a una imitación del TERCIOPELO de GÉNOVA.

Vinilo: material de plástico que se puede grabar o estampar en relieve para crear un acabado determinado, como por ejemplo la superficie de cuero, el veteado de la madera o cualquier otro tipo de diseños florales o texturados.

Voile: tela translúcida de TEJIDO LISO, generalmente de ALGODÓN, confeccionada con un hilo más torsionado de lo común. Se suele usar para cortinas y persianas.

Zaraza: originalmente se trataba de una tela de ALGODÓN grabada, pero ahora es una tela para cortinas, generalmente brillante. Se asocia principalmente a diseños florales, pero también está disponible en colores lisos.

segunda parte: elementos específicos

Es fácil preocuparse de tal modo por la complejidad de los efectos de la pintura, de los decorados de las ventanas y de las diversas opciones para el revestimiento del suelo, que se olviden los muebles. Sin embargo, si elimina los muebles de una habitación, se quedará en un cascarón vacío. Más que cualquier otra cosa, son los muebles los que crean un hogar confortable, agradable y acogedor, de modo que estúdielos con mucho cuidado, tanto si prefiere comprar nuevos como si va a volver a utilizar los ya existentes de una forma más efectiva. Por este motivo, en esta sección se describen los aspectos más importantes de los muebles, desde su distribución hasta la elección de sofás y sillones tapizados, así como de camas y de otras piezas modernas, además de incluir una breve guía de muebles antiguos.

Muebles

La distribución de los muebles

Además del estilo y de la funcionalidad, la distribución de los muebles es de importancia suprema, de modo que el punto de partida debe ser el estudio de la integración de las piezas dentro de un determinado ambiente.

Puede parecer fuera de lugar estudiar la distribución de los muebles antes de examinar las piezas ya disponibles, pero es importante estudiar la mejor ubicación por dos razones:

1 Si pretende redecorar, renovar o mejorar un espacio ya existente, ha de tener muy claro lo que desea conservar, lo que quiere eliminar y qué piezas tendrá que adquirir.

2 Si desea decorar una habitación desde cero, debe tener muy claro qué muebles va a necesitar, cómo los quiere usar, cuáles son sus dimensiones más convenientes, y dónde los va a colocar. Todos estos aspectos tienen que quedar muy claros antes de ir a comprarlos.

ESTABLECER PRIORIDADES

Si una habitación, por muy decorativa que sea, no resulta funcional, tendrá un gran defecto. Para que realmente cumpla su función, simplemente tiene que estar bien distribuida y decorada.

- Si las personas no están a gusto en una habitación...
- Si no hay ningún rincón para sentarse a leer...
- Si no existe ninguna superficie próxima para apoyar un vaso o una taza de café...
- Si por el espacio no se puede caminar de un lado a otro con comodidad...
- Si los decorados no son los adecuados...
- Si no existe ningún punto de enfoque...

...entonces la habitación no resulta acogedora por no estar decorada correctamente.

Lo ideal de cualquier espacio sería que cada pieza se ubicara donde luce y funciona mejor, aunque frecuentemente surja el conflicto entre la estética y la practicidad. Un sillón, por ejemplo, puede verse perfectamente bien en un rincón, además de establecer el equilibrio visual con los demás muebles; sin embargo, tal vez nadie quiera sentarse allí.

Por lo tanto, si se ve obligado a elegir entre la estética y la practicidad, siempre déle prioridad a esta última. Los sillones sirven para sentarse en ellos con comodidad. Es mejor buscar otra alternativa de dimensiones parecidas, por ejemplo una maceta con una planta voluminosa, o una mesa lateral, para establecer el equilibrio necesario.

Aunque, evidentemente, las necesidades de las personas sean muy variadas, existen algunos criterios generales que se pueden seguir con respecto a la distribución de los muebles.

GRUPOS DE ASIENTOS

Realmente no se puede poner una silla o un sillón solos, a no ser que sea como asiento ocasional o delante de un escritorio. Los asientos se han de contemplar como parte integrante de un grupo. Una silla para sentarse cómodamente a leer debe acompañarse de una pequeña mesa lateral y una fuente de luz, preferentemente una lámpara instalada a un nivel adecuado para la lectura. Para mayor comodidad aún, tal vez también se debería añadir un reposapiés. No obstante, este arreglo a su vez ya se tendría que considerar como parte integral de un grupo mayor de asientos (a no ser que ocupe un rincón del estudio para relajarse leyendo o filosofando) que, por

1 Los diferentes sofás se han dispuesto alrededor de una mesita para crear un área confortable de reunión en este gran espacio. La zona del comedor se encuentra delante de los ventanales.

2 A un lado de esta cocina integral se ha instalado una larga tabla, útil y práctica tanto para tomar el desayuno como para leer o escribir. Las sillas de acero con asiento de mimbre, ligeras y fácilmente maniobrables, ocupan poco espacio visual.

3 Los sillones de este dormitorio, evidentemente muy confortable, se han dispuesto tanto para retirarse a leer como para conversar. Por su amplitud crean un perfecto equilibrio con la cama.

lo general, incluye un sofá y unos sillones, en función del espacio disponible.

Obviamente, los diversos asientos tienen que acompañarse de una mesa y, además, necesitan una buena iluminación. Por ejemplo, varias mesitas laterales se podrían combinar con un banquillo tapizado; otra opción consistiría en una mesita baja en el centro del grupo de asientos, que además tendría que agruparse alrededor de un determinado punto focal (*véase* pág. 183).

LA DISTRIBUCIÓN
DEL ESPACIO

El espacio de una habitación es un elemento tan importante como los objetos que lo decoran. En este concepto, el espacio no se refiere a las dimensiones de la habitación, sino al espacio alrededor de cada uno de los objetos que lo decoran (el equilibrio entre los objetos sólidos y el espacio libre). En general, las habitaciones con mucho espacio alrededor de los diversos objetos lucen mucho mejor que las decoradas con un exceso de muebles, ya que son más espaciosas y ligeras.

Además de mejorar la estética de una habitación, la manipulación del espacio desempeña un papel importante en el momento de determinar la ubicación de los muebles y de las zonas libres para un movimiento y un tráfico fáciles y cómodos por toda la zona. En realidad, es una cuestión de sentido común, pero existen varias directrices que hay que tener en cuenta:

- El camino de paso para atravesar una habitación tiene que tener un ancho mínimo de 1,2 m (preferentemente de 1,5 m) para que puedan ir dos personas juntas. Todos los demás espacios deben tener un ancho mínimo de 45 cm.
- Entre el sofá o un sillón y la mesa del centro debe haber un espacio de 30 a 45 cm, de modo que las personas sentadas se puedan levantar con gracia y comodidad,

sin tener que retorcerse. Al mismo tiempo, la mesa no debe encontrarse excesivamente separada de los asientos para poder alcanzar o depositar una taza de café, un vaso o un libro con comodidad.

- Coloque las sillas del comedor a una distancia de 45 cm entre una y otra, respetando un espacio libre detrás de los respaldos de unos 60 cm. La distancia mínima entre la mesa del comedor y la pared debe ser de 120 cm como mínimo, para que las personas puedan caminar detrás de los comensales en el momento de servir la comida o de retirar los platos.
- Delante de las cómodas y de los aparadores siempre debe haber un espacio libre de 90 cm como mínimo, para poder abrir los cajones, y para los armarios y guardarropas se precisa un espacio mínimo del ancho de sus puertas. Entre dos camas o entre una cama y la pared guarde una distancia de 45 cm para poder hacer la cama.

EL SENTIDO
DEL EQUILIBRIO

Antes de concentrarse en las mesas, las sillas adicionales, los aparadores, los armarios, las cómodas y el piano, tiene que reflexionar sobre la escala y el equilibrio. Esto incluye la relación entre las líneas verticales (muebles altos) y las horizontales (muebles bajos), así como la proporción de los objetos ligeros y los más pesados y voluminosos.

- Si una habitación se decora predominantemente con piezas altas, como armarios roperos, grandes cuadros y espejos, plantas decorativas muy crecidas, sillas y sillones de respaldos altos, su aspecto será demasiado rígido, formal e incómodo.
- Si todos los objetos son de línea baja, con sillas de respaldos bajos, cómodas y macetas de plantas

Esta mesa de comedor ligera y elegante encuentra su contrapeso en las sillas tapizadas de apariencia mucho más sólida. El candelabro de alambre torcido repite el diseño de la base de la mesa, que también se refleja en los candelabros altos y delgados delante de la pared. Un cuadro de grandes dimensiones llena el espacio entre las dos ventanas.

pequeñas, espejos anchos y cuadros colgados a poca altura, la habitación parecerá incompleta y poco acogedora.

- Si la mayoría de los objetos de una habitación son robustos y sólidos, por ejemplo una serie de sillones y sofás tapizados, un piano y un armario, la habitación parecerá pesada y abarrotada.

- Si todos los muebles y complementos o accesorios son muy ligeros, por ejemplo unas cuantas sillas sueltas, un sofá o un confidente de mimbre y una estantería abierta, la habitación parecerá poco consistente.

En una habitación bien decorada tiene que haber una buena combinación compuesta por los diferentes elementos decorativos. Esto tampoco quiere decir que una mitad deba ser de líneas ver-

ticales y la otra de líneas horizontales; una mitad sólida y robusta y la otra ligera y delicada: parecería demasiado estudiado.

Generalmente, las habitaciones resultan más acogedoras cuando hay un predominio de muebles bajos, aunque siempre en combinación con algunas piezas altas, puestas sin orden aparente, aunque de alturas distintas. La línea incluso podría ser progresiva, iniciándose con un taburete o banquillo tapizado bajo y seguido por una sillón de orejas y una mesita auxiliar con una lámpara, para terminar con un gran armario o una estantería de libros, o con una pintura o un espejo instalado encima de una cómoda o de un hogar, y macetas de plantas altas.

Del mismo modo, un sofá o varios sillones, que son elementos sólidos, tienen que encontrar su equilibrio en la ligere-

za de una silla individual o de una mesa de vidrio, o en la altura y la robustez de un armario macizo. Un aparador o una estantería de media altura pueden equilibrarse con una planta alta de hojas anchas, por ejemplo con un ficus u otra similar. Para los grandes lienzos profusamente pintados, los espejos brillantes son un excelente elemento para la yuxtaposición.

La planificación de una habitación resulta mucho más sencilla si se empieza con los elementos más voluminosos (aquéllos que no se pueden cambiar de lugar tan fácilmente), y se adaptan a las características permanentes del espacio, como puertas, chimeneas, ventanas, estanterías o paneles. Una vez establecido este esquema, se puede decidir la distribución de las piezas más pequeñas.

Recuerde que todos los demás elementos decorativos de la habitación ya previstos, como el suelo, el tratamiento de las paredes y de las ventanas, también ejercen una gran influencia sobre el equilibrio global del espacio. Las cortinas muy elaboradas tienen un efecto visual mucho más importante que las más finas y ligeras. Una moqueta de un diseño con varios colores o una alfombra oriental profusamente decorada tienen un efecto visual mucho más marcado sobre el conjunto de la habitación que un suelo de madera o de baldosas con algunas alfombras sencillas o tejidas a mano. Las paredes pintadas de color oscuro tienen un mayor peso visual que las decoradas de colores pálidos. Todos estos factores se han de tener en cuenta para la distribución de los muebles y para decidir cómo encajan en el conjunto del espacio.

UNA UBICACIÓN ADECUADA

La clave final, y también la más importante, para el éxito de la decoración, es la consideración de todos los factores ambientales y del entorno, así como su comodidad para la vida diaria.

El entorno

En el momento de planificar la distribución de los muebles también se han de tener en cuenta los extremos climáticos, el calor y el frío, la humedad y la sequedad. Los fuertes rayos solares son perjudiciales para la madera y para los tejidos, de modo que es aconsejable tapizar los muebles situados cerca de la ventana con tejidos resistentes a estos efectos. Si tiene algún mueble tapizado con un tejido propenso a decolorarse, no lo coloque cerca de la ventana, a no ser que desee que se decolore o que prevea la instalación de un toldo (o si el vidrio está provisto de un tratamiento protector especial para regiones excepcionalmente soleadas o de un filtro antisolar).

La excesiva calefacción central también puede ser muy perjudicial para los muebles antiguos (ya que datan de una época en que no existía este tipo de calefacción); la madera se seca y se agrieta, o se despega parte de su chapado, y las puertas y los cajones se abren y cierran con dificultad. Un humidificador es un buen medio para contrarrestar este efecto. De todas formas, es recomendable no colocar los muebles de buena calidad demasiado cerca de los radiadores.

El piano o cualquier otro instrumento musical voluminoso siempre tiene que ponerse cerca de una pared interior, nunca próximo a una ventana o cerca de los radiadores u otras fuentes de calor o de corrientes de aire. Aparte de la madera, que en el caso de los pianos más antiguos suele ser muy vulnerable, también los demás mecanismos pueden verse afectados por una humedad extrema.

Radio y televisión

El equipo de música se tiene que instalar cerca o contra una pared, frente a superficies suaves como cortinas o tapizados, o incluso una pared tapizada (*véase* pág. 112), ya que la combinación de superficies duras y suaves produce la mejor acústica. La pantalla de la televisión nunca debe constituir la parte dominante de un espacio, a excepción de que se haya instalado en una salita especialmente concebida para este fin. No obstante, se tiene que colocar de tal modo que pueda ser vista por un grupo mínimo de cuatro personas.

El punto focal

Si una sala de estar no tiene ningún punto focal natural, como por ejemplo un hogar o una ventana, es necesario crear un elemento de interés especial alrededor del cual se agrupen varias piezas de muebles. Elementos como un gran cuadro o un grupo de varias pinturas pequeñas, un tapiz o una alfombra colgada en la pared pueden resultar muy apropiados. Si hubiera una pared exterior adecuada, también se podría instalar una bonita estufa de leña; vale la pena estudiar este posible proyecto.

Otra posibilidad sería una estantería de libros especialmente llamativa e interesante u otra de separación (para instalar la televisión, el aparato de vídeo y el equipo de sonido). Incluso una simple mesa baja con un serie de objetos decorativos interesantes podría constituir un buen punto focal. Cualquiera que sea su elección, siempre atraerá a las personas y servirá de elemento unificador para toda la zona de asientos.

ENSAYOS SOBRE PAPEL

El siguiente paso es la comprobación de la funcionalidad del decorado previsto, preparando un plano a escala. No pretenda omitir este paso, ya que es un medio valiosísimo para verificar que realmente sea funcional. Generalmente, las salas de estar son las más difíciles, ya que las demás habitaciones casi se arreglan por sí solas, a no ser que sean muy grandes. Por lo tanto, el diseño de su propia sala de estar es una buena práctica, sin importar si sólo es para experimentar o si después se va a convertir en realidad.

Trace el plano de la sala sobre una hoja de papel milimetrado (*véase* pág. 16). La mayor parte de los muebles suelen tener dimensiones estándar, así que puede usar las plantillas de las piezas comunes, diseñadas a escala. Evidentemente, se tienen que complementar con otras que se deben preparar en casa (a una escala idéntica), o también las puede hacer todas usted mismo, sin comprar ninguna.

Examine las fotografías de esta obra para inspirarse en alguno de los proyectos decorativos, y analice lo que considere más conveniente para sus habitaciones, teniendo en cuenta los puntos tratados en este capítulo.

Haga algunas pruebas, sin tener en cuenta el estilo, sino solamente la escala, el confort y la practicidad. Mueva

COMPROBACIÓN DEL DECORADO

Antes de finalizar el decorado de una habitación, use esta lista para repasar todos los factores que hay de tener en cuenta. Con un poco de práctica, se acordará automáticamente de todos los aspectos.

PRACTICIDAD – ¿Será útil?

ESTÉTICA – ¿Se verá bien?

DISTRIBUCIÓN DEL ESPACIO – ¿Habrá suficiente espacio alrededor de cada uno de los muebles?

ESPACIO PARA MOVERSE CON LIBERTAD – ¿Se podrá caminar sin dificultad y con holgura?

ESCALA Y EQUILIBRIO – ¿Los muebles ofrecerán un aspecto decorativo y variado, sin predominio de una pieza en particular?

ASPECTOS DEL ENTORNO Y DEL MEDIO AMBIENTE – ¿Hay algún mueble demasiado expuesto al sol, al calor, a la humedad, a la sequedad o a las corrientes de aire?

FACILIDAD DE USO – ¿Se podrá escuchar música o ver la televisión con comodidad?, y ¿hay un buen punto focal?

las plantillas hasta encontrar el arreglo más conveniente y acogedor, y diséñelas en el plano definitivo.

La confección de este plano le ayuda a detectar posibles defectos, y a averiguar lo que se puede conservar y lo que se tiene que sustituir. Si se atiene a esta pauta, el riesgo de cometer errores o adquirir objetos inadecuados es mínimo.

segunda parte: elementos específicos

Muebles tapizados

Lo más importante que se puede aprender sobre muebles tapizados es que lo que se ve no es necesariamente lo que resulta acogedor. La clave del confort es precisamente aquello que *no* se puede ver. Un mueble tapizado tiene que ser más cómodo de lo que parece, ya que lo que realmente cuenta es su estructura interior. Por tanto, antes de comprarlo, siempre se debe estudiar la etiqueta, donde se indican los detalles de la fabricación del mueble; en casi todos los países es obligatorio indicar los materiales empleados para su fabricación, así como recomendaciones para su cuidado.

MÉTODOS DE FABRICACIÓN

Para estar seguro de saber lo que tiene que buscar, y si la pieza realmente es lo que aparenta ser, es conveniente aprender un poco sobre la fabricación de los muebles tapizados. Existen dos tipos:

1 Piezas completamente tapizadas, como sofás, sillones, confidentes, sillas y taburetes, que a excepción de las patas están enteramente recubiertos con el tapizado.

2 Piezas en las que la armadura o parte de la misma está a la vista, como por ejemplo muchos modelos de sillas, de *chaises longues* y también de taburetes.

La *estructura* es la base. Un mueble tapizado de calidad se fabrica con madera de roble, de teca, de nogal o de otras maderas duras secadas al horno, pero nunca de maderas blandas como la de pino, por ejemplo. Debe ser recta y sin alabeos. Las uniones tienen que estar bien encoladas, con enclavijado doble o triple, perfectamente ajustadas en las esquinas y atornilladas.

La armadura se cubre de *cincha*, que es el material base de la tapicería, sobre el cual se adhieren todas las capas posteriores. Una buena cincha es de yute, de lino o de algún material sintético tejido en diseño de cestería, que se adhiere a la base de la armadura.

En los muebles tapizados de buena calidad, después de la cincha se instalan los *muelles*, que suelen tener forma espiral, y que se colocan uno al lado del otro, pero sin rozarse, para ofrecer un buen soporte. Estos muelles se instalan a mano. Para un asiento de silla, por ejemplo, se necesitan ocho muelles. En los muebles más económicos se instalan muelles más rígidos, los llamados muelles «inflexibles», que resultan mucho más económicos, ya que no se han de instalar a mano; o bien no se instala ningún tipo de muelles sino un simple acolchado de espuma de poliuretano.

A continuación, los muelles se cubren con una capa resistente de *lienzo* o de *arpillera*, cosida firmemente para sujetar el *acolchado*, que puede ser de espuma de poliuretano, de goma espuma, de plumas o de plumones, de acuerdo con la calidad del mueble. Los plumones finos son la variedad de acolchado más cara, mientras que actualmente el relleno más popular es el tipo «sándwich», que consiste en plumones con una capa de espuma intermedia, que ofrece cierta firmeza y protege los plumones.

Los mejores muebles tapizados tienen además una capa adicional de *fibra de relleno* o de *fieltro de algodón*, que se coloca justo debajo del tejido del tapizado. A veces esta capa se trata con un recubrimiento protector de muselina para reducir la tensión que se ejerce sobre el tapizado y evitar así que pierda la forma.

Muchas veces, después de colocar la *tela del tapizado*, ésta se adorna con un ribete contrastante o del mismo color, como decorado adicional o simplemente para una mejor definición. Los cojines sueltos se tratan de la misma manera.

TEJIDOS PARA TAPIZADOS

Los tejidos para tapizados tienen que ser firmes y resistentes, ya que tienen que soportar un gran desgaste. Los más resistentes son los algodones densamente tejidos como la lona, la mezclilla, el cutí, el *rep*, la sarga, el brocado y la pana; sin embargo, también la mezcla de algodón y lino es un excelente material, así como el terciopelo, que puede tener una base de algodón o de lino, y también el damasco, tanto liso o como texturado.

También la lana, aunque más suave que el algodón, es un material excelente para la tapicería, y es la base de los *tweeds*, los *rep* de lana, los jacquards y otras texturas muy resistentes y lanudas. Para los tapizados nunca se deben comprar telas de lana de tejido suave y flojo. La piel y el ante (microfibras), aunque caras, siempre son elegantes y lujosos; además, son resistentes y de larga duración, y siempre están de moda. La imitación de ante (microfibras) resulta mucho más económica y es un buen sustituto del natural y, además, tiene la ventaja de poderse limpiar.

Para alargar la duración de los tejidos del tapizado es recomendable tratarlos con uno de los productos protectores disponibles en el mercado, como el Scotchgard o el Zepel de Teflón. No obstante, es aconsejable que lo coloque el tapicero o el mismo fabricante del tejido, ya que los productos que se comercializan para los consumidores comunes requieren la aplicación por parte de un experto, si no quiere estropear la tela. En cualquier caso, antes de aplicar el tratamiento, ensaye con una muestra del tejido. Otra alternativa para prolongar la duración del tejido es el acolchado.

COMPROBAR LA CALIDAD

Primero tiene que examinar su comodidad. ¿Los cojines del respaldo tienen la firmeza suficiente para apoyar la espalda? ¿El sofá o los sillones tienen una altura estándar? (Los asientos demasiado bajos suelen ser incómodos para la gente mayor con problemas de columna vertebral o de sobrepeso.)

Si la pieza se ha decorado con un tejido de dibujos, de cuadros o de rayas, cerciórese de que los diseños y los cuadriculados estén bien centrados, y de que coincidan en las costuras. Todas las costuras y los ribeteados deben ser limpios y rectos. La costura de los botones tiene que atravesar también el relleno, no simplemente la tela decorativa. Esto se puede comprobar fácilmente tirando suavemente de uno de los botones, si nota una ligera resistencia, está correctamente cosido.

Examine todos los cojines de asiento sueltos (éstos son una buena solución, ya que se les puede dar la vuelta de vez en cuando para prolongar su duración). Los cojines de buena calidad deben tener un relleno de pluma o de plumilla y ajustarse perfectamente.

A continuación, pase la mano sobre la superficie de las piezas para detectar posibles bultos o protuberancias. No se debe de sentir el bastidor a través del acolchado, ni tampoco los muelles cuando esté sentado, aunque se deban poder examinar a través de la superficie debajo de los cojines de asiento.

Compruebe que todos los tachonados decorativos estén perfectamente instalados. Y, finalmente, como ya se ha

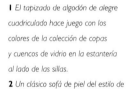

1 El tapizado de algodón de alegre cuadriculado hace juego con los colores de la colección de copas y cuencos de vidrio en la estantería al lado de las sillas.

2 Un clásico sofá de piel del estilo de los años veinte, acompañado por un práctico mueble archivador que actúa de mesita auxiliar.

3 Un sillón de estilo francés con una estructura de madera pintada de color gris. Obsérvese el tachonado que decora el tejido.

4 Dos elegantes sillones de estilo francés tapizados con terciopelo de lino. Nuevamente, destaca el tachonado que decora el material.

mencionado al principio de este libro, acuérdese de comprobar las dimensiones, tanto de las piezas que desea adquirir como de las puertas, del ascensor, de los rellanos de las escaleras y de los pasillos, para estar seguro de que las piezas puedan transportarse e instalarse en la habitación prevista.

Muebles sin tapizar

Tanto si se trata de una madera con un hermoso veteado como de un moderno material plástico elegante y liso, las mesas, las sillas y los armarios tienen una maravillosa calidad táctil. No obstante, es importante comprobar la calidad de estas superficies seductoras.

1 *Sillas de plástico italiano de color rojo y negro puestas alrededor de una mesa de madera de color pálido.*

2 *Este aparador pintado, con varios estantes de libros detrás de los vidrios, combina bien con esta silla de estilo Luis XVI, tapizada con una tela de cuadriculado fino y con la cabecera blanca de la cama de hierro.*

3 *Las sillas de acero ligero puestas alrededor de una mesa de refectorio de madera natural de color claro combinan perfectamente con el revestimiento de acero de la nevera, de la cocina y del pequeño armario.*

MUEBLES DE MADERA

Todos los muebles de madera, tanto si son nuevos o viejos, pueden ser de madera dura, como caoba, palisandro, roble, arce, nogal, teca, tejo o cerezo, o de madera blanda como el pino.

Generalmente, el chapado de madera es una fina lámina de madera de bonito veteado que se aplica sobre una base de madera aglomerada, contrachapada o sólida muy barata. Aunque en las habitaciones con mucha calefacción central los chapados de madera más viejos que decoran algunos muebles antiguos tiendan a agrietarse o a despegarse, los chapados modernos rara vez lo hacen. No obstante, muchas veces los muebles antiguos están en excelentes condiciones y tienen una belleza, una pátina y un valor especial, que todo el mundo aprecia.

La estabilidad y la calidad de fabricación, así como el acabado de los muebles de madera, tanto si son nuevos o antiguos (más de 100 años), o si son de segunda mano, tienen que examinarse.

Sillas

Es muy importante examinar las juntas de las sillas, tanto de las viejas como de las nuevas. Tienen que estar fabricadas con bloques angulares, preferentemente con varillas para aumentar la resistencia de las juntas, que se someten a una tensión o a un peso considerable. No debe haber huecos y las juntas tienen que estar perfectamente aisladas. Generalmente, las sillas de los comedores suelen tener travesaños de refuerzo. Las patas rectas son las más resistentes.

Para comprobar la estabilidad de una silla, reclínese sobre ella para ver si se ladea o vuelca con facilidad. Después,

3

2

empújela para determinar si se bambolea y, finalmente, examine el acabado, que tiene que ser liso y exento de burbujas y rayas.

Mesas

Al igual de las sillas, también las mesas tienen que estar hechas con bloques angulares para reforzar las juntas. La veta de la madera tiene que estar bien acabada y, en caso de una mesa extensible, el color y la veta deben ser idénticos a la parte principal de la misma. Compruebe también que tanto el montaje como el desmontaje de las extensiones no sean demasiado complicados.

Armarios, cómodas, aparadores, estanterías y otros

Los muebles como los armarios roperos, los muebles con estantes en la parte superior y armarios cerrados debajo, los aparadores, los escritorios, las estanterías y las cómodas sirven para guardar la ropa y toda clase de objetos.

Revise todos los paneles de las puertas y de los cajones, así como las partes laterales para cerciorarse de que estén sólidos e intactos. Las puertas deben abrirse y cerrarse bien y encajar perfectamente. Aplique un poco más de tensión en la parte superior de las puertas para asegurarse de que no se desnivelen en el momento de cerrarlas. Los cajones deben deslizarse suavemente y estar bien ajustados; el fondo tiene que tener la firmeza necesaria para no torcerse y los interiores deben tener un acabado suave y liso; las esquinas han de ser de ensambladura a cola de milano o de machihembrado. Los muebles de buena calidad siempre llevan una fina capa de madera, o «paneles antipolvo», entre los cajones para protegerlos del polvo. Verifique también el color y la veta de la madera tanto en las partes frontales y en las superficies superiores como en los lados de todas las piezas.

4

ACCESORIOS PARA MUEBLES Y DECORADOS

Otros detalles decorativos muy importantes que han de examinarse con cuidado, tanto en los muebles nuevos como en los más antiguos, son los botones, los tiradores, las bisagras y otros. Compruebe que el material sea realmente el indicado y que su forma sea la correcta, y en el caso de muebles antiguos, que los accesorios sean los correspondientes a su época. Los buenos accesorios de muebles suelen ser de metal duro, por ejemplo de latón, y sus cantos tienen que ser suaves y lisos. Los pomos también están disponibles en porcelana, madera, vidrio, cobre, acero, cromo y resina.

MUEBLES METÁLICOS, DE PLÁSTICO Y DE VIDRIO

Los muebles, en especial las piezas ocasionales, pueden ser de vidrio, de acrílico (plexiglás) o de otros plásticos, de metal o de una combinación de éstos. Hay muchas piezas excelentemente diseñadas a precios asequibles, que además combinan perfectamente con otros muebles de época, y además tienen la venta-

ja de ocupar menos espacio visual que las piezas de madera.

Vidrio

El vidrio es un material muy indicado para las superficies de mesa y para las estanterías (en el siglo XIX, algunos príncipes orientales e indios decoraron habitaciones enteras de sus palacios con muebles de vidrio o cubiertos de espejos). El vidrio debe tener un espesor mínimo de 5 mm, y preferentemente de 1,2 a 2 cm si se usa con fines prácticos. Siempre deben estar bien acabados y con los cantos biselados.

Plástico

Entre los materiales de plástico se cuentan la fibra de vidrio, el plexiglás, el plástico laminado, el poliestireno, el polivinilo y los acrílicos. Lamentablemente, tienen las desventajas de atraer el polvo (aunque es posible aplicar una solución antiestática que ayuda a solucionar este problema) y de rayarse con facilidad. Siempre se tienen que comprar piezas de material grueso para resistir el desgaste o el uso diario. Las uniones, a base de adhesivos fuertes o de pernos resistentes, deben ser suaves y lisas.

Metales

El latón, el cobre, el acero inoxidable, los tubos con recubrimiento de cromo y los de acero con revestimiento de plástico, como el ángulo de hierro y el hierro forjado, se pueden usar para la fabricación de muebles, generalmente en combinación con tejidos de lienzo, de algodón, o de plástico cuando se trata de sillas, o con vidrio en caso de mesas. Siempre compruebe que el metal esté perfectamente acabado y liso, exento de burbujas y de buena calidad. Si se trata de una pieza plegable, compruebe la durabilidad del mecanismo y su fácil manejo.

Mimbre, ratán y bambú

Generalmente son materiales para muebles, jardines y terrazas y a veces incluso para dormitorios o para una pieza única en un lugar determinado. Compruebe siempre que el tejido esté bien acabado, sin demasiadas «colas sueltas», lugar por donde podría empezar a deshacerse más adelante. Además, estos materiales se prestan perfectamente a decorarlos con pintura, y generalmente envejecen sin perder su atractivo.

Camas

Pasamos más de una tercera parte de nuestra vida en la cama; por tanto, es aconsejable comprar una de buena calidad. Sin embargo, como todas son muy parecidas, a veces es difícil saber qué es lo que buscamos en realidad.

Como los tapizados, también las camas tienen su valor oculto, y cuanto más caro sea el colchón o la base, tanto mejor tendría que ser su calidad. Evidentemente, la base de la cama tiene que ser firme, resistente y robusta, mientras que el colchón debe ceder un poco, pero con un grado de firmeza adecuado para el usuario (que, por cierto, siempre tendría que probarlo antes).

La longitud de la cama siempre se determina calculando la estatura del usuario más 15 o 20 cm. En caso de una pareja, se considera la estatura de la persona más alta. Como en el caso de la adquisición de otras piezas de muebles de gran tamaño, antes de comprar la cama recuerde comprobar las dimensiones de las puertas, de los ascensores y de los rellanos de las escaleras. En el caso de que sea imposible introducir una cama de grandes dimensiones en la casa o en el piso, considere la alternativa de comprar una cama doble y unir los dos colchones con una cremallera.

COLCHONES

En el mercado se ofrecen diferentes tipos de colchones, aunque los tres primeros descritos a continuación llevan un recubrimiento de terliz y tienen una apariencia muy similar. Como los tapizados, también los colchones tienen que llevar una etiqueta especificando los materiales y la fabricación.

Colchones de muelles interiores

Este tipo de colchones, como los buenos sofás o sillones, tiene que tener alrededor de 800 resortes de hélice cilíndrica, recubiertos con materiales aislantes como algodón, poliéster o espuma. Generalmente se compran en combinación con un «canapé» de un grosor de 18 cm, como el colchón. Éste es el tipo más popular.

Colchón de espuma

Este tipo de colchón muy ligero se fabrica a base de espuma de látex o de poliuretano. Debe ser firme y tener un grosor mínimo de 10-15 cm. Generalmente, el colchón de espuma se vende con un «canapé» ligeramente más grueso que la variedad anterior.

Colchón con material de relleno

Esta variedad de colchón se usa para camas con dimensiones más reducidas y demasiado pequeñas para los colchones de espuma o de muelle. Suele ser más delgado y su relleno es de poliéster o de algodón y espuma.

Camas de agua

Como ya indica su nombre, el colchón de una cama de agua está relleno de agua; se instala con ayuda de un revestimiento de plástico dentro de un bastidor de madera. Se supone que las camas de agua son muy recomendables para mejorar la circulación, para tener un sueño reconfortante y, en especial, para las víctimas de quemaduras, así como para los inválidos o para los postrados en la cama que sufren de llagas. Cerciórese de que la cama tenga una base sólida, un colchón muy resistente (se han producido inundaciones muy desagradables) y un calentador del agua controlado por medio de un termostato.

Recientemente se ha introducido una nueva variedad de cama de agua, la llamada «variante suave», con una base de espuma de poliuretano de alta densidad y de buena calidad, en lugar de la

1 *El color negro del hierro pintado de esta cama se suaviza con el lino de color blanco. La silla, con respaldo en forma de corazón, repite el diseño de la cama.*

2 *Una cama francesa en forma de barco, en estilo imperio francés. Es un tipo de cama muy elegante, que ciertamente luce por sí mismo, aunque siempre resulte complicado que parezca estar bien hecha.*

3 *Una exótica cama turca siempre es un elemento decorativo para cualquier habitación, sea cual sea su estilo, ya que incita a relajarse.*

4 *Otro modelo de una silla clásica del siglo XX y su taburete correspondiente, que complementan la cama baja y moderna. Obsérvese la larga tela de color amarillo detrás de la cama, que actúa como panel decorativo.*

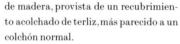

de madera, provista de un recubrimiento acolchado de terliz, más parecido a un colchón normal.

LA CAMA PARA LOS INVITADOS

Hay algunas variedades de camas especialmente apropiadas para los invitados:

- Un *sofá cama*, que la mayor parte del tiempo se puede usar como sofá, pero que en caso de necesidad se puede convertir en una cama (cerciórese de que el colchón tenga un grosor adecuado; hay algunos demasiado delgados).
- Una *cama turca* puede convertirse en una cama si se instala un bastidor corredizo en su parte inferior.

- Una *cama doble superpuesta*, donde el colchón de la segunda cama y su base de apoyo se guardan debajo de la primera, y que se puede instalar a la misma altura de ésta.
- Una *cama plegable* verticalmente, oculta detrás de un panel instalado en la pared, es una excelente solución para un estudio o para un apartamento de una sola habitación.

CABEZALES

Casi todos los cabezales se venden por separado, pero hay una gran variedad de ellos, de madera, de latón, de tejido acolchado, de metacrilato, de cromo, de caña o de junco, o de hierro pintado de color blanco o negro.

Muebles de época

En teoría, cualquier mueble de más de cien años se puede considerar una antigüedad, pero en la práctica también las piezas más modernas se pueden coleccionar hoy en día. Tal como ocurre con los estilos de la arquitectura y de la decoración, también los diseños de los muebles se repiten cíclicamente y aparecen y desaparecen en distintas variaciones, en ambientes diferentes, con decorados variado y en países distintos. Algunas veces los estilos coincidieron con un determinado regente, por lo menos en su país de origen, y reaparecieron años más tarde en algún otro continente. Muchos diseñadores importantes crearon sus propios libros de diseño, que un gran número de ebanistas en todo el mundo, a veces décadas más tarde, solían copiar con más o menos éxito. Además, los estilos no suelen seguir un orden cronológico: muchos coinciden o son consecuencia de una determinada línea preponderante. Y, además, existen amplios términos, como el estilo georgiano o victoriano, que incluyen varios estilos predominantes durante décadas.

Armario de madera de roble de la época del Renacimiento inglés.

IDENTIFICACIÓN DE LOS ESTILOS

Los primeros muebles de época, piezas de auténtica belleza del siglo XVIII o anteriores, generalmente sólo pueden encontrarse en los museos, en grandes mansiones abiertas al público y en tiendas de antigüedades. No obstante, es conveniente conocer algunos detalles de los estilos, aunque sólo sirva para identificar influencias, reproducciones y reintroducciones.

En las siguientes páginas se indica una serie de descripciones de muebles de época de ambos lados del Atlántico. Para poder ubicar cada uno de estos estilos de época en su contexto, *véanse* las páginas 76-77, así como las páginas 78-83 para más detalles. En el vocabulario de las páginas 198-203 los términos técnicos se definen lo más brevemente posible.

MUEBLES BRITÁNICOS

Hasta finales de la Edad Media y principios de la época de los Tudor, cuando se firmó la paz y se produjo una ma-

yor estabilidad en el país, que favorecía la creación de muebles para un hogar más confortable y más decorativo, los muebles habían sido reducidos a un mínimo.

Tudor

Los muebles de estilo Tudor eran robustos y rectilíneos, útiles pero poco cómodos. Consistían en una serie de piezas como camas de cuatro postes, baúles, cómodas, armarios, taburetes, bancos, sillas y cajitas.

- La mayoría de las mesas aún era del tipo de caballete.
- Los muebles de ebanistería se decoraban simplemente con grabados superficiales, con finas tiras de incrustaciones de maderas de color contrastante, con efecto cuadriculado o con diseños toscamente grabados.

Isabelino

Durante este período, en Gran Bretaña se llegaron a registrar algunas ideas renacentistas.

- La madera principal era el roble. Los grabados, elaborados especialmente en forma de pletinas (estribos), se tallaban directamente en la madera sólida.
- En las alacenas o en los aparadores de la corte se exhibían objetos de peltre.
- Las sillas se hacían con torno o de entabladura.
- Muchas veces las patas de los muebles se decoraban con bulbos, con una moldura ovalada en la parte superior y una hoja de acanto en la inferior. El extremo superior a veces tenía forma de una columna dórica o jónica.
- Las camas de la gente adinerada eran grandes y amplias, con los cuatro postes decorativamente tallados, con una canopia y largos cortinajes de terciopelo. Muchas veces también se decoraban con ornamentos bulbosos.
- Las sólidas mesas de refectorio reemplazaron a las anteriores provisionales de caballete de la época de los Tudor.

Estuardo (jacobino y carolino)

En aquel momento el clasicismo se entendía mejor, lo cual se reflejaba en los muebles. También se introdujo un cierto sentido de la comodidad, que se inició con el tapizado de los respaldos y de los asientos de las sillas.

- Se hacían sillas más ligeras para las casas de dimensiones menores, para acompañar las mesas con patas de reja de hierro.
- Se introdujeron las sillas para infantes y los aparadores (al principio sin la sección de estantes).
- Al torneado en forma de bulbos de la época isabelina se le dio una configuración más alargada.
- Los botones y los tiradores solían ser tallados, a veces en forma de cabeza humana.

Sillón de madera de entablado de roble que data de la época jacobina.

Cromwell

Durante este período, la importancia de la funcionalidad predominaba sobre la del decorado.

- Las molduras se aplicaban encima de la madera en lugar de tallarlas en la madera sólida.

- Los tapizados se realizaban en piel.
- El ornamento desmesurado había desaparecido.
- Se crearon las primeras cómodas y, probablemente, las primeras sillas Windsor.

Restauración

La inclinación prevaleciente por la extravagancia se reflejaba en los muebles.

- El chapado de nogal se sustituyó por la madera sólida de roble.
- Los asientos de las sillas, y a veces también los respaldos, se hacían de tejido de caña o de junco y se decoraban con cojines sueltos. Se introdujo el torneado de las patas y también de las columnas en forma de espiral y de voluta flamenca.
- Los marcos se decoraban a veces con dorados y, más frecuentemente, plateados. También se pusieron de moda toda clase de tapizados, así como galones y cenefas de piel y seda gruesa.
- También aparecieron los primeros sillones de respaldo alto. En aquellos tiempos, su respaldo se podía reclinar hasta un nivel casi horizontal, por lo que también se llamaba «silla de dormir».
- Los taburetes y banquillos tapizados con tejidos de elaborados diseños se volvieron muy comunes.
- Aparecieron las primeras mesas redondeadas, así como las mesas de juego y otros modelos de mesas más pequeñas, y también las estanterías de libros.
- La ornamentación con laqueado japonés empezó a ganar popularidad, así como también la marquetería de motivos florales.
- Los revestimientos de madera para los hogares se decoraban con pinturas de figuras humanas de tamaño natural vestidas a la moda.

Guillermo y María

Los artesanos de aquella época, entre ellos muchos inmigrantes hugonotes proceden-

Una vitrina laqueada sobre una base de bronce dorado de la época de Guillermo y María.

tes de Francia y de Holanda, le dieron un nuevo auge a la artesanía británica.

- Se crearon espléndidas piezas de nogal, con marquetería de acebo, ébano, palo de águila y de marfil.
- Las líneas eran más sencillas, las proporciones más delicadas, y los tallados más reducidos.
- Muchas veces las superficies planas se decoraban con finos chapados y contrachapados (capa interior de veta atravesada) de madera.
- Prevalecían los acabados de laqueado oriental.
- La predilección del rey Guillermo por sus piezas de porcelana de Delft fomentaba la pasión por el blanco y por el azul (que ya se había iniciado con la importación de porcelanas orientales).
- Las formas de las patas y los pies de los muebles cambiaron por completo: se hacían de formas más rectas y apareció el pie redondo, aunque se fabricaban patas en forma de espiral y de trompeta.
- La gran novedad entre los muebles fue la cómoda alta de cajones

superpuestos. También aparecieron los primeros muebles de escritorio con sobre plegable, así como las primeras mesas para fines especiales, como tomar el té y jugar a las cartas. Asimismo, se introdujeron otras novedades como relojes, vitrinas, tocadores y espejos.

Reina Ana

Los muebles de esta época, aunque con inspiración en la versión holandesa del barroco, son de un estilo exclusivamente británico. Sus características son el chapado de nogal y las suaves líneas curvadas.

- Las grandes innovaciones fueron los *sécretaires* (mueble escritorio), otros modelos de escritorios y las vitrinas chinas. Las mesas para jugar a las cartas y para tomar el té se perfeccionaron aún más.
- El concepto prioritario fue la comodidad. Apareció el sillón propiamente tapizado, y también se perfeccionó el sillón de respaldo; la silla con respaldo en forma de cuchara fue un primer intento ergonómico.

Sillón de respaldo alto de la época de la reina Ana.

ESTILOS DE MUEBLES DE ÉPOCA

La mayor parte de los muebles de época se clasifica de acuerdo con el nombre de una de las siguientes categorías:

- **EL MONARCA REGENTE,** como por ejemplo Isabel, Luis XV, Luis XVI, la reina Ana, Victoria, Gustavo.

- **LA DINASTÍA REGENTE, LA REGENCIA O UN GOBIERNO,** como por ejemplo la dinastía Ming, los Tudor, la Régence, el Directoire, el Federal o el imperio.

- **UNA INFLUENCIA GENÉRICA INDIVIDUAL:** el gótico, el clásico, el barroco o el rococó.

- **UN DISEÑADOR INDIVIDUAL,** como por ejemplo Adam, Chippendale, Sheraton, Hepplewhite, Duncan Phyfe, Charles Eastlake.

- **UNA SECTA RELIGIOSA O UN GRUPO CULTURAL,** como por ejemplo los Shaker o los alemanes de Pennsylvania.

- **UN MOVIMIENTO,** como por ejemplo el movimiento estético, el Arts and Crafts, y el Art Nouveau.

segunda parte: elementos específicos

- Casi todas las piezas se fabricaban con patas más perfeccionadas de doble curvatura que terminaban en pies de garra o de bola.
- Se creó la silla de respaldo decorativamente elaborado. Los listones anchos y poco gruesos en el centro de los respaldos tenían formas de violín o de floreros.
- Las vitrinas, altas y a veces de doble cúpula, como por ejemplo los muebles libreros, los armarios de los despachos, o las vitrinas sobre baúles, se decoraban de chapado de nogal con finas molduras.
- Entre los demás detalles representativos figuraban las tallas en forma de concha, los cajones con elegantes tiradores de latón y los decorados en forma de cuello de cisne en las cornisas de las puertas.

Georgiano temprano

Las líneas suavemente curvadas del período de la reina Ana desaparecieron poco a poco y cedieron su lugar a una línea más severa con detalles arquitectónicos clásicos. Para armonizar con la arquitectura neopalladiana, también los muebles se construyeron a gran escala.

- Grandes piezas talladas y doradas se tapizaban con terciopelo y damasco. Las macizas patas curvadas con pies de garra o de bola resaltaban la apariencia regia y soberbia de las sillas. Y también los canapés empezaron a ser más populares.
- Paulatinamente, la madera de caoba sustituyó a la de nogal.
- Los muebles libreros empezaron a construirse con cornisas, que representaban el aspecto exterior.
- Otro detalle típico eran las patas curvadas de pequeñas mesas y escritorios. Aparecieron las primeras mesas de alas abatibles.

Georgiano medio

En esta época de experimentaciones sin igual en el campo de los diseños, tam-

bién se publicó una serie de libros con muestrarios de los grandes ebanistas, como Thomas Chippendale (cuya primera obra *The Gentleman and Cabinet Maker's Director* se publicó en 1754), así como otros de menor importancia. Estas obras sirvieron de inspiración y también de referencia a muchos otros ebanistas y carpinteros tanto en Gran Bretaña y en la costa este de Norteamérica como en todo el mundo. En las diversas publicaciones había una gran selección de estilos, desde el rococó más puro hasta sus variaciones más diversas, el chino y el Gothick.

Chippendale

Chippendale, maestro de todos, se dedicó al rococó. Después de haber estudiado varias fuentes, como el clásico, el rococó, el estilo Luis XV, el Gothick y el chino, logró combinarlos y refinarlos en una armonía impresionante.

- Casi todos los muebles de asiento creados por él durante su primera época tenían patas curvadas y pies tallados, así como respaldos con un centro de listones anchos y poco gruesos en forma de yugo (que consiste en un bastidor similar a un yugo para el transporte de cubos). Para el decorado solía usar motivos de estilo rococó, tales como volutas, flores y hojas, conchas y piedras.
- Más tarde usó patas rectas de tipo Marlborough, y creó sillas con respaldos de intrincadas imitaciones de la tracería gótica.
- También creó piezas de estilo chino, e incorporó sillas con patas perforadas y calados, entramados e imitaciones de bambú. Sus espejos tallados y dorados siempre lucían un decorado muy ornamentado con volutas de estilo rococó y con motivos orientales.

Los hermanos Adam

Sin duda la influencia de Chippendale fue muy importante, pero con toda probabilidad la de Roberto Adam, junto con su hermano James, fue aún ma-

Espejo de madera dorada de la época georgiana temprana.

yor. El período de los Adam se considera uno de los grandes triunfos del glorioso siglo XVIII, y aunque los diseños creados de los Adam fueron encargos exclusivos de los más ricos, sus ideas trascendieron a la corriente general. Los hermanos Adam, en la vanguardia del nuevo estilo neoclásico, no fueron ebanistas, pero llegaron a colaborar con Chippendale y con Hepplewhite, entre otros. También Sheraton denota la gran influencia de los motivos y ornamentos de los Adam.

- La madera de palo de águila, así como otras maderas pálidas y elegantes importadas de Oriente, se popularizaron.
- Tanto la madera como el mármol se decoraban con incrustaciones.
- La estructura de las mesas y de las sillas resultaba más ligera, y las patas, por tanto, también más finas y esbeltas.
- Los escritorios se construían con cajones incorporados.
- Muchas veces las superficies de espejo fino formaban parte integral de un determinado decorado o de un panel.

- Los hermanos Adam no crearon ningún tipo de silla, pero produjeron bellísimas mesas auxiliares, así como vitrinas, armarios libreros, canapés, y sobre todo tablas para el revestimiento de paredes.
- Otra pieza «Adam» es la consola, muchas veces dorada, con un remate de escayola o de mármol, sobre cuatro patas cónicas rectas. Generalmente se instalaba en medio de dos grandes ventanales, bajo un gran espejo, y muchas veces se decoraba con guirnaldas o con placas como los medallones Jasper de Wedgwood, o con maderas incrustadas.
- Entre los muebles de Adam también figuran las cómodas, pintadas o decoradas con bellos trabajos de marquetería; los muebles libreros con cornisa interrumpida y moldura estrecha, y las *torchères* de forma etrusca, con trípodes de madera de palo de águila ornamentados con pintura, con dorado o con marquetería.
- A Robert Adam se le debe la moda de flanquear una mesa de servicio con repisas o soportes para los clásicos depósitos de agua en forma de urna, muchas veces hechos de la misma madera. En estos depósitos se instalaban unos recipientes de plomo, de modo que tanto la cuchillería como la cristalería se podían lavar junto con los diferentes platos, mientras que los pedestales actuaban como calientaplatos o servían para guardar el vino. También contaban con los clásicos pedestales para la colocación de bustos.
- Entre los motivos de Adam figuraban la madreselva griega y el calado, el friso o el zócalo acanalado, la pátera y la roseta, y las diferentes urnas y las vainas o cáscaras de grano.

Hepplewhite

George Hepplewhite adaptó los diseños tan extraordinarios de Adam a un mercado más amplio y más común. Sus muebles, caracterizados por su elegancia y ligereza, exentos de ornamentos innecesarios, sirvieron de enlace entre el período del declive de la caoba georgiana y el auge de la madera de palo de águila.

- Las sillas de Hepplewhite, de línea sobria y de pies en forma de azada, se hicieron muy populares.
- Sus líneas serpenteadas y arqueadas para sofás, sillas, tablas para revestimientos de paredes y cómodas tuvieron una gran influencia.
- Los tallados de Hepplewhite, como los de Adam, se basaban en motivos romanos, como por ejemplo las hojas alargadas del laurel y de la madreselva o las páteras. El tallado alcanzó su apogeo en la década de 1750-1760; nunca los artesanos de la talla en madera habían sido tan ingeniosos como en esta década.

Georgiano tardío

Durante esta época se presentaron muchos cambios, pues fue el momento en que la formalidad empezó a ceder su lugar al romanticismo. Los muebles se instalaban con fines de exhibición, y no se unían en pequeños grupos funcionales. El período se inició, más o menos, con el diseñador Thomas Sheraton, cuya obra ejerció una notable influencia en los mejores muebles de la regencia, así como en muchos ebanistas que trabajaban en el Nuevo Mundo. Sheraton adaptó un gran número de diseños franceses, y éstos, a su vez, se apropiaron de un número idéntico de ideas inglesas para el diseño de muebles, entre ellos las mesas de trípode y los muebles trinchadores.

- Los muebles de Sheraton eran ligeros y delicados, con patas finas y cónicas. Sus formas preferidas para la ornamentación fueron las incrustaciones, el contrachapado (capa interior de veta atravesada) así como el decorado con pintura.
- Los muebles de Sheraton prácticamente nunca se decoraban

con tallas de madera, aunque éstas volvieron a aparecer más tarde en los diseños posteriores de Adam, y también en los de Thomas Hope.
- Debido a los grandes éxitos del almirante Nelson en altamar, los motivos náuticos adquirieron gran popularidad.
- La madera de palo de águila fue la favorita para los chapados hasta el final de esta época, pero también se usaron otras variedades de maderas exóticas.
- También la marquetería volvió a adquirir popularidad durante este período, aunque sólo por poco tiempo. Fue reemplazada por la decoración con pintura, notablemente más económica.

Regencia

Los muebles de la regencia tienen sus raíces en el neoclásico de finales del siglo XVIII, pero también denotan una marcada influencia del estilo Directoire francés así como del estilo imperio y del clasicismo griego. Thomas Sheraton, Thomas Hope y Thomas Chippendale Jr. fueron los grandes ebanistas de esta época.

- La caoba fue la madera más popular para la construcción de muebles, y el palisandro el material más solicitado para el chapado, en contraste con las incrustaciones de ébano, latón o de madera de boj. El dorado sólo se aplicaba como relieve.
- Se produjo un renacimiento del laqueado.
- Los muebles eran menos robustos y las sillas más pequeñas que antes, y muchas veces se hacían de madera de haya veteada para parecerse al palisandro. Los respaldos eran amplios y de listones anchos y poco gruesos.
- Los grandes armarios libreros cedieron su lugar a vitrinas más pequeñas.
- Un gran número de muebles se inspiraba en piezas griegas, tal como aparecen en los jarrones griegos; entre ellos figuraba el banquillo con bastidor en X y la silla de Klismos, de patas arqueadas y un amplio parapeto de cresta, muchas veces decorado con pinturas de estilo etrusco.
- El sofá helenista, con sus extremos redondeados, sus almohadones y sus

pies tallados, y la versión inglesa de la *chaise longue*, con patas arqueadas, son piezas típicas y representativas de la regencia.
- Las tallas de esta época repiten un gran número de motivos griegos y egipcios, entre ellos esfinges, cariátides, leones y águilas.
- También los tocadores empezaron a obtener mucha popularidad, junto con las tablas para el revestimiento de paredes. Proliferaban mesas con usos diversos, así como las mesas redondas para las reuniones sociales y las de juego.
- Apareció el escritorio conocido con el nombre de Davenport.

Guillermo IV

Durante el reinado de Guillermo IV se produjeron muebles de caoba más sencillos, pero más sólidos. Especialmente, el sofá griego disfrutó de gran popularidad. Actualmente esta solidez de líneas simple ha mostrado ser muy popular, ya que se puede combinar con cualquier pieza moderna.

Victoriana

Indiscriminadamente los fabricantes de muebles miraron hacia atrás para inspirarse, algunas veces para crear una pieza con una combinación incongruente de varios estilos. Entre los más exitosos, a ambos lados del Atlántico, figura el neorrococó, seguido por el neogótico, el neoisabelino, el neotudor, el neobarroco, el neorrenacimiento, el medieval y el morisco, entre otros.

- Las habitaciones se llenaban de más piezas de muebles que antes.
- La madera preferida fue la caoba, seguida por el palisandro, el ébano y la madera dorada.
- Los sofás y las sillas con demasiado relleno contribuían a crear un ambiente suntuoso y cómodo.
- Entre las piezas más características figuraban las tablas para el

Una vitrina de palisandro con incrustaciones de latón, y con decorado en bronce dorado, de estilo regencia inglés.

revestimiento de paredes, muchas veces talladas y con incrustaciones de marfil, vitrinas o cómodas altas, muebles para vestíbulos con grandes espejos, gabanes largos y otomanes, mesas de todo tipo, sillas con respaldo ovoide, y un sinfín de otras piezas.

Arts and Crafts

La primera protesta importante contra los muebles fabricados industrialmente y en masa, de la era victoriana, el movimiento Arts and Crafts, iniciado por William Morris, abogaba por la reintroducción de los muebles hechos artesanalmente. La compañía de Morris se dedicaba a la producción de muebles robustos de madera de roble (además de papeles pintados, tejidos, productos de alfarería y de metal), entre los cuales destaca la silla «Sussex» como una de las piezas más conocidas.

- Los muebles eran sencillos, robustos y de líneas rectas. Los trabajos de tallado eran mínimos, mientras que el decorado de hierro forjado era más común.

Silla Art Nouveau, de C. R. Mackintosh.

- Muchas veces las piezas se pintaban de colores pálidos, especialmente en verde. También se podían añadir paneles pintados de piel.

Movimiento estético

E. W. Godwin, una de las figuras más importantes del movimiento estético, fue el gran responsable de sus dos estilos principales de muebles, el «anglojaponés» y el «renacimiento reina Ana». Godwin redujo la estructura y el decorado a sus elementos más esenciales. El mueble, ligero y bien proporcionado, muchas veces con imitación de ébano, era un objeto fácil para la producción en masa, de modo que se hacía en muchas partes. Una gran parte de los muebles de estilo «renacimiento reina Ana» se produjo en la empresa Collinson & Lock, en Gran

Silla Arts and Crafts creada por William Morris, decorada con la tapicería «Bird» de lana, original de Morris.

Bretaña, y en Herter Brothers, en Estados Unidos. Entre las piezas típicas figuraban la mesa de despacho en forma de habichuela, la repisa de chimenea y la vitrina con frontal de cristal.

Art Nouveau

Los muebles del Art Nouveau se distinguen por sus elegantes formas sinuosas y curvilíneas copiadas de la naturaleza. Además, muchas piezas se decoraban con tallados, con marquetería, con marfil, con dorados o con latón. A veces se tallaban respaldos, brazos o patas con decorativos diseños de plantas naturales. En Gran Bretaña, la empresa de muebles de Charles Rennie Mackintosh fabricaba una versión rectilínea del Art Nouveau, con verticales exageradas y acabados laqueados, con imitación de ébano o pintados al estilo japonés.

MUEBLES FRANCESES

Los muebles franceses ejercieron una gran influencia no solamente en los muebles europeos, sino también en los americanos.

Luis XIV

Fue Luis XIV quien llevó el diseño del mueble francés a un pináculo de ornamentación y de grandeza barroca. A lo largo de las siete décadas de su reinado introdujo muchos elementos que ejercieron una marcada influencia en el futuro del mueble.

- Para la fabricación de muebles se emplearon los materiales más caros, desde maderas raras y exóticas hasta la plata sólida y los trabajos de laqueado.
- Para el tapizado se emplearon ricos tejidos de brocado.
- Tanto los muebles de madera de nogal como los de madera de roble se tallaban y doraban. Algunas piezas se incrustaban con ébano.
- Entre las piezas típicas de estilo Luis XIV se cuentan los sofás rectilíneos dorados y tapizados; las sillas de respaldo alto con brazos y patas

decorados con volutas, y las vitrinas y cómodas altas decoradas con marquetería de diseños florales.

- La ornamentación de las mesas y de otros muebles era de oro bruñido

Fauteuil de madera de nogal de estilo Luis XIV.

o bronce dorado y representaba escenas mitológicas, de máscaras, de leones y de hojas de acanto.

- André-Charles Boulle fue el ebanista más famoso de Francia. Sus muebles finamente chapados se decoraban con elaboradas incrustaciones de concha de tortuga y de latón.

Regencia

Durante la primera etapa del rococó, los muebles eran más ligeros, pero conservaban algo de la grandeza del estilo Luis XIV.

- En esta época, se desarrolló el *bergère*, el primer sillón acolchado realmente cómodo.
- Se inició el uso de motivos chinos, como dragones y parasoles junto con los motivos clásicos.

- Otra innovación de esta época fueron las fundas sueltas para las sillas.
- Los apoyabrazos y los respaldos de las sillas se modificaron para no interferir con los zócalos y los grandes decorados, muy elaborados.

Luis XV

El rococó es sinónimo de la primera mitad del reinado de Luis XV. Gracias a los libros de dibujos del siglo XVIII, los diseños de los muebles franceses de estilo rococó se copiaron en muchos países europeos (en España, en Austria, en Hungría, en Portugal, en Polonia, en Bohemia, en Rusia y en Escandinavia, en menor grado en Gran Bretaña, y sobre todo en Alemania).

- Los muebles de estilo rococó eran ligeros con patas graciosamente curvadas, con decorados delicadamente tallados de motivos florales o de conchas, frecuentemente dorados.
- Muchas veces se hacían juegos enteros de muebles para una habitación para crear una síntesis alegre entre el decorado fijo, el móvil y los muebles.
- Los confortables sillones Luis XV de líneas curvadas resultaban muy agradables a la vista, además de ser cómodos para sentarse en ellos.
- Entre las piezas típicas figuraban la cómoda con la parte frontal ondulada y el *bergère*.

Luis XVI

Durante la época del reinado de Luis XVI, las habitaciones empezaron a reducir su tamaño y a hacerse más íntimas, y el estilo de muebles fue más sencillo.

- Las patas acanaladas tenían forma cónica, y en el extremo superior casi invariablemente se podía ver un pequeño bloque cuadrado de madera con una roseta tallada.
- Los armarios y las vitrinas de forma rectangular se decoraban con molduras metálicas o de madera.

Escritorio de madera de palo de rosa, con marquetería, en estilo Luis XVI.

- Un gran número de mesas pequeñas o auxiliares se cubría de mármol de color.
- Durante este época, el gusto inglés empezó a infiltrarse por primera vez, especialmente los diseños de Robert Adam.
- Se hacía un amplio uso de la madera de caoba, y también el ébano y los muebles pintados ganaron en popularidad.
- La ornamentación era de estilo griego (espirales, grecas y adornos calados, palmitos y antemión), pero no así la forma de los muebles.

Directoire

Este período se caracterizó por sus muebles austeros y notablemente simplificados tomados del neoclasicismo.

- Las tallas de madera se inspiraban en símbolos militares: lanzas, tambores, estrellas y la gorra de la Libertad de los ejércitos revolucionarios.

- Puesto que los reyes franceses no tenían ninguna relación con Grecia, Pompeya o Egipto, se seguían permitiendo motivos con estos orígenes.
  - Con nuevos motivos, como las segadoras y las espigas de trigo, se quería evidenciar el poder cada vez mayor de los trabajadores del campo.
  - Siempre que se podía, se aplicaban líneas curvadas griegas, con una ligera curva hacia atrás en la parte superior de las sillas y otra hacia fuera en los apoyabrazos de los sofás. Las patas delanteras de los asientos se curvaban hacia delante y las posteriores hacia atrás. En el caso de los armarios y las vitrinas, los soportes cortos sólo tenían una ligera curva hacia fuera.

Fauteuil en estilo Directoire.

- Algunas veces los extremos superiores de las patas se decoraban con cabezas griegas o egipcias, mientras que los inferiores terminaban en dos pies humanos.
- También los muebles de hierro forjado y de bronce con soportes de trípode, igualmente de diseño griego, adquirieron más popularidad.

Imperio

Las muebles, al igual que ocurrió con otros diseños durante este período neoclásico tardío, combinaban formas geométricas con decorados clásicos. El principal fabricante fue Jacob-Desmalter, cuyos diseños influyeron en muchos otros, tanto de Francia como de otros países.

- Casi todas las mesas eran redondas u octogonales con cubierta de mármol, y muchas de ellas sólo con un pedestal central, el cual a su vez descansaba sobre un bloque de madera triangular.
- Las camas generalmente se diseñaban para colocarlas contra la pared, al estilo militar. También surgieron las camas de barco o de trineo, en cuyos extremos se instalaban unos «cuellos de cisne» para sujetar un drapeado de tela de muselina.
- Los respaldos curvados de las sillas y los apoyabrazos de los sofás de estilo griego seguían siendo populares.
  - Para los tapizados se empezaron a usar asientos de muelle.
  - La madera más popular era la caoba, pero también se usaban las maderas de tejo, de olmo, de arce y de diversos árboles frutales, con chapados de sándalo rojo de tuya africana, de amaranto y de palisandro importado de África y de las Antillas orientales y occidentales.
  - La talla en madera había pasado de moda; se usaban los motivos clásicos decorados con bronce dorado.

- Muchos motivos se copiaron del antiguo Egipto, como las esfinges de alas levantadas, los grifones alados y los leones, las cobras, los buitres, las palmeras, los obeliscos y los jeroglíficos. Otros motivos que aparecían con frecuencia eran las cariátides, las abejas, los cuellos de cisne y las omnipresentes hojas de acanto.

OTROS MUEBLES EUROPEOS

En los demás países europeos, los períodos de los distintos estilos fueron muy similares a los de Francia y Gran Bretaña, aunque cada uno tuviera su propia interpretación y sus piezas de mueble únicas y exclusivas. Hay dos estilos de interés especial.

Gustavino

Esta época representa el período neoclásico de Suecia, aunque sus muebles fueron más sencillos que todos los demás.

- Los muebles se decoraban con pintura de colores fríos y pálidos, como tonos de azul, gris perla y amarillo (pajizo), casi simultáneamente con las paredes. Generalmente, antes de aplicar la pintura, se cubrían de yeso para lograr un efecto más suave y crear una superficie más lisa.
- Las sillas tenían patas rectas, con escasos ornamentos tallados.
- El decorado de los muebles en un espacio se hacía de forma simétrica.

Biedermeier

Aunque coetáneo con el estilo imperio de Francia, el Biedermeier disfrutaba de gran popularidad en Alemania y Austria, y también, aunque en menor grado, en Escandinavia; se trata de un estilo más práctico y menos pretencioso.

- Se caracteriza por sus maderas de color claro (de olmo, de fresno, de arce o de árboles frutales), aunque también se solía usar mucha madera de caoba, y por sus líneas claras y geométricas.
- Los detalles discretos del neoclásico consistían principalmente en columnas, pilastras y palmitos.

Mueble escritorio con frente abatible y con dos urnas decorativas en la parte superior, de estilo Biedermeier.

- Las sillas solían tener patas arqueadas o rectas.

MUEBLES AMERICANOS

La influencia más importante en el desarrollo del mueble americano fueron sin duda los orígenes sociales y culturales tan diversos de su gente. Todos, tanto los colonizadores ingleses en Virginia y en Nueva Inglaterra, los holandeses en el valle del río Hudson, lo que ahora es el estado de Nueva York, los franceses en Louisiana y en Carolina del Sur, los suecos en Delaware así como los alemanes en Pennsylvania y los españoles en Florida y en el suroeste, han contribuido al mueble genérico americano.

Sin embargo, a pesar de los distintos orígenes de los colonizadores, el clima, la tierra y los recursos naturales de Norteamérica, en especial la gran abundancia de madera, ayudaron a poder crear y desarrollar un mueble con característi-cas exclusivamente norteamericanas, como también se puede observar en la arquitectura y en la decoración de los interiores.

Colonial

Este período se caracterizó por los muebles sencillos y prácticos fabricados con maderas locales a manos de carpinteros no excesivamente habilidosos. En el norte, la mayoría de los muebles eran copias de estilo jacobino, o Guillermo y María, o de piezas alemanas, holandesas o escandinavas. En el sur, en cambio, muchas piezas se importaban de Inglaterra y de Francia.

Reina Ana

A principios del siglo XVIII, cuando la gente había comenzado a asentarse, también se establecieron las tradicio-nes y se fortaleció la industria. Más colonizadores llegaban a las nuevas tierras, y con ellos ebanistas y carpinteros expertos.

El estilo reina Ana americano solía ser más ligero y más delicado que el original británico, y los muebles americanos muchas veces se fabricaban de madera de nogal maciza en lugar de chapado. No obstante, por ejemplo los pies de garra o de bola no se llegaron a apreciar hasta mucho más tarde; en su lugar se usaban pies de cojincillo o de cojincillo y discos.

Georgiano

En las mansiones de la gente más adinerada, los muebles cada vez más sofisticados eran copias de los diseños en estilo reina Ana, georgiano temprano, de Chippendale, de Sheraton y de Hepplewhite, hábilmente elaboradas.

- El contorno en forma de florero de listones anchos y poco gruesos en

Silla americana, con apoyabrazos de madera de caoba, de finales del siglo XVIII.

el centro de los respaldos de las sillas en estilo reina Ana; los pies de garra y bola que imitan las zarpas de los dragones de las tallas chinas; las conchas talladas del rococó; las hojas de acanto de las antiguas Roma y Grecia, todos estos detalles se convirtieron en motivos regulares.

Aunque más sencillas que sus versiones originales, las piezas producidas por los artesanos americanos eran decorativas y estaban bien acabadas.

- Decorativas sillas auxiliares, cómodas altas y bajas y muebles escritorio con frente abatible se combinaban con sofás y sillones tapizados.
- Se creó la silla Martha Washington, una cómoda silla para recostarse, de respaldo alto, asiento bajo y apoyabrazos abiertos.

No obstante, las casas sencillas de las praderas se decoraban con muebles sólidos y rústicos, muchas veces pintados con corazones, flores, hojas u otros motivos holandeses, alemanes o escandinavos, tales como rosas, cardos o coronas, que se asociaban a Gran Bretaña. Desde Londres se enviaban muchos libros de diseño, pero los estilos regionales eran particularmente individualistas debido a la gran variedad de los grupos colonizadores.

Federal, imperio y renacimiento griego

Después de la Guerra de la Independencia, la demanda de muebles más sofisticados creció considerablemente. En particular, la gran devoción europea por el neoclasicismo, en combinación con la obra de George Hepplewhite *The Cabinet Maker and Upholsterer's Guide*, publicada en 1788, motivó la creación de varias piezas poscoloniales espléndidas en los últimos años del siglo XVIII

Silla de caoba con respaldo reclinado, de estilo Federal americano, un diseño de Duncan Phyfe, hacia 1807.

y los primeros del siglo XIX.

Los ebanistas norteamericanos volvieron al uso de los chapados y de las incrustaciones predominantemente en los muebles de madera de caoba. Asimismo los muebles pintados, decorados con paisajes, flores o trofeos, disfrutaban de gran popularidad, en especial los fabricados en Baltimore. Entre los motivos de las tallas se contaban las referencias neoclásicas, las cariátides, las hojas de acanto, los buitres, además de la gran águila norteamericana y de otros símbolos patrióticos.

Los tres ebanistas más importantes eran inmigrantes: Duncan Phyfe de Escocia, Charles-Honoré Lannuier de Francia y Joseph B. Barry originario de Irlanda pero que hizo su aprendizaje y su práctica en Inglaterra. Barry se estableció en Philadelphia, y los otros dos en Nueva York. Aunque los diseños de Duncan Phyfe incluían tanto piezas

del estilo de Hepplewhite y de Sheraton, como en estilo imperio y victoriano, principalmente se le conoce como diseñador excepcional de muebles del estilo de la época Federal, y sus sillas y consolas con base de cariátide alcanzan precios impresionantes en los mercados.

Durante los primeros años del siglo XIX, la elegancia y la pureza del estilo Federal fueron relevadas por el estilo imperio, mucho más pesado y opulento, con tallas más profundamente marcadas y ornamentaciones más elaboradas, como por ejemplo el estarcido, el veteado, el dorado y el decorado con bronce dorado.

El estilo imperio, a su vez, evolucionó para convertirse en un renacimiento griego. Los americanos adoraban este estilo tanto como los franceses, y tanto los muebles como la arquitectura del renacimiento griego tuvieron un gran auge, especialmente en la costa este de Estados Unidos.

Trípode de madera de cerezo, de estilo Shaker, hacia 1820.

Victoriano

El eclecticismo en la costa este era idéntico al europeo. Sin embargo, en las regiones del oeste y del medio oeste se seguían produciendo piezas muy sencillas, entre ellas cómodas, sillas y armarios poco presuntuosos, de acuerdo con la tradición alemana y holandesa en la Pennsylvania del siglo XVIII, o en el estilo Windsor rústico, con mecedoras y sillas tipo Hitchcock.

Otra influencia notable tuvo su origen en las diversas comunidades religiosas y utópicamente socialistas que proliferaron durante el siglo XIX, en especial los Shaker, con sus estrictas reglas, que controlaban tanto la decoración como la fabricación de sus muebles. Las mesas, las sillas y los armarios de estilo Shaker son bellas obras artesanales, de líneas escuetas y limpias.

Con el centenario de 1876, el nuevo espíritu de nacionalismo provocó un renacimiento del estilo colonial, y todos los fabricantes de muebles cambiaron la producción de elementos de inspiración francesa por la reproducción de las piezas sencillas de la primera época americana.

Mission

Los muebles de estilo Mission, semejantes a las piezas Arts and Crafts de Inglaterra, empezaron a producirse durante la década de 1890 y la primera década del siglo XX. Estas piezas, generalmente fabricadas en madera de roble, eran de líneas rectas, con ensambladura a la vista y recubrimiento de lienzo o de piel. Los muebles de estilo Mission se fabricaban en los talleres del artesano Gustav Stickley, un discípulo de William Morris, y también en los talleres de Roycroft, una comunidad de artesanos fundada por Elbert Hubbard. Como todos los muebles del movimiento inglés Arts and Crafts, estas piezas son muy apreciadas en la actualidad.

segunda parte: elementos específicos

197

Vocabulario de términos de muebles de época

Acanalado: madera con efecto ranurado o estriado.

Acanaladura: decorado de líneas estriadas paralelas en cualquier tipo de superficie horizontal o vertical, muy frecuente en los muebles de la época neoclásica.

Adirondack: mueble rústico originario de la región alta del estado de Nueva York, que se fabricaba con ramas y troncos toscos a mediados del siglo XIX. El modelo de las SILLAS de Adirondack, hechas de tablillas, de respaldos inclinados y apoyabrazos amplios (muy apropiados para colocar una copa) se vuelve a usar ahora para los muebles de jardín.

Adorno con hojas de plantas: decorado con diseños de hojas.

Alacena corta: armario bajo, que se originó en el siglo XVI, para guardar y exhibir platos u otras piezas.

Alto relieve: grabado profundo en cualquier tipo de superficie plana y lisa.

Antemión: motivo decorativo de origen griego, con un diseño semejante a la madreselva, que se solía usar en las ornamentaciones clásicas.

Antepecho (baranda, pasamanos): listón horizontal que forma parte de un bastidor de un panel (los listones verticales se llaman MONTANTES); también es la parte superior del respaldo de una silla.

Antorchera (torchère): originalmente, pie o pedestal para instalar una vela o una bombilla de luz. Actualmente es una lámpara de pie con proyección de luz hacia arriba.

Aparador: (1) mesa de servir para el comedor, con una superficie larga y plana y con cajones y armarios en la parte inferior, introducida y comercializada por los hermanos Adam durante la década de 1760; **(2)** mueble provisto de estantes, generalmente fabricado de madera de pino o de roble, algunas veces con una alacena en la parte superior, para guardar la porcelana.

Aparador galés: armario de base amplia y espaciosa para guardar toda clase de objetos y con una sección superior de estanterías abiertas.

Aparador holandés: mueble con estanterías en la parte superior y un armario bajo o cajones en la parte inferior.

Aplique de pared: soporte o palmatoria ornamental, instalada en la pared para velas o bombillas eléctricas.

Arabescos: ornamento decorativo intrincado o de espirales con ramas entrelazadas, hojas y otras formas curvilíneas abstractas. El nombre tiene su origen en el decorado árabe empleado por los artistas musulmanes hace más de un milenio, que se convirtió en una parte tradicional de la ornamentación árabe. Su aplicación se inició en Europa durante la época del Renacimiento temprano, después del descubrimiento de las tumbas romanas. En las versiones europeas también aparecen animales y figuras humanas.

Arca (arcón o baúl para mantas): arca antigua de estilo inglés o colonial que se usaba para guardar mantas y ropas; muchas veces también se usaba como banco de asiento.

Arcadas: serie de arcos con columnas o pilares de soporte, que se usaba para decorar los paneles de sillas y cómodas, a partir del siglo XVI.

Arce «con ojo de ave»: madera del arce de azúcar con pequeños nudos oscuros circundados por anillos formados por la misma veta.

Arco de la época Tudor: arco de punta aplanada, característico del decorado gótico y renacentista.

Arcón (baúl de Hadley): modelo de baúl para guardar el ajuar de la novia, de estilo colonial americano, con cuatro patas y un cajón, decorado con tosca talla en madera.

Armario o escritorio con frente abatible: armario con frente abatible, para ser usado de escritorio; con frente vertical o inclinado.

Armario rinconero: armario triangular instalado en la esquina de un espacio. Puede estar de pie o instalarse en la pared, y puede ser alto o bajo.

Armario ropero (armoire): armario voluminoso de dos puertas para guardar la ropa, originario de Francia.

Arquitrabe: en la arquitectura clásica, la parte más baja de las tres que integran la cornisa o ENTABLAMENTO. También puede referirse al marco decorativo de una puerta, de una ventana o de otras aberturas.

Artículos de jaspe: variedad de bizcocho duro introducido por la compañía Wedgwood en el siglo XVIII, que se usaba para los medallones decorativos en los respaldos de las sillas.

Asiento de cuchara: silla de asiento hundido para adaptarse a las formas humanas.

Asiento de junco: juncos trenzados en forma de asiento, un estilo bastante común en Europa y en América durante los siglos XVIII y XIX, en especial para los muebles rústicos.

Asiento de silla de montar: asiento de silla ahuecado en forma de silla de montar.

Astrágalo: (1) pequeña moldura convexa reborbeada que a veces adornaba la unión de una pareja de puertas de un armario; **(2)** pequeña moldura convexa con una sección casi semicircular.

Atiplado: decorado de molduras pararelas, convexas y angostas, generalmente verticales, opuesto al decorado ACANALADO, que muchas veces se puede ver en las patas de mesas y sillas. Sheraton, Adam y Duncan Phyfe lo empleaban con frecuencia.

Bajorrelieve: tallado plano sobre una superficie lisa.

Balaustrada: serie de BALAUSTRES que soportan un PASAMANOS para formar una separación o una barrera, generalmente de piedra o de madera.

Balaustre: columna torneada de soporte que junto con otras idénticas soporta un PASAMANOS o una BALAUSTRADA.

Bambú: mueble oriental ligero y barato, introducido por la Compañía Holandesa de las Indias Orientales a finales del siglo XVII. La imitación de bambú era más resistente, ya que para su fabricación se empleaba madera sólida, muchas veces de caoba, que se TORNEABA o pintaba para darle la apariencia de bambú. Muy popular durante el período de la regencia inglesa.

Banco: banco o canapé tapizado. También se refiere al reborde en la parte posterior de un aparador.

Banco de madera: banco de madera con respaldo y apoyabrazos sólidos, de uso común desde el siglo XVI. Se desarrolló a partir del arcón, por lo que a veces incorporaba un asiento con bisagras para guardar cosas.

Baúl para la dote: baúl especialmente fabricado para guardar el ajuar de una joven. Entre los ejemplos más destacados, figuran los BAÚLES DE HADLEY, de Connecticut, así como las versiones decorativamente pintadas de baúles holandeses y alemanes de Pennsylvania.

Beau Brummell: tocador masculino de estilo georgiano para caballeros, que lleva el nombre del árbitro de moda de principios del siglo XIX.

Bergère: cómodo sillón francés con asiento amplio y respaldo y laterales redondeados y tapizados, de la época de la regencia francesa; muy popular durante el período de los reinados de Luis XV y Luis XVI. Fue la antítesis de los sillones majestuosos e incómodos de la época de Luis XIV.

Bibliothèque-basse: término francés que designa un aparador de poca altura

Aparador inglés de madera de roble, diseñado por Thomas Jeckyll para The Old Hall, Heath, Yorkshire, Inglaterra, hacia 1865.

con estanterías para libros, con puertas de cristal o de reja.

Biselado (achaflanado): canto facetado, muchas veces en las patas de muebles arqueadas.

Blasón (escudete): insignia distintiva o emblema sobre el cual se estampa un escudo determinado.

Boiserie: paneles de madera tallada que se utilizaron en Francia a partir del siglo XVI para decorar paredes y piezas de muebles. Durante la época de Luis XV a veces se doraban o se pintaban de color blanco.

Bombé: término francés que describe una curva sobresaliente o la forma convexa de una CÓMODA, de un buró, o de un ARMARIO, que prevalecía en muchos muebles de la época de Luis XV.

Bonheur du jour: término francés para describir un pequeño escritorio de patas altas y esbeltas, que algunas veces también tenía un dispositivo especial para guardar los accesorios para el aseo; muy popular durante los siglos XVIII y XIX.

Boulle: MARQUETERÍA de latón y de concha de tortuga, que lleva el nombre del ebanista de Luis XIV, André Charles Boulle (1642-1732), quien logró perfeccionar esta técnica, muy apreciada desde finales del siglo XVII hasta el siglo XIX, cuando este mismo efecto empezó a reproducirse a máquina.

Brewster, silla: silla con largos palos torneados y HUSOS, cuya fabricación se inició en la América colonial durante el siglo XVII, que lleva el nombre de un gobernador de la colonia de la bahía de Massachusetts.

Bronze doré: decorado o engaste con bronce dorado. El nombre se deriva del francés *bronze doré d´or moulu* (bronce dorado con oro molido).

Bufete: término de origen francés que describe un pequeño APARADOR para guardar la vajilla.

Burjar: sillón amplio y tapizado, originalmente creado por Thomas Chippendale.

Calado: también conocido como greca, es un diseño repetido formado por líneas rectas que se entrecruzan en ángulo recto, para crear el efecto de un laberinto. Es originario de la arquitectura clásica griega, que muchas veces se usa en márgenes o ribetes.

Cama baja con ruedas: cama baja del siglo XVII que se ocultaba debajo de otra cama mayor.

Cama de ángel: cama con una canopia de madera más corta que la cama, que carece de un soporte frontal.

Cama de cuatro columnas: modelo de cama desarrollado durante la Edad Media, con cuatro postes, uno en cada esquina, generalmente para apoyar un baldaquín o un DOSEL.

Cama de cuerda: cama con cuerda acordonada al bastidor para sostener el colchón.

Cama turca: SOFÁ con una sola cabecera, generalmente en forma de respaldo de una silla, a veces con apoyabrazos. La primera cama turca se construyó en el siglo XVII. También recibe el nombre de *CHAISE LONGUE*.

Canapé: término francés que describe un SOFÁ O DIVÁN, que se asocia a la época de Luis XV.

Canopia: recubrimiento, generalmente textil, adherido a un bastidor para decorar una cama.

Canterbury: originalmente un tipo de tarima para la música, más tarde una carretilla con compartimentos, que, según dicen, se construyó para el arzobispo de Canterbury. Actualmente se suele usar en los almacenes.

Cariátides: figura femenina de la arquitectura griega; se usa con fines decorativos.

Carpintería: artesanía de la construcción de muebles de madera, que emplea las ENSAMBLADURAS A COLA DE MILANO, el machihembrado, la montura de mortaja y espiga, etc. Los carpinteros suelen construir muebles como MESAS y SILLAS y, en menor grado, los llamados MUEBLES DE CAJA.

Cartucho: ornamentación en forma de espiral o pastilla, comúnmente de forma ovalada aunque a veces rectangular, con un motivo en el interior como jeroglíficos egipcios o escudos de armas; se aplicaba en el respaldo de las sillas o en la pantalla de la chimenea.

Carver, sillón: sillón americano del siglo XVII, generalmente de madera de arce o de fresno, con asiento de junco, que lleva el nombre de Carver, uno de los Padres Peregrinos y gobernador de Plymouth. También puede ser una silla de comedor, con apoyabrazos.

Cassone: arcón de la época del Renacimiento italiano, elaboradamente tallado, incrustado o pintado, que muchas veces se usaba para guardar la dote de una mujer.

Cellaret: caja o tarima con patas para las botellas de vino.

Chaise longue: termino francés que literalmente significa «silla larga»; es un sofá con un respaldo, un mueble muy

popular en Francia durante los siglos XVIII y XIX, también conocido como CAMA TURCA.

Chapa de madera de raíz: pequeños nudos en la madera de un árbol, que cuando se corta en tablillas presenta bellas marcas decorativas. Se utiliza para INCRUSTACIONES y para el CHAPADO, especialmente de maderas de nogal y de olmo.

Chapado: lámina fina de madera o de otro material aplicada sobre una superficie para conseguir un cierto efecto decorativo.

Chesterfield: SOFÁ de asientos bajos y apoyabrazos altos, denominado según el lord Chesterfield, del siglo XIX.

Chiffonier: término francés que define una CÓMODA con ARMARIO y puertas, que también cumple la función de APARADOR, muchas veces con estanterías y un espejo en la parte superior.

Chinoiserie: diseños europeos con motivos orientales. Los decorados más comunes eran los encajes, las pagodas, los dragones, las aves, los paisajes, los árboles y los ríos, así como el acabado de laca. Muchas veces se entremezclaban las influencias chinas, indias y japonesas. La *chinoiserie* se inició a finales del siglo XVII.

Cimacio: curvatura doble, convexa en la parte superior y cóncava en la interior, como en las molduras conopiales. Un arco conopial se compone de dos cimacios con imagen de espejo, cuyos laterales se llegan a unir antes de continuar la curvatura en dirección opuesta. Se identifica con las formas góticas y se usaba en los muebles neogóticos, en los respaldos de las sillas, en los paneles y en las molduras arquitectónicas. Muchas veces también se pueden ver en las patas de los muebles georgianos.

Cofre (arca): caja o cómoda recubierta de cuero u otro material y acintada con trabajos metálicos.

Cómoda: mueble bajo con cajones, que se creó en Francia a mediados del siglo XVII y que se hizo muy popular a lo largo del siglo XVIII. En el siglo XIX, la cómoda empezó a diseñarse para los salones, aunque el término original describía una silla para ocultar la cantora.

Cómoda alta: pequeña cómoda superpuesta a otra de mayores dimensiones; también conocida como cómoda sobre cómoda.

Cómoda alta (Highboy): versión americana de la CÓMODA ALTA europea (Tallboy) del siglo XVIII, muchas veces con patas curvadas y un frontón partido o una cornisa de molduras.

Cómoda baja: tocador americano del siglo XVIII, generalmente con un cajón largo y tres cortos. Muchas veces se combinaba con la CÓMODA ALTA.

Concha: ornamento tallado en forma de concha, muy frecuente en las piezas de estilo rococó.

Confidente: pequeño sofá diseñado para dos personas.

Consola: especie de mesa lateral de dos patas, instalada en la pared con ayuda de abrazaderas.

Construido con derrame: superficie inclinada hacia fuera, o con una pendiente.

Contrachapado: capa interior de veta atravesada. Decoración en la que se aplica finas láminas de chapado cortadas en dirección opuesta a la de la fibra o veta.

Cornisa: en la arquitectura clásica es la parte superior del ENTABLAMENTO. En los muebles se refiere a la MOLDURA horizontal que se encuentra en la parte superior de algunos armarios, estanterías, etc.

Cornucopia: el cuerno de la abundancia, un motivo de diseño de los muebles tallados.

Couch: término usado durante los siglos XVII y XVIII para describir una CAMA TURCA, con una sola cabecera, generalmente en forma de un respaldo de silla; ahora también se aplica al SOFÁ.

Credenza: término de origen italiano para definir la tarima de un APARADOR O un BUFETE, generalmente decorada al estilo italiano o francés.

Cuatrifolio: figura ornamental o motivo de hoja, en la que los vértices y las plumas se dividen en cuatro folíolos, hojas o lóbulos. Se usaba frecuentemente en la decoración gótica.

Davenport: pequeña CÓMODA con una superficie inclinada para escribir, que lleva el nombre del capitán que la construyó por primera vez, en la década de 1790.

Decorado con tiras de madera: decoración de muebles a partir de tiras estrechas de madera, plegadas, cruzadas y a veces entrelazadas, muy popular en los Países Bajos durante el siglo XVI y en Gran Bretaña durante la época isabelina.

Dentellón: serie de bloques rectangulares con espacios intercalados, que sirven de moldura en una CORNISA.

Diván: banco tapizado de origen oriental, muy popular durante la época victoriana como elemento adicional en la decoración de estilo turco oriental. Actualmente el término también se usa para la base de la cama.

segunda parte: elementos específicos

Doblez (pliegue): talla de madera que trata de imitar los pliegues verticales de un drapeado, decorado popular durante los siglos XV y XVI, especialmente de las CÓMODAS y de las puertas de los ARMARIOS ROPEROS, así como de los paneles de los revestimientos de PAREDES. Más tarde, con imitar el renacimiento del estilo Tudor, en el siglo XIX, se volvió a poner de moda.

Dosel: bastidor superior de una CAMA con baldaquín.

Ebanista: (1) fabricante de muebles de madera de calidad; **(2)** término general para el fabricante de muebles finos, opuesto al carpintero. Durante los siglos XVII, XVIII y XIX los ebanistas producían MUEBLES DE CAJA, como ARMARIOS, ESTANTERÍAS, etc., mientras que los carpinteros confeccionaban SILLAS y MESAS.

Enrejado: decorado de calado reticulado de líneas cruzadas que forman rombos o cuadrados.

Ensambladura a cola de milano: ensambladura o junta de ángulo recto con espaldones entrelazados a cola de milano o en forma de abanico. A partir del siglo XVIII se empezaron a ocultar (por lo menos en los muebles de alta calidad) bajo una madera solapada.

Ensartado decorativo: franja decorativa de un mueble, especialmente de las mesas, que consiste en una o varias líneas finas de INCRUSTACIÓN de madera o de metal.

Entablamento: término de la arquitectura clásica que se refiere a la sección superior al capitel de una columna, que se compone del ARQUITRABE, FRISO y CORNISA. Este mismo término también se aplica a la parte equivalente de un ARMARIO o de un APARADOR.

Entarimado: diseño de MARQUETERÍA geométrica, muchas veces con efecto tridimensional.

Escayola: superficie de imitación mármol preparada con yeso endurecido y pulido o GESSO, y fragmentos de mármol. Se usaba tanto para las superficies de mesas como para columnas y pilastras.

Escritoire: término francés que define un MUEBLE ESCRITORIO con frente abatible. Generalmente se refiere a una variedad construida antes de 1720, con una parte delantera vertical, en lugar de inclinada. Un gran número de esos escritorios estaban provistos de compartimentos secretos, ocultos entre cajones y casilleros.

Escritorio (buró): MUEBLE ESCRITORIO de tabla frontal abatible. El término buró es de origen francés, derivado del latín burras, que significa rojo, por el tapizado de piel de ese color que originalmente cubría los escritorios.

Escritorio con cubierta corredera: MESA de trabajo o ESCRITORIO que se puede cubrir con un panel curvado de tablillas.

Escritorio con hueco para las rodillas: escritorio con espacio libre en el centro para las rodillas. Así, la persona se podía sentar cómodamente para trabajar.

Espejo entre dos ventanas: espejo alto como una ventana.

Espejo giratorio de cuerpo entero: espejo entre dos postes verticales.

Espiga: (1) estaquilla de madera sin cabeza, que se usa en la construcción de muebles; **(2)** ensamblaje en el extremo de una pieza de madera que debe encajar en un hueco de la misma configuración en otra pieza de madera (MORTAJA), que es la llamada construcción de MORTAJA y ESPIGA.

Estantería del buró: generalmente, estantería de libros con puertas acristaladas, instalada en la parte superior del buró con tabla frontal abatible; se introdujo a mediados del siglo XVIII.

Estantería portátil: mueble portátil con estanterías para libros, objetos decorativos, etc., desarrollado alrededor de 1800. Fue bastante popular en la regencia inglesa.

Étagère: conjunto de estanterías de pie en el suelo o instalado en una pared para exponer objetos decorativos, a veces con puertas correderas acristaladas.

Farthingdale, silla: silla amplia y tapizada sin apoyabrazos, especialmente diseñada durante la época isabelina para acomodar los abundantes tejidos de las faldas de moda en aquella época.

Fauteuil: término francés que define un sillón con espacio abierto entre los apoyabrazos y el asiento.

Festón: también conocido como guirnalda. Adorno de los muebles del Renacimiento y del estilo neoclásico, que imita un drapeado o una guirnalda de frutos y flores.

Flambeau: término francés para describir un tallado decorativo en forma de antorcha.

Flor de lis: motivo de un lirio estilizado con tres pétalos unidos en la base. Fue el escudo de la realeza francesa.

Friso: en la arquitectura clásica constituye la parte central del ENTABLAMENTO, entre el ARQUITRABE y la CORNISA. En los muebles se refiere a la banda horizontal amplia y decorativa, justo en la parte interior de una cornisa o de la tabla de una mesa, también descrita como falda.

Frontal de bloque: ARCÓN con panel central cóncavo, flanqueado por dos paneles convexos.

Frontal partido: ESTANTERÍA O ARMARIO chino compuesto por tres secciones, donde el centro sobresale de las dos partes laterales. También puede ser una estantería superior de menor profundidad que el armario o las estanterías en la parte inferior.

Frontal reclinado: parte frontal con forma convexa.

Frontón de voluta: frontón partido, donde cada una de las mitades tiene forma de curva invertida que termina en una VOLUTA ornamental.

Funcionalidad: diseño de un mueble con mayor énfasis en su eficacia y utilidad que en su apariencia.

Gastonbury, silla: silla de estilo gótico con respaldo inclinado de PANELES y con apoyabrazos inclinados. Fue un modelo de silla usado por primera vez por el abad de Glastonbury en el siglo XVI, que se empezó a copiar e imitar durante el siglo XIX.

Gesso: sustancia blanca tradicionalmente hecha con tiza y cola, que se aplica sobre la superficie de los muebles. Después de endurecerse, ofrece una superficie suave y porosa para la aplicación de decorados con pintura, con laca o dorados. Generalmente, se puede vaciar en moldes para obtener una serie de formas ornamentales repetidas.

Girandole: candelabro ornamentado, o ESPEJO de pared con apliques o soportes para velas.

Granada: motivo para decorados, símbolo de la fertilidad.

Grecas y calados: decorado de talla de madera (especialmente en combinación con la CHINOISERIE), en forma de diseños geométricos entrelazados. Las grecas suelen tener un fondo de madera de color contrastante, pero no así los calados.

Grifo: bestia quimérica o imaginaria que aparecía en muchos decorados de la época georgiana.

Guardacantos: INCRUSTACIÓN O MARQUETERÍA decorativa de un color o de una veta que contrasta con el resto de una determinada superficie.

Guardarropa: ARMARIO para guardar la ropa, mueble desarrollado durante el siglo XVII.

Guéridon: pequeña mesa redonda para candelabros.

Guilloche: franja decorativa con un motivo continuo repetitivo de ocho figuras, que originalmente se remonta a la arquitectura clásica, pero que a partir del siglo XVI se adoptó para los muebles.

Hitchcock, silla: silla americana con RESPALDO torneado ovalado y asiento de madera, de caña o de junco. Generalmente, la silla se pintaba de color negro, mientras que el respaldo se decoraba con flores, frutos y otros motivos dorados. La silla, de moda entre 1820 y 1850, lleva el nombre de su diseñador, Lambert Hitchcock.

Hoja de acanto: hoja gruesa y de bordes dentados de la planta Acanthus spinosus, cuya configuración se empleaba de forma estilizada como moldura arquitectónica en la parte superior de las columnas (más notablemente en los capiteles de las columnas corintias), y a menor escala en los decorados tallados de los muebles.

Hueco: parte central de una columna o una pilastra.

Huso: varilla larga y esbelta ornamentada con molduras torneadas.

Huso partido: huso cortado longitudinalmente, de modo que cada mitad tiene un lado plano y otro redondeado. Se usó como elemento decorativo en los muebles ingleses y americanos durante el siglo XVII, especialmente en cómodas y armarios.

Incrustación: técnica decorativa a partir de maderas contrastantes, que a veces también incluye pequeñas piezas de marfil, de madreperla, de metal o de asta o guampa, introducidas en pequeñas perforaciones previamente talladas de la misma forma en otro material distinto, generalmente madera sólida.

Intaglio (entalladura): decorado avellanado realizado mediante cortes incisivos en la superficie de un material.

Intarsia: decorado italiano similar a la incrustación, donde un cierto diseño se incrusta en otra superficie.

Klismos: silla de los antiguos griegos y romanos, con respaldo cóncavo y redondeado y con patas curvadas, que volvió a usarse a finales del siglo XVIII y principios del siglo XIX.

Línea serpenteante: curvatura de la parte frontal de las CÓMODAS, ARCONES u otros MUEBLES DE CAJA. El centro de la curvatura es convexo, mientras que ambos extremos son cóncavos.

Listón: tira vertical de madera lisa o tallada, que suele estar en el centro del respaldo de una SILLA.

Lit en bateau: término francés que describe una cama en la que ambos extremos son redondeados, de moda en el estilo imperio.

Lomo de camello: respaldo de un SOFÁ con curvas irregulares, como una joroba. Es un diseño frecuentemente usado por Chippendale y Hepplewhite.

Lotus: motivo del antiguo Egipto basado en el lirio de agua del Nilo.

Luneta: forma semicircular para la decoración de muebles, muchas veces en combinación con grabados ornamentales o con decorados de INCRUSTACIÓN o de pintura, del período neoclásico.

Madera en imitación al ébano: madera coloreada de color negro para imitar al ébano; en francés se denomina *bois noir*, y se usa con frecuencia para la fabricación de ARMARIOS de estilo oriental así como para los adornos de los muebles de estilo Biedermeyer.

Madreperla: capa iridiscente interior de las conchas que se incrustó en la superficie de algunos muebles a partir del siglo XVII. En el siglo XIX era muy popular como INCRUSTACIÓN en los muebles de PAPEL MACHÉ.

Marlborough: pata gruesa, recta y estriada con pie en forma de bloque, empleada por Thomas Chippendale, y también por otros, durante el siglo XVIII.

Marquetería: diseño aplicado sobre una superficie chapada creado con la inserción de chapados de madera de colores contrastantes, a veces también de concha de tortuga, de marfil, de madreperla o de metales.

Marquetería de algas marinas: MARQUETERÍA realizada con maderas de fibra decorativa, como la de boj o la de acebo, para crear diseños similares a las algas marinas; muy popular durante la época de Guillermo y María y también durante el siglo XVIII.

Mecedora de Boston: mecedora americana del siglo XIX con asiento hundido, respaldo de HUSO y ancha barra superior.

Medallón: placa decorativa ovalada o redonda con un motivo ornamental.

Mesa de alas abatibles: (1) mesa de alas con bisagras, que se puede usar como MESA DE DESAYUNO, mesa plegable, MESA DE SOFÁ, o para otros usos; **(2)** variante con alas redondeadas y con bisagras. Al subirlas, éstas se apoyan sobre patas con forma de barrotes que emergen del centro

de la mesa. Fue un modelo de mesa muy popular en Gran Bretaña, en los Países Bajos y en la América colonial durante el siglo XVII.

Mesa de caballete: mesa con bastidor en forma de X, plana o con volutas.

Mesa de Carlton House: escritorio del siglo XVIII, con superficie ajustable, originalmente creado para el Carlton House, la residencia londinense del príncipe de Gales durante el período de la regencia inglesa.

Mesa de cartas: las primeras datan de la época del reinado de Carlos II de Inglaterra. Más tarde, durante la regencia de la reina Ana se creó el modelo de madera de nogal con PATAS CURVADAS y esquinas de palmatoria. Ahora suele ser una mesa cuadrada, plegable, con superficie de pañete.

Mesa de comedor o refectorio: mesa larga y angosta que generalmente se usaba en los comedores de los conventos y monasterios durante la época isabelina.

Mesa de costra de pastel (mesa de superficie áspera): pequeña mesa con cantos tallados o moldeados con festones parecidos al borde rizado e irregular de un pastel horneado. Popular en el siglo XVIII.

Mesa de desayuno: pequeña mesa de hojas plegables, con dos hojas con bisagras y un cajón en la parte inferior. La primera se fabricó en el siglo XVIII.

Mesa de «mariposa»: mesa plegable fabricada en Estados Unidos a partir del siglo XVIII.

Mesa de Pembroke: mesa abatible con extremos ovalados o rectangulares, generalmente con un cajón en el FRISO, que lleva el nombre de lady Pembroke. Se utilizó durante los siglos XVIII y XIX tanto para escribir, jugar a las cartas, coser o bordar como para comer.

Mesa de servicio: mesa larga y angosta con cajones.

Mesa de sofá: mesa rectangular angosta con dos cajones y una hoja con bisagras en cada extremo. Originalmente se colocaba delante del sofá, pero ahora se suele poner detrás.

Mesa de superficie inclinable: pequeña mesa con una superficie embisagrada a un pedestal de base, de modo que se pueda doblar contra la pared cuando no se utilice.

Mesa de taberna: pequeña mesa rectangular, robusta y resistente, generalmente reforzada con tirantes, con uno o dos cajones en el FRISO. Se usaba en las tabernas durante el siglo XVIII.

Mesa de tambor: mesa redonda de origen neoclásico con base en forma de trípode y con un friso en la parte superior, algunas veces con cajones; generalmente, se usaba para escribir.

Mesa para jugar al loo: mesa redonda de pedestal para jugar al *loo*, un juego de cartas.

Mesa reniforme: mesita o pequeño escritorio de línea curvada en forma de riñón.

Consola rococó con un rico dorado en bronce, de Cuvilliés, hacia 1739.

Mesita giratoria: mueble auxiliar usado en los comedores, que consistía en una serie de bandejas redondeadas instaladas en una columna central con base de TRÍPODE. De este modo, los invitados se podían servir ellos mismos. Las bandejas eran giratorias, y su dimensión disminuía con la altura. La mesita giratoria se introdujo a principios del siglo XVIII.

Modillón: soporte o ménsula saliente de una cornisa corintia, también empleada como decoración arquitectónica independiente.

Moldura de óvalo y flecha: diseño clásico compuesto por formas alternativas de óvalos y flechas para simbolizar la vida y la muerte, tallado en molduras en forma de semicírculos o un cuarto de círculo.

Moldura ovalada: moldura de línea curvada en forma de aceituna o de rizo, que a veces se aplica en los cantos de la tabla de la MESA o de las SILLAS.

Montante: tira vertical del marco de un PANEL.

Monturas: piezas metálicas ornamentales o prácticas, como pomos o tiradores en las puertas o en los cajones de los MUEBLES DE CAJA.

Morris, silla: amplio sillón Arts and Crafts, diseñado en 1883, con apoyabrazos extendidos hasta un poco detrás del RESPALDO, que se pueden ajustar en distintos ángulos. Se fabricaba en la empresa de William Morris y era muy popular tanto en Gran Bretaña como en Estados Unidos.

Mortaja: perforación en la madera para introducir la ESPIGA de otra pieza.

Motivo romboidal para la ornamentación: diseño de rombos, a veces decorados con una hoja tallada, con una flor o con otros motivos.

Mueble de baño: desarrollado y adaptado para el uso en los dormitorios, se creó en 1750; consistía en un ARMARIO bajo de cuatro patas, con una jofaina instalada en la parte superior.

Mueble escritorio: término moderno para definir un mueble que combina ARMARIO Y ESCRITORIO, de frontal abatible, instalado encima de una CÓMODA u otra base de soporte.

Muebles de caja: grandes piezas de mobiliario, como ESTANTERÍAS, ARMARIOS, VITRINAS y APARADORES, que se usan para guardar ropa u objetos; se diferencia del mobiliario de asiento.

Muebles de mimbre: muebles ligeros, duraderos y económicos fabricados de ratán, que llegaron a Europa en el siglo XVII importados por la Compañía Holandesa de las Indias Orientales; llegaron a Estados Unidos a finales del mismo siglo.

Muebles rudimentarios: muebles toscos y simples, de línea sencilla.

Otomana: diván o banco tapizado sin respaldo, muchas veces empleado como taburete. El nombre tiene su origen en el Imperio otomano (turco).

Pagoda: torre china o japonesa de varios pisos, que muchas veces se usaba como motivo en la decoración de muebles orientales.

Palanquín, silla de manos: silla recubierta, de dos barras, generalmente transportada por cuatro hombres.

Palmito: motivo clásico parecido a la hoja de palmera, que se usaba como ornamento tallado o pintado de muebles.

Panel: superficie limitada por un bastidor. Puede ser hundido (inferior al bastidor), nivelado (al mismo nivel) o elevado (superior al bastidor).

Pantalla con poste: panel ajustable instalado sobre un poste vertical, que se usa como pantalla para la chimenea.

Pantalla de chimenea: pantalla de protección que se coloca delante de un hogar. Puede ser tanto de forma ovalada o redondeada, con base de TRÍPODE, como rectangular, en forma de PANEL con dos soportes verticales, cada uno de ellos con un par de patas. Las pantallas de chimenea se introdujeron en el siglo XVIII.

Papel maché: término francés que define la mezcla de pulpa de papel con cola, moldeada en estado húmedo, para crear las formas más diversas; en el siglo XIX también se usaba para muebles ligeros, muchas veces barnizados con laca de China e incrustados con madreperla.

Parte delantera en forma de yugo: parte delantera en curva

serpentina invertida (cóncava en el centro y convexa en los extremos) que se usaba en los MUEBLES DE CAJA durante el siglo XVIII.

Pata afilada: pata que se vuelve más fina hacia el extremo inferior.

Pata con decorado de espiral: pata tallada en forma de soga torsionada.

Pata de garra: pata de un mueble cuyo extremo inferior tiene forma de garra. Ya se usaba en el antiguo Egipto, en Grecia y en Roma, y volvió a la popularidad con los muebles neoclásicos.

Pata de pezuña: extremo de una pata con forma de la pezuña de una cabra.

Pata de sable: pata curvada del estilo clásico, generalmente decorada con ATIPLADO.

Pata en forma de trompeta: pata cónica con pie o con el extremo ensanchado.

Patas curules: patas en forma de X de las sillas plegables sin respaldo.

Patas curvadas: patas de muebles que a la altura de la rodilla se arquean hacia el exterior y en los tobillos hacia el interior. Tienen su origen en la antigua Grecia, pero se empezaron a usar con mayor frecuencia durante la primera mitad del siglo XVIII.

Patera: disco redondo u ovalado, muchas veces alrededor de un rosetón u otra ornamentación, en especial en los ornamentos neoclásicos.

Pátina: brillo natural y atenuación del color que se desarrolla en la madera con el paso de los años; también se refiere al color verde que se forma en el bronce a causa de una reacción química.

Pedestal: base o bloque de soporte para una estatua o para una gran urna, generalmente con molduras en la parte superior y un gran bloque para la base inferior. Cuando carece de molduras se le denomina peana o plinto.

Pedimento: en arquitectura significa el espacio triangular en cada extremo exterior de un templo griego. En los muebles se refiere a la característica ornamental en la parte superior de un ARMARIO, una CÓMODA u otras piezas altas de caja. Puede ser partido, decorado con volutas o rebajado.

Pennsylvania, estilo holandés o alemán: muebles fabricados por los colonizadores alemanes en Pennsylvania entre 1750 y 1850, principalmente de maderas blandas, que después se pintaban con coloridos motivos populares.

Pie de disco: pie sencillo y aplanado, en forma de disco, tanto para SILLAS como para MESAS.

Pie de pala: pie de forma rectangular afilado, como una pala.

Pie de soporte en forma de bloque: pie de madera de forma cuadrada adherido en la base de una pata recta no curvada.

Pie de soporte o de ménsula: una de las variedades más comunes de pies para los ARMARIOS u otros muebles parecidos, así como MUEBLES DE CAJA. Se extiende a ambos lados de la esquina, formando un ángulo recto.

Pie de taco: taco de madera en el extremo inferior de una PATA CURVADA.

Pie de voluta: pie en forma de espiral.

Pie en forma de bola: extremo redondeado de una pata torneada con ligero efecto encapuchado.

Pie español: pie con forma de VOLUTA.

Pie redondeado: pie con forma de bola aplanada con tobillo esbelto, popular durante la época de Guillermo y María.

Pies de garra y bola: generalmente la pata de una SILLA que termina en una garra sujetando una bola. En los muebles orientales, que sirvieron de inspiración, las garras son los talones o las zarpas de los dragones. En las piezas de muebles europeas y americanas, muchas veces son garras de águila.

Pietre dure: técnica decorativa italiana para la INCRUSTACIÓN con piedras semipreciosas. Se trataba de una técnica ya utilizada en la antigua Roma que volvió a surgir durante el Renacimiento.

Pilar: término popular para designar una columna.

Pilastra: columna rectangular aplanada, frecuentemente provista de ATIPLADO, que se colocaba en una determinada superficie más para decorar la fachada que para el soporte de la estructura.

Pináculo: pequeña torre cónica que aparece en muchas decoraciones de estilo gótico.

Piña: ornamento tallado con forma de piña que puede observarse en los postes de las camas americanas de principios del siglo XIX, así como en los postes de la verja y de las escaleras. La piña simboliza la hospitalidad.

Placa: placa o PANEL insertado en madera, generalmente realizado de metal, vidrio o cerámica, con un tratamiento adicional para embellecer la superficie.

Poudresse: término francés para designar una mesa pequeña con tapa de espejo, que cubre un espacio para los cosméticos.

Pouffe: término francés para designar un gran cojín redondo que sirve de asiento, de moda desde principios del siglo XIX.

Quattrocento: siglo XV en Italia; muebles de estilo renacentista del siglo XV.

Récamier: nombre francés para designar una CHAISE LONGUE de estilo neoclásico, con extremos redondeados. El nombre se debe a la aparición de un retrato de Juliette Récamier recostada sobre una chaise longue atendiendo a sus visitas, realizado por Jacques-Louis David en el año 1800.

Relieve: decorado que sobresale de la superficie o del fondo del material empleado.

Remate de cúpula: CORNISA de arco partido que cubre toda la parte superior de un ARMARIO, de una ESTANTERÍA u otro mueble parecido (MUEBLES DE CAJA).

Repoussé: decoración en relieve repujado en un determinado material metálico.

Respaldo de barras horizontales: respaldo de una SILLA con barras horizontales en lugar de con listones finos. Fue adoptado por Chippendale así como por otros EBANISTAS del siglo XVIII.

Respaldo de escudo: respaldo de SILLA en forma de escudo, muy común en las sillas de Hepplewhite, del siglo XVIII.

Respaldo de lira: SILLA con respaldo en forma de lira, semejante a una herradura con una VOLUTA en cada uno de los extremos y con una barra horizontal entre los apoyabrazos; popular a finales del siglo XVIII.

Respaldo de listones: (1) respaldo de una SILLA diseñado con un dibujo de cintas entrelazadas, muy frecuente en los diseños de Chippendale; (2) SILLA de finales del siglo XVII, con listones (horizontales y amplios como los de las escaleras) entre los montantes del respaldo, como un respaldo en forma de escalera simplificado.

Respaldo de violín: láminas de madera fina en forma de violín que integran el respaldo de una SILLA.

Respaldo en forma de cuchara: respaldo adaptado a la forma de la espalda del ser humano.

Respaldo flotante: respaldo de una SILLA donde los montantes se funden con la barra de apoyo formando una curva prolongada; el respaldo carece de tapizado. Muy popular durante la época victoriana.

Riel flotante: soporte plegable para la tabla de una MESA abatible.

Rinceau: término francés para designar un artefacto ornamental clásico compuesto por los tallos entrelazados del ACANTO o de otros tipos de plantas. A veces se combina con cartelas.

Riostra: tirante en forma de X de algunas MESAS y SILLAS.

Romayne, piezas: medallones, cabezales o pomos tallados con fines de ornamentación o en forma de tirador para los cajones; característicos del período jacobino y de la Restauración.

Rombo: motivo de forma romboidal aplicado sobre un panel.

Rondel: contorno u objeto redondo en un determinado diseño o estampado.

Rosa de Tudor: motivo decorativo integrado por dos rosas de Tudor, una roja y una blanca, de la Guerra de las Rosas.

Roseta: motivo ornamental integrado por una serie de hojas o pétalos dispuestos alrededor de un punto céntrico.

Roycroft: muebles americanos Arts and Crafts, producidos por la comunidad de Roycroft en 1896, de diseños sencillos, realizados en madera de fresno, de roble o de caoba, frecuentemente con accesorios de cobre, con ensambladuras prominentes de MORTAJA y ESPIGA y de PATAS AFILADAS.

Secrétaire: término francés para definir un MUEBLE ESCRITORIO con la parte frontal abatible. Generalmente se refiere al modelo construido después de 1720, con una parte frontal vertical, que anteriormente había sido inclinada. Muchos de ellos también estaban provistos de compartimentos ocultos entre cajones y casilleros.

Sgabello: término italiano para definir el taburete o la banqueta o para designar una pequeña SILLA de madera de estilo renacentista con respaldo de listones tallados, de asiento octogonal y soporte de caballete.

Sgraffito: término italiano para definir la pintura al grafito; un diseño se graba sobre una determinada superficie y se colorea después.

Shaker, mobiliario: muebles americanos sencillos y funcionales de patas afiladas y de ensamblajes ahorquillados, muy apreciados por su línea sencilla y elegante. Normalmente, se construían con madera de pino, de arce, de nogal o de árboles frutales. Aunque se desarrollaron a partir de los muebles rústicos ingleses, las SILLAS Shaker eran una versión más alta y esbelta de la SILLA de respaldo de rejilla de escalera, muchas veces provista de una barra en la parte superior para colgar un cojín. Actualmente se ofrecen buenas reproducciones.

Silla baja: silla de patas cortas con el asiento cerca del suelo.

Silla con respaldo de balaustres: silla americana muchas veces fabricada de madera de arce con imitación al ébano, con un RESPALDO de BALAUSTRES verticales.

Silla con respaldo de flecha: versión americana de la SILLA WINDSOR, donde los husos de madera tienen el reviro hacia fuera; de moda alrededor de 1830.

Silla con respaldo en forma de aro: silla de madera con asiento tapizado redondeado, de PATAS CURVADAS y RESPALDO de láminas finas sólidas, también redondeado en la parte superior; se asocia al estilo reina Ana de Gran Bretaña.

Silla con revestimiento: silla de madera, de principios del siglo XVII, con RESPALDO de PANELES idéntico al revestimiento de la pared.

Silla de barril: silla tapizada de origen americano, del siglo XIX, de forma parecida a las antiguas sillas rústicas; originalmente confeccionada con la mitad de un barril de vino. Generalmente el tapizado del RESPALDO tenía forma de ACANALADO vertical.

Silla de respaldo reclinado: modelo de SILLA WINDSOR.

Silla Martha Washington: sillón americano de finales del siglo XVIII con asiento tapizado bajo, apoyabrazos separados y un alto RESPALDO tapizado; también servía para recostarse.

Silla rinconera: silla diseñada para ajustarse al espacio de un rincón, con RESPALDO bajo compuesto por dos partes unidas, instaladas en un asiento cuadrado.

Singerie: término francés para designar un diseño de monos jugando, que data del siglo XVIII, y que representa monos vestidos que se comportan como seres humanos. Es un diseño decorativo de imitación china.

Sofá común: sofá de dimensiones suficientemente amplias para reclinarse, generosamente tapizado y más cómodo que el sofá formal y que poco a poco lo ha sustituido. Actualmente es el término general para un asiento tapizado amplio para dos o más personas.

Sofá formal: asiento o banco de RESPALDO alto, muchas veces con apoyabrazos, suficientemente amplio para dos o más personas. Originalmente era más formal que el SOFÁ COMÚN, aunque ahora se aplique al mismo término para ambos. Era un mueble muy común en Gran Bretaña entre principios del siglo XVII y el siglo XIX.

Sussex, silla: silla de finales del siglo XIX, producida por William Morris, con RESPALDO en forma de lira y HUSOS, asiento de junco y de madera con imitación de ébano.

Tablas protectoras: finas tablas horizontales instaladas entre los cajones de las CÓMODAS para evitar la filtración del polvo.

Taburete: banquillo bajo tapizado, cuya fabricación se inició en el siglo XVII.

Tambor: escritorio con una estantería y PANELES correderos en la parte superior, en lugar de un vidrio o de una rejilla.

Tensor o travesaño: soporte o tirante que establece una conexión horizontal entre las patas de un mueble.

Tímpano: molde arqueado delimitado por un bastidor horizontal y otro vertical, frecuentemente usado por Sheraton para los respaldos de sillas.

Torneado: modalidad de ornamentación producida por la rotación de una pieza de madera en un torno para darle la forma deseada con ayuda de herramientas cortantes.

Torneado de bellota: botón, pomo, pie o tirador de un mueble que tiene forma de bellota.

Torneado de salchicha: patas o riostras con torneado semejante a una ristra de salchichas.

Torsionado de bobina: diseño de las riostras transversales, de los RESPALDOS y de las PATAS torneadas a partir del siglo XVII. El nombre se debe al parecido con las bobinas (de hilado).

Trébol, trifolio: motivo de tres hojas o lóbulos, generalmente circundados por un círculo. Característica del estilo gótico.

Trigo: ornamentación tallada en madera que representa ESPIGAS de trigo, motivo frecuentemente empleado por Hepplewhite.

Trípode: pedestal de tres patas para una MESA de pedestal.

Tríptico: espejo o pantalla de tres hojas con bisagras.

Trumeau: término francés para designar el tratamiento decorativo del espacio de encima de la repisa de la chimenea, expresado más específicamente, el tratamiento del panel superior a la repisa tan popular durante los períodos de Luis XV y Luis XVI.

Velador: tabla sobre un soporte central, que termina en una base amplia.

Vitrina: mueble para guardar y exhibir piezas de porcelana o similares, generalmente con frontal acristalado, montado sobre un soporte u otra pieza de mobiliario.

Volutas: espiral o forma con voluta diseñada con fines de ornamentación, por ejemplo, en un ARABESCO. Rollo de pergamino en forma de ornamento.

Volutas flamencas: forma barroca de VOLUTA doble, con un ángulo que corta la línea redondeada, que se usaba para decorar las PATAS y los travesaños de las sillas del siglo XVII.

Windsor, silla: silla de madera de roble, de olmo o de tejo, con RESPALDO de HUSOS TORNEADOS, patas de estaquilla y asiento de madera o de junco. Su fabricación se inició en Gran Bretaña en el siglo XVII; fue muy popular en América a partir del siglo XVIII.

Cuando haya creado un buen fondo
o estructura en una habitación, podrá
añadir los detalles finales, que aportarán
al espacio su carácter particular. «Dios
está en el detalle» era uno de los aforismos
de diseño del arquitecto Mies van der
Rohe. Sin duda, los detalles finales
marcan la diferencia entre una estancia
que apenas llama la atención y otra
distinguida, memorable y con carácter
(en otras palabras, realmente personal).
Ésta es la parte verdaderamente
divertida, la guinda del pastel: podrá
elegir los accesorios que reflejen
su personalidad y la de su familia y
que den vida a las estancias.

Los toques finales

Cómo conseguir un ambiente agradable

Por supuesto, existen numerosos aspectos sobre los detalles. Una vez establecida la base, llega la etapa en que todo se finaliza y se realza. Hay que dar el último repaso a los muebles, telas y acabados, y después mantenerlos en el mejor estado posible. Finalmente, podrá decidir sobre las piezas de arte, los objetos decorativos, las flores y plantas y los accesorios generales.

TOQUE DE IMPERFECCIÓN

Existe una fina línea entre crear un ambiente agradable (acicalar una estancia, por así decirlo) y hacerlo tan perfecto que resulte incómodo de observar. Las habitaciones perfectas resultan tan irritantes como las personas perfectas. La estancia ideal es aquélla que consigue parecer interesante y relajante; la que se utiliza, pero cuidándola.

Las tapicerías deben ofrecer un aspecto limpio y liso, probablemente con algún tipo de tubo o borde para mantener su forma. Los cojines deben estar bien rellenos y colocados. Esa misma tapicería debe ofrecer un aspecto profundamente cómodo y acogedor, nunca tan inmaculado que dé reparo sentarse.

ATENCIÓN A LOS DETALLES

Si sujeta las cortinas con alzapaños, éstos deben estar colocados a la altura correcta para que los pliegues luzcan bien. Las persianas subidas deben quedar rectas (resulta sorprendente la cantidad de gente cuidadosa que pasa por alto el hecho de que las persianas estén torcidas).

Las moquetas, alfombras y suelos en general deben estar siempre tan limpios como sea posible. Hay que evitar las arrugas en las alfombras. La madera pulida debe mantenerse brillante; el mármol, el cristal, el plexiglás y todos los metales tienen que mantenerse sin manchas.

Las mesas, los alféizares, las repisas de chimenea, las vitrinas y los estantes lucen mejor con un cierto sentido del orden en lugar de estar repletos de papeles y demás parafernalia. Las plantas, las colecciones y las obras de arte deben elegirse y ubicarse con detenimiento. Sin embargo, por encima de estos consejos, no deben parecer tan bien colocados (o artificiales) que se tema poner un vaso de agua o una taza por miedo a estropear un efecto artístico.

Es aconsejable que los herrajes de las puertas combinen y que la pintura esté limpia y sin marcas de dedos. No obstante, las pequeñas imperfecciones ocasionales son un recordatorio de que las personas viven y se relajan en esa estancia, y eso no es malo.

Esta cocina, con su espléndida ventana eclesiástica, constituye un excelente ejemplo de ambiente acogedor, bien arreglado. Las superficies brillan, y todo parece funcionar tan bien como su aspecto hace suponer: desde la cocina y la campana extractora hasta los cajones y las superficies de trabajo. Con todo, la estancia no parece demasiado perfecta para ser utilizada, destino de muchas cocinas muy bonitas. Sin duda, a cualquiera le gustaría cocinar en ésta.

Accesorios

Si una buena iluminación, los esquemas cromáticos, los tratamientos de ventanas y suelos y la elección de muebles y tapicerías son los elementos que hacen que una habitación resulte cómoda, los cuadros y los objetos, las plantas y flores y otros adornos son los que la hacen especial, personal e inolvidable. Para conseguir una habitación realmente individual, los objetos deben ser personales y proporcionar su disfrute. Es preciso escogerlos con detenimiento y colocarlos con un significado, no sólo para rellenar espacios.

SENCILLEZ FRENTE A ACUMULACIÓN

Existen dos corrientes de pensamiento sobre la posesión y la exhibición de objetos: la escuela de la sencillez y la de la acumulación. El primer enfoque se tipifica mediante una o dos piezas exquisitas, mientras que el segundo favorece una reunión de objetos y colecciones que podría denominarse, muy acertadamente, recuerdos.

El problema de la escuela de la sencillez es que los pocos objetos hermosos elegidos deben ser realmente bonitos o inusuales, o al menos deben parecerlo. La dificultad de la escuela de la acumulación es que las colecciones (o el disparatado desorden de objetos) deben estar organizadas para sacar el máximo partido de los elementos. Esto implica una cuidadosa selección de textura, forma y color, ya que se trata de crear virtualmente naturalezas muertas o bodegones, tal como haría un pintor o un fotógrafo.

Las colecciones de objetos pequeños resultan mucho más efectivas cuando se agrupan y no se presentan repartidas por una estancia o una casa. Por ejemplo, los objetos muy pequeños (como conchas, guijarros o fragmentos pulidos de piedras de la playa) se pueden poner en cuencos o copas colocados en alféizares de ventana o en estantes. Los objetos ligeramente más grandes, aunque sean diferentes, deben agruparse de modo que tengan algo en común, ya sea el color, la textura o el origen. Como alternativa, pueden colocarse junto a objetos más grandes o más pequeños, para crear interés añadido y equilibrio. Añada una planta o unas flores secas, o incluso una selección de flores iguales en jarrones que aporten un toque de contraste.

Si los arreglos se agrupan en mesas bajas que también se emplean para dejar libros, revistas, vasos, etc., deje espacio para que la composición no se eche a perder cuando se deje una bandeja, una bebida o un libro. Si los arreglos se colocan sobre un estante o una mesa de cristal, la iluminación desde abajo resulta

1 Resulta obvio que en esta repisa hay demasiados objetos dispares, incluyendo dos lámparas y un candelabro. Sin embargo, combinan bien porque todos comparten los mismos tonos neutros; además, cada uno resulta interesante por sí mismo.
2 De nuevo, objetos muy distintos comparten el denominador común del color en contraste con la madera blanca y la pared pintada en color gamuza, aunque en este caso están cuidadosamente espaciados.
3 Todo lo que se encuentra en estos estantes tan ordenados ha sido cuidadosamente elegido por su propio valor o por tratarse de recuerdos.

muy efectiva. En el caso de que no se encuentren sobre una superficie transparente, pruebe a iluminarlos desde arriba para añadir un brillo adicional.

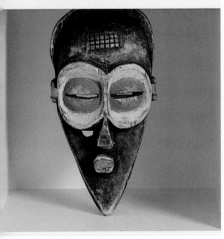

COLECCIONES INUSUALES

Las colecciones de objetos usuales pero inesperados suelen ser más atractivas que las de objetos mucho más raros y caros. Tal vez se deba a que a todos nos impresiona menos el efecto de algo que sabemos especialmente bueno que el de algo en lo que no habíamos pensado. Recuerdo con placer los conjuntos apiñados de hierros antiguos, hormas de zapatos, tarros de colores de medicamentos y pastillas, fundas de gafas de los siglos XVIII y XIX, cerraduras y llaves antiguas, portatostadas, aclaradores para copas de vino, cajas de plumas, de cartas, de cerillas y yescas, diferentes objetos de marfil, sombreros antiguos, cestas... La lista es realmente interminable.

ESCULTURA

Las esculturas siempre aportarán distinción a una estancia. Puede ser un busto clásico, un bronce figurativo o un diseño abstracto; puede ser china, de Oceanía o precolombina. Casi todas las esculturas, excepto las de tamaño natural o las independientes, lucen mejor en algún tipo de soporte, ya sea de piedra, madera, fibra de vidrio, mármol, yeso o plexiglás.

1 *La estantería añade casi tanto interés como los objetos exhibidos, que a su vez resultan tan interesantes por los bloques de color como por ellos mismos. El efecto global recuerda al arte abstracto de Miró, ya que prácticamente flota en medio de la extensión blanca de la pared.*

2 *Las dos piezas de arte primitivo (un escudo y un caballo) resaltan contra la pared amarilla.*

3 *Un modo de tratar esas difíciles ventanas estrechas y horizontales consiste en utilizarlas como zona de exhibición. Aquí se muestra una colección de cámaras que se ilumina desde la parte delantera cuando la luz natural desaparece. Observe que incluso el método de iluminación (un foco de fotógrafo) guarda relación con el tema.*

4 *Una colección de piezas de cristal sobre estantes del mismo material colocados ante una ventana pequeña recibe el acompañamiento de dos crisantemos de flores púrpuras rosadas.*

5 *Nadie puede negar el valor decorativo de los sombreros colgados de una pared. Esta colección está distribuida de forma torcida para conseguir un buen efecto.*

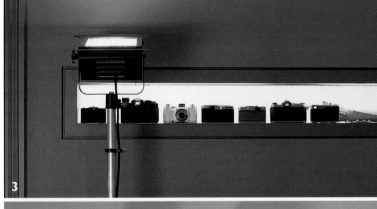

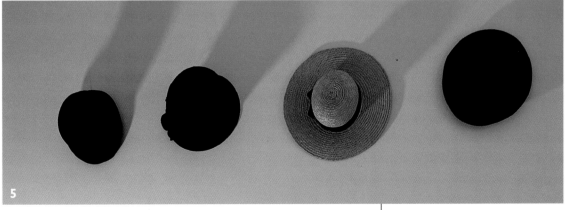

segunda parte: elementos específicos

Distribuir las obras de arte

Las escuelas de pensamiento sobre el modo de colgar piezas de arte son tan variadas como los objetos expuestos. En términos generales, sin embargo, pueden dividirse en dos categorías: las personas que quieren dejar espacio para sus colecciones serias, y las que desean sacar de las paredes todo su potencial decorativo.

Las personas de la primera categoría siempre consideran una pared como un medio para conseguir un objetivo (un apoyo, un fondo) y cambian de ubicación las pinturas a medida que su colección aumenta, disminuye o cambia de dirección. Estas personas guardan celosamente cada centímetro de pared. Las personas del segundo grupo necesitan encontrar algún elemento unificador para sus objetos dispares y, frecuentemente, carentes de distinción. Esto se aplica especialmente a los que son propietarios por primera vez, así como a las nuevas parejas en las que los dos integrantes aportan sus propias colecciones a una vivienda común.

consejo

SI UN CUADRO O UN GRABADO ES MUCHO MÁS GRANDE QUE EL RESTO, PÓNGALO EN UN EXTREMO DE UN GRUPO Y NO EN EL CENTRO RODEADO DE OBRAS MÁS PEQUEÑAS, QUE PUEDEN PERDER PROTAGONISMO. EQUILÍBRELO EN EL OTRO EXTREMO CON ALGÚN ELEMENTO ALTO: UNA PLANTA, UNA ESCULTURA O UN ARREGLO FLORAL SOBRE UNA MESA.

UNIFICAR UN CONJUNTO

Un conjunto heterogéneo de grabados puede cobrar la unidad de la que carece si a cada pieza se le añade un borde del mismo color distintivo (amarillo, gris, azul, rojo profundo o cualquier tono que encaje con la estancia o con el espacio) y se enmarca con el mismo material, ya sea cromado, de latón o dorado, de plata o de madera natural. De nuevo, un surtido desigual de temas diversos tendrá coherencia si comparte un color: todos en tono sepia, o todos en blanco y negro, o en verde, marfil o terracota.

1 Una colección ecléctica de espejos de diferentes tamaños y con marcos distintos acompaña a numerosos grabados y fotografías, todos con bordes amplios y blancos. Los espejos convexos, con sus reflejos algo distorsionadores, añaden un giro más interesante.

2 Esta colección de imágenes griegas antiguas, todas enmarcadas en terracota y negro, está dispuesta en un bloque central perfectamente medido de 15 piezas, con dos grupos más pequeños (de tres cuadros) en las paredes adyacentes. Resultan especialmente llamativos en un cuarto de baño sin otra decoración, todo en blanco. Aunque un cuarto de baño no es la estancia más habitual (o práctica) para colgar una colección de arte, el resultado es gratificante y espectacular.

OBJETOS COLGADOS

Cuando tenga muchos objetos distintos para colgar, intente no colocarlos demasiado altos o demasiado separados. No ubique nada excesivamente cerca de un sofá o de una silla, para evitar golpes en la cabeza, e intente colgar tantas piezas como pueda al nivel de la vista (teniendo en cuenta los niveles sentado o de pie). Cuando se trate de colecciones muy numerosas, mantenga al menos las piezas centrales al nivel de la vista. En cambio, cuando los asientos de la estancia sean sofás y sillas bajos, así como taburetes o bancos, no hay razón por la que no pueda colocar algunos cuadros, grabados o carteles más bajos de lo que sería habitual.

Existen algunos principios que debe tener en cuenta (en su mayoría, como ocurre siempre en el diseño de interiores, son de sentido común):

- La mayor parte de las obras de arte destacan si contrastan con paredes oscuras, aunque los dibujos y el diseño gráfico lucen bien (aunque algo serios y con aspecto de galería de arte) contra colores grises y neutros.

- Si las paredes presentan un estampado muy pronunciado, es mejor colocar los grabados y los dibujos en marcos muy profundos para que el tema resulte relajante en una zona propia y no se pierda en el diseño circundante de fondo.

- Antes de colgar pinturas de diferentes tamaños, pruebe las posibles combinaciones de colocación en el suelo hasta encontrar la que funciona mejor con el resto de objetos de la estancia y con el espacio disponible en la pared.

- Decida la forma global del arreglo y marque la zona en la pared con un lápiz antes de colgar varias piezas juntas. Así se ahorrará muchos agujeros en la pared.

- Los arreglos verticales consiguen que las estancias parezcan más altas.

- Los arreglos horizontales logran que las habitaciones parezcan más largas.

- Puede colocar muchas obras pequeñas juntas a modo de bloque para equilibrar una pintura más grande, o para sustituir un cuadro de gran tamaño.

segunda parte: elementos específicos

ARTE ALTERNATIVO

Existen numerosas alternativas al arte convencional, ya sean antiguas o actuales. Las telas enmarcadas, como los encajes antiguos; piezas cuadradas de tela sujetas juntas como un *patchwork*; colchas o alfombras interesantes; muestras de todo tipo de cosas; ropas ceremoniales chinas y japonesas; placas antiguas; colecciones de cadenas; joyas antiguas, como collares, pendientes y broches; anuncios antiguos; colecciones de postales; portadas de libros... De hecho, cualquier cosa se puede exhibir como objeto decorativo o interesante.

- Cuelgue telas pesadas de una barra de cortina fina con ganchos. A menos que la tela sea muy especial, forme con la parte superior una cubierta para la barra.
- Enmarque las telas más ligeras con plexiglás o cristal, o estírelas como lienzos en marcos de madera.
- Cuelgue los objetos más pequeños sobre un cuadro de fieltro, terciopelo o lienzo, de nuevo tensado en un marco.

1 *Fotografías en blanco y negro contra un fondo panelado negro. El único color es el toque de las hojas verdes.*

2 *Recuerdos en papel dispuestos en una vitrina larga y transparente.*

3 *Grabados antiguos en sepia apoyados contra la pared y sobre la repisa de una chimenea de un modo deliberadamente informal. Esta colocación de cuadros y dibujos representa una alternativa eficaz a colgar las imágenes.*

4 *El intrincado marco vacío sobre una cómoda tallada de roble realza la pared de ladrillo de forma muy acertada. Observe el ingenioso equilibrio entre el estilizado candelabro, la bandeja, los libros y las esferas, y la artesa llena de hormas de madera.*

Plantas en casa

**Personalmente me resultaría difícil no utilizar plantas en una habitación.
Las plantas altas, las especies densas, los grupos de plantas pequeñas, las plantas
de flor, los árboles de interior y, por supuesto, las flores aportan una nueva
dimensión, una viveza y un frescor que resultan gratificantemente baratos en
relación con el placer que proporcionan. Además, las plantas, como los libros,
siempre decoran cualquier estancia.**

No existe hueco en una habitación que
una planta no pueda llenar y mejorar,
ningún mueble que no se pueda equilibrar y mejorar de aspecto con unas
hojas, ningún rincón que no quede suavizado gracias al follaje. Por el contrario,
la visión de plantas enfermas o descui-
dadas resulta absolutamente desagra-
dable.

LUZ Y ORIENTACIÓN

La elección de las plantas está dictada
por la cantidad de luz que penetra en la
habitación y por su orientación (la dirección en que están ubicadas las ventanas). Si la orientación y la luz no son
adecuadas para una planta, no podrá
evitar su lento deterioro por mucho que
la mime, la fertilice, la rocíe y la riegue.

La mayoría de las personas que cui-
dan plantas afirman que pueden determinar en una semana si la ubicación es
adecuada por el brillo de las hojas y por
un cierto aire indefinido de buena salud.
Y, si el ambiente es adecuado, la mayor
parte de las plantas parecen desarro-
llarse con muy pocas atenciones, excepto el trasplante a medida que crecen.

UTILIZAR LAS PLANTAS
CON CREATIVIDAD

Ponga plantas en cestas, recipientes de
acero inoxidable, macetas de piedra o
terracota, cajoneras o una urna sobre
un pedestal (lo que mejor combine con
el ambiente dominante en la estancia).
Confeccione grupos con plantas y una
escultura. Agrupe varios floreros con
una sola flor y botellas antiguas.

Las plantas altas y los árboles de interior pueden servir como sutiles divi-
sores de espacio, y las macetas se pueden colocar sobre ruedecillas para
moverlas de un lado a otro con facilidad. También las he visto agrupadas
sobre carritos poco profundos que realmente proporcionan una buena manio-
brabilidad.

Un árbol de interior frondoso o una
cesta colgante delante de una ventana
sin cortinas y sin otra decoración puede conseguir que esa ventana cobre
vida propia.

Las hileras de plantas sobre estantes, en ventanas de forma o de ubicación difícil, resuelven el problema de la
unidad en un abrir y cerrar de ojos.

ILUMINAR LAS PLANTAS

Coloque focos por encima y por detrás
de las plantas para proyectar sombras
espectaculares en las paredes y en los
techos, además de iluminar el follaje durante los días de poca luz y por la noche.
También puede colocar luces pequeñas
que produzcan sus destellos a través de
las hojas (no las coloque demasiado cerca para evitar que se quemen). Coloque
las plantas o las flores directamente
bajo una luz baja (de nuevo, colocada a
una distancia adecuada) para conseguir un brillo especial.

Sea tan generoso como pueda con
todo lo que tenga que ver con las plantas. El diseño de paisajes en interiores
puede resultar tan interesante, y considerablemente menos laborioso, que al
aire libre.

*1 El recipiente de piedra con césped,
las ramitas y una lámpara de papel
proporcionan un bonito contraste de
texturas.*
*2 El conjunto de maletas antiguas
y una estatua oriental se ve muy
realzado con la gran cesta de hojas
y flores escarlata.*
*3 Una planta muy grande en maceta
ofrece un aspecto sorprendente y
tranquilo a través de las puertas
dobles. El primer plano está suavizado
con un gran helecho.*

segunda parte: elementos específicos

Índice

Agradecimientos

CRÉDITOS DE LAS FOTOGRAFÍAS

1 Ken Hayden/Red Cover; 2 Simon Upton (Diseñadores: Marja Walters/Michael Reeves)/Interior Archive; 4 Simon Upton (Diseñador: Rupert Spira)/Interior Archive; 5 superior izquierda Ray Main/Mainstream/Diseñador: Roger Oates; 5 superior derecha Deidi von Schaewen; 5 centro izquierda Paul Ryan/International Interiors (Diseñador: James Gager); 5 centro derecha Edina van der Wyck (Diseñador: Jenny Armit)/Interior Archive; 5 inferior Andreas von Einsiedel (Diseñador: Charles Rutherfoord); 6 Nadia Mackenzie/Interior Archive 7 Paul Ryan/ International Interiors (Diseñador: Alexander Vetners); 8 izquierda Ray Main/Mainstream/ Diseñador: Jasper Conran; 8 centro Ken Hayden/Red Cover; 8 derecha Verne/Houses and Interiors; 9 izquierda Dennis Gilbert/VIEW (Conran Design Group); 9 centro Jake Fitzjones/Houses and Interiors; 9 derecha Ray Main/Mainstream/Arquitecto: Gregory Philips; 10 Paul Ryan/International Interiors (Arquitecto: Barnes & Coy); 12:1 Paul Ryan International Interiors (Diseñador: Charles Rutherford); 12:2 Ray Main/Mainstream; 13:3 Roger Brooks/Houses and Interiors; 14:1 Chris Gascoigne/View (Arquitectos: Lifschutz Davidson); 14-15:2 Roger Brooks/Houses and Interiors; 15:3 Ray Main/Mainstream; 18-19 Verne/Houses and Interiors; 20-21:1 Arcaid/Richard Glover/ Arquitecto: Ben Mather; 21:2 Tim Beddow/Interior Archive ; 22:1 Deidi von Schaewen; 23:2 Christl Rohl (Propietario: Volker Classen)/Interior Archive; 23:3 James Morris/Axiom Photographic Agency; 24:1 Wayne Vincent (Propietario: Dykman)/Interior Archive; 24:2 Ray Main/Mainstream/Diseñador: Lawrence Llewelyn-Bowen; 25:3 Dennis Gilbert/VIEW (Blauel Architects); 26:1 Laura Resen para Lachapelle Representation; 26:2 Ray Main/Mainstream; 27:3 Ray Main/Mainstream/Diseñador: Jasper Conran; 28 Ray Main/Mainstream; 29 Dennis Gilbert/VIEW (Conran Design Group); 30:1 Christl Rohl (Propietario: Pilz)/Interior Archive; 31:2 Ray Main/Mainstream/Arquitecto: Chris Cowper; 32-33:1 Nathan Willock/VIEW (Circus Lofts); 33:2 Paul Ryan/International Interiors (Diseñadora: Caroline Breet); 34:1 Paul Ryan/International Interiors (Diseñador: Christian Liaigre); 35:2 Andrew Wood (Arquitecto: Spencer Fung)/Interior Archive; 35:3 Robert Harding Syndications/Polly Wreford/GE Magazines: Inspirations; 36:1 Lu Jeffery; 37:2 Heidi Grassley/Axiom Photographic Agency (Arquitecto: Seth Stein); 37:3 Nadia Mackenzie/Interior Archive; 37:4 Verne/G. Fiorentino; 38:1 Paul Ryan/International Interiors (Diseñador: Frances Halliday); 39:2 Andrew Wood (Diseñador: The Holding Company)/Interior Archive; 40:1 Deidi von Schaewen; 41:2 Robert Harding Syndications/Tim Imrie/GE Magazines: Inspirations; 42:1 Dennis Gilbert/VIEW; 43:2 James Morris/Axiom Photographic Agency; 44:1 Robert Harding Syndications/Lucinda Symnus/GE Magazines: Inspirations; 45:2 Luke White/Axiom Photographic Agency; 46:1 Richard Waite/Arcaid; 47:2 Chris Gascoigne/VIEW (Arquitecto: John Kerr); 48:1 Robert Harding Syndications/Debi Treloar/GE Magazines: Inspirations; 49:2 Robert Harding Syndications/Sandra Lane/GE Magazines: Inspirations; 49:3 Deidi von Schaewen; 50:1 Paul Ryan/International Interiors/ (Diseñador: Barbro Grandelius); 51:2 Ray Main/Mainstream; 52:1 Nick Hutton/VIEW; 52:2 Deidi von Schaewen; 53 Ray Main/Mainstream; 54:1 Ray Main/Mainstream/Diseñador: Roger Oates; 55:2 Deidi von Schaewen; 56:1 Richard Bryant/Arcaid; 57:2 Ray Main/Mainstream; 57:3 Verne/St. Peiters; 57:4 Verne/G. Pattun; 58:1 Jake Fitzjones/Houses and Interiors; 58:2 Ray Main/Mainstream; 59:3 Ray Main/Mainstream/Diseñador: Jasper Conran; 60-61: Ken Hayden/Red Cover; 62:1 Earl Carter/Belle/Arcaid; 63:2 Ianthe Ruthven; 64:1 Ianthe Ruthven; 65:2 Deidi von Schaewen; 66:1 Ken Hayden/Red Cover 66:2 Ianthe Ruthven; 67:3 Ray Main/Mainstream; 68:1 James Morris/Axiom Photographic Agency; 69:2 Laura Resen para Lachapelle Representation; 69:3 Jonathan Pilkington (Propietario: Rotheston)/Interior Archive; 70:1 Ben Johnson/Arcaid; 70:3 Ben Johnson/Arcaid; 71:2 Ianthe Ruthven; 72:1 Angelo Hornak; 72:2 Deidi von Schaewen; 73:3 John Bethell/Bridgeman Art Library; 74:1 Richard Bryant/Arcaid; 74:2 Angelo Hornak; 75:3 Andrew Wood (Diseñador: Nicholas Haslam)/Interior Archive; 78:1 Jeremy Cockayne/Arcaid; 79:2 Mark Fiennes/Arcaid; 79:3 Richard Bryant/Arcaid; 80:1 James Mortimer (Arquitecto: Le Corbusier)/Interior Archive (FLC/ADAGP, París, y DACS, Londres 2000); 81:2 Christie's Images Ltd.; 82:1 Ianthe Ruthven/(ARS, Nueva York, y DACS, Londres 2000); 83:2 Angelo Hornak; 84 izquierda Henry Wilson (Diseñadora: Leslie Goring)/Interior Archive; 84 centro Winfried Heinze/Red Cover; 84 derecha Simon Upton (Diseñadora: Ann Boyd)/Interior Archive; 85 izquierda Lu Jeffery; 85 centro Laura Resen para Lachapelle Representation, 85 derecha Andreas von Einsiedel; 86:87 Andreas von Einsiedel (Diseñadora: Tara Bernerd); 88:1 Mary Gilliatt; 88:2 Verne; 89:3 Laura Resen para Lachapelle Representation; 90:1 Paul Ryan/International Interiors (Diseñadora: Kathy Gallagher); 90:2 Jonathan Pilkington (Diseñador: Dido Farrell)/Interior Archive; 91:3 Tim Clinch (Diseñador: Borja Azcárate)/Interior Archive; 92 izquierda Alan Weintraub/Arcaid; 92:1 Paul Ryan/International Interiors (Diseñador: Marcel Wotterinck); 93:2 Ray Main/Mainstream; 93:3 Andreas von Einsiedel; 94:1 Andreas von Einsiedel (Diseñador: Frederic Mechiche); 95:2 Robert Harding Syndications/Lucinda Symons/GE Magazines: Inspirations; 96:1 Brian Harrison/Red Cover; 96:2 Lu Jeffery; 97:3 Julia Pazowski/Houses and Interiors; 98:1 Andrew Wood (Propietario: David Quigley)/Interior Archive; 98:2 Winfried Heinze/Red Cover; 98:4 Jeremy Cockayne/Arcaid; 99:3 Roger Brooks/Houses and Interiors; 100:1 James Morris/Axiom Photographic Agency; 100:2 Andreas von Einsiedel (Diseñadora: Annie Constantine); 100:4 Jonathan Pilkington (Propietario: Hinchcliffe)/Interior Archive; 101:3 Richard Waite/Arcaid; 102: Deidi von Schaewen; 105:1 Edina van der Wyck (Diseñadora: Mimmi O'Connell)/Interior Archive; 105 Wayne Vincent (Diseñador: Dyckman)/Interior Archive; 105:3 Simon Upton (Propietario: Christine Davies)/Interior Archive; 106:1 Paul Ryan/International Interiors; 106:2 Andreas von Einsiedel (Diseñadora: Ida Lindemann); 107:3 Mary Gilliatt; 108:1 Mary Gilliatt; 108:2 Andreas von Einsiedel; 109:3 Andreas von Einsiedel; 110:1 Deidi von Schaewen; 110:2 Steve Hawkins/Teresa Ward/Houses and Interiors; 111:3 Mark Bolton/Red Cover; 112:1 Andreas von Einsiedel (Diseñadora: Michelle Halard); 112:2 Simon Upton (Diseñadora: Sasha Waddell)/Interior Archive; 113:3 Earl Carter/Belle/Arcaid; 114:1 Deidi von Schaewen; 115:2 Ray Main/Mainstream/Diseñadora: Kelly Hoppen; 116:1 James Morris/Axiom Photographic Agency; 117 centro Richard Powers/Redback/Arcaid; 117:2 Verne; 118:1 Tim Beddow (Diseñador: Bill Amberg)/Interior Archive; 118:2 Tim Clinch (Propietario: Handelsmann)/Interior Archive; 119:3 Robert Harding Syndications/Sandra Lane/Inspirations/GE Magazines; 119:4 Simon Butcher/Houses and Interiors; 119:5 Simon Upton/Interior Archive; 120-121 Eduardo Muñoz (Diseñador: Ferruccio Laviani)/Interior Archive; 122:1 Andreas von Einsiedel; 122:3 Simon Upton (Diseñador: Bill Amberg)/Interior Archive; 123:2 Paul Ryan/International Interiors (Diseñadora: Sasha Waddell); 124 Moqueta artística de Stoddard/Carla Reid-Adam; 126:1 y 3 The Carpet Foundation, Reino Unido; 126:2 y 4 Blenheim Carpet Company/Barbara Douglass; 126:5 Natural Flooring Direct/fotografía: Peter Johnston/ Theo Woodham-Smith; 127:6 The Carpet Foundation, Reino Unido; 127:7 Woodstock Blenheim de Fired Earth; 127:8 Richard Bryant (Arquitecto: Spencer Fung)/Arcaid; 127:9 Natural Flooring Direct/fotografía: Peter Johnston/Theo Woodham-Smith; 128 Ken Hayden/Red Cover; 130-131 Christie's Images Ltd.; 132-133 Christie's Images Ltd.; 134:1 Robert Harding Syndications/Sandra Lane/GE Magazines: Inspirations; 135:2 Blenheim Carpet Company/Barbara Douglass; 136:1 Richard Powers/Redback/Arcaid; 137:2 Simon McBride (Propietaria: Katy Brown)/Interior Archive; 138:1 Paul Ryan/International Interiors (Diseñador: Frances Halliday); 139:2 Brian Harrison/Red Cover; 140:1 Winfried Heinze/Red Cover; 141:2 y 3 Natural Flooring Direct/Theo Woodham-Smith; 141:4 Alberto Piovano/Arcaid; 142:1 Roger Brooks/Houses and Interiors; 142:2 Andreas von Einsiedel (Diseñador: M. Antonin); 143:3 Paul Ryan/International Interiors (Diseñadora: Sharone Einhorn); 143:4 Andrew Wood (Propietaria: Mandy Coakley)/Interior Archive; 144:1 Ray Main/Mainstream; 144:2 James Morris/Axiom Photographic Agency; 145:3 Christopher Drake/Red Cover; 146-147 Henry Wilson (Arquitecto: Voon Yee Wong)/Interior Archive; 148:1 Laura Resen para Lachapelle Representation; 149:2 Houses and Interiors; 149:3 Richard Waite/Arcaid; 150:1 Ray Main/Mainstream; 151:2 Ray Main/Mainstream; 151:3 Winfried Heinze/Red Cover; 151:4 Andreas von Einsiedel; 152:1 Paul Ryan/International Interiors (Diseñadora: Sasha Waddell); 153:2 Ray Main/Mainstream; 153:3 Paul Ryan/International Interiors (Diseñadora: Victoria Hagan); 153: Roger Brooks/Houses and Interiors; 155:1 Andreas von Einsiedel (Diseñadora: Nona von Haeften); 155:2 Laura Resen para Lachapelle Representation; 156:1 Richard Felber; 157:2 Andrew Wood (Diseñadora: Christine Rucker/The White Co.)/Interior Archive; 157:3 Andreas von Einsiedel (Tejidos y diseño de Les Olivades, Francia); 158:1 Andreas von Einsiedel; 159:2 Ray Main/Mainstream; 159:3 Winfried Heinze/Red Cover; 159:4 Henry Wilson (Diseñador: John Plummer)/Interior Archive; 160:1 Paul Ryan/International Interiors (Diseñador:

Jan des Bouvrie); **160:2** Simon Upton (Diseñador: Colefax and Fowler)/Interior Archive; **160:3** Paul Ryan/International Interiors (Diseñadora: Harriet Anstruther); **161:4** Andreas von Einsiedel (Diseñadora: Annie Constantine); **162:1** Simon Upton (Diseñadora: Carol Thomas)/Interior Archive; **163:2** Lu Jeffery; **164:1** Robert Harding Syndications/Rowland Roques-O'Neill/GE Magazines: Inspirations; **164:2** Ray Main/Mainstream/Arquitecta: Mary Thumb; **164:3** Ray Main/Mainstream; **165:4** Henry Wilson (Diseñadora: Denise Lee)/Interior Archive; **165:5** Laura Resen para Lachapelle Representation; **166:1** Verne/Houses and Interiors; **166:2** Tim Beddow (Arquitecto: Craig Hamilton)/Interior Archive; **167:3** Nadia Mackenzie (Propietario: Ivy Cottage)/Interior Archive; **167:4** Henry Wilson (Diseñador: Ian Dew)/Interior Archive; **167:5** Paul Ryan/International Interiors (Diseñadores: Kastrup & Sjunnesson); **168:1** Andreas von Einsiedel (Diseñadora: Annie Constantine); **169:2** Ray Main/Mainstream; **170:1** Henry Wilson (Diseñador: Brett Muldoon)/Interior Archive; **170:2** Paul Ryan/ International Interiors (Diseñadora: Sabina Streeter); **170:3** Eduardo Muñoz (Arquitectos: Sobejano/Nieto)/Interior Archive; **171:4** Christopher Drake/Red Cover; **171:5** Ray Main/Mainstream; **172:1** Andreas von Einsiedel (Diseñadora: Annie Constantine); **172-173:2** Simon Upton (Diseñador: John Wright)/Interior Archive; **173:3** Tim Beddow/Interior Archive; **174:1** Erika Lennard; **174:2** Andreas von Einsiedel; **174:3** Christl Rohl (Propietario: Mathias Schrunder)/Interior Archive; **176:1** Laura Resen para Lachapelle Representation; **176:2** Tim Beddow (Arquitecto: Craig Hamilton)/Interior Archive; **178:** Paul Ryan/International Interiors (Diseñador: Lee Mindel); **180:1** Winfied Heinze/Red Cover; **180-181:3** Andreas von Einsiedel (Diseñador: Reed/Boyd Partnership); **181:2** Winfried Heinze/Red Cover; **182** Paul Ryan/International Interiors (Disenador: Jan des Bouvrie); **185:1** Andreas von Einsiedel (Diseñador: Mark Weaver); **185:2** Andreas von Einsiedel (Diseñador: Grant White); **185:3** Tim Beddow (Diseñadora: Kathryn Ireland)/Interior Archive, **185:4** Brian Harrison/Red Cover; **186:1** Christl Rohl (Propietario: Rueter)/Interior Archive; **186:2** Winfried Heinze/Red Cover; **186:3** Bob Smith (Propietario: Ricardo)/Interior Archive; **187:4** Paul Ryan/International Interiors (Diseñadora: Sabina Streeter); **188:1** Jake Fitzjones/Houses and Interiors; **188:2** Paul Ryan/ International Interiors (Diseñador: Lee Mindel); **189:3** Andreas von Einsiedel; **189:4** Paul Ryan/International Interiors (Diseñadora: Kathy Moskal y Ken Foreman); **190-191** Christie's Images Ltd.; **192-193** Christie's Images Ltd; **194 superior**: Christie's Images Ltd.; **194 inferior**: Victoria and Albert Museum, Londres, Reino Unido/Bridgeman Art Library; **195** Christie's Images Ltd.; **196 superior**: Mark Fiennes/Arcaid; **196 inferior**: American Museum, Bath, Avon, Reino Unido/Bridgeman Art Library; **197 superior**: American Museum, Bath, Avon, Reino Unido/Bridgeman Art Library; **198** Christie's Images Ltd; **201** Angelo Hornak; **204-205** www.elizabethwhiting.com, **206-207** Andrew Twort/Red Cover; **208:1** Andreas von Einsiedel (Diseñador: Yves Taralon); **208:2** Andreas von Einsiedel (Diseñador: Grant White); **209:3** Wayne Vincent (Diseñador: Howard Green)/Interior Archive; **210:1 y 2** Ray Main/Mainstream; **211:3 y 5** Ray Main/Mainstream; **211:4** Andreas von Einsiedel; **211:5** Ray Main/Mainstream; **212:1** Laura Resen para Lachapelle Representation; **213:2** Andreas von Einsiedel (Diseñador: Michael Daly); **214:1** Laura Resen para Lachapelle Representation; **214:2** Andreas von Einsiedel (Diseñador: Grant White); **214:3** Melanie Acevedo; **215:4** Paul Ryan/International Interiors (Diseñador: G. Pensoy); **216:1** Laura Resen para Lachapelle Representation; **216-217:2** Ray Main/Mainstream; **217:3** www.elizabethwhiting.com.

AGRADECIMIENTOS DE LA AUTORA

Inicié la redacción de la presente obra con una parte del material básico para la franquicia estadounidense Decor and You. Ahora estoy muy agradecida tanto a Karen Powell como a Josie Cicerale por su instigación y su amistad y por permitirme la incorporación de su material en este libro. Ha sido un gran placer poder colaborar con Caroline Proud, Muna Reyal, Mary Staples, Jo Walton y Alison Wormleighton, del equipo de Conran Octopus. También deseo expresar mi gratitud por su sensibilidad, su comprensión y su entusiasmo. Sin duda, tengo que reconocer la enorme paciencia y eficiencia de Lin Prior, así como su gran ayuda y la colaboración prestada, tan útiles y necesarias para la preparación y organización de esta obra. Y una mención de agradecimiento especial a Kate Coughlan, para mí la mejor editora de revistas con la que he tenido el placer de colaborar, por su fe en mi proyecto y por su gran apoyo.

Ya que en la presente obra se suman todas mis experiencias propias obtenidas durante largos años de trabajo en el ámbito del diseño y del periodismo, quisiera mencionar a algunas personas especiales, mentores, amigos, colegas, clientes y otros, de las que he podido aprender mucho, o que me han sido de gran ayuda en mi vida profesional, o que han sido especialmente agradables. De un modo u otro, todas ellas han contribuido a esta obra, aunque sin saberlo, y deseo expresarles mi agradecimiento más profundo, en algunos casos a título póstumo. Por orden alfabético son: Mike Adams, David Aldridge, Pam y Larry Barnett, Virginia Bredin, Felicity Bryan, Druscilla Beyfus, Alison Cathie, Debbie Christian (ya fallecida), John, Carole y Brian Collins, Sam Cohn, Ralph y Amanda Congreve, Virginia Lo Faro Cooper, Katie Courie, John Cresswell-Turner, Kurt Dolnier y Alessandra Manning Dolnier, Michael Dunne, Andreas von Einsiedel, Vicky Ellerton, Dick y Judy Felber, Colin Gee, Jane Gelfman, Annie y Christopher Cruice Goodall, David Gough, Sally Griffiths, Mark Griffiths, lord y lady Griffiths, Susie Hanmer, Helene (Fesenmaier) Hodgson, D'Arcy y John Howell (ya fallecido), Winefride Jackson, Carmel y John Jones, Philip Kendell, Jane Kern, Alex Kroll, Liz y Jack Lambert, Judy y Jim Lance, Alex y Eileen Lari, Sarah Tomerlin Lee, Larry Lehman, Stephen Long, Angela (Caccia) y Taffy Lloyd, John Ludovici, Katherine Manisco, Billy McCarty (ya fallecido), Joy y George McWatters, Jim y Meredith Mercer, Bobbie Middleton, Michael Middleton, Beatrix Miller, Brian Morris, Filippa Naess, Sue y Paul Neale, Liam Neeson, Toby Nuttal, Barbara Plumb, Polly Powell, Helen (Robinson) Preston y Desmond Preston (ya fallecido), Max Reinhardt, Natasha Richardson, Ray Roberts, Regina Ryan, Antonia Salvato, Jim Seabrook, Harry y Penelope Seidler, Gloria Steinhem, la condesa Rosa Tarnowska (ya fallecida), Ladislas Tarnowski, Angela y Wade Thompson, Jane Turner, Dr. Steve Udem y Dra. Sharon Nathan Udem, Graham Viney, Fred Weiss y Jeanne Wilkins.

Tanto el editor como el autor desean expresar su agradecimiento a Paul Williams por los planos de la página 16, así como a la Blenheim Carpet Company por las fotografías de las páginas 126 (n.º 2 y 4) y 135 (n.º 2).